維新支持の分析

ポピュリズムか, 有権者の合理性か

善教将大 著

＊関西学院大学個人特別研究費による

有斐閣
yuhikaku

はしがき

　大阪における維新の会の台頭と躍進を，我々はどのように理解すべきか。本書の目的は，この維新政治をめぐる問いに，実証分析を通じてこたえることである。なぜ維新は大阪で支持されているのか。他方でなぜ，そのような大阪市で行われた特別区設置住民投票において，大阪市民は反対を選択したのか。本書はこれら維新の「成功」と「失敗」の原因について，有権者の合理性という，ポピュリズム論とは異なる枠組みに基づきながら明らかにする。その作業を通じて本書は，我々は民主主義を支える「人びと」を信頼できるのかという疑問についてもこたえるつもりである。

　大阪はポピュリズム政治の典型例だと指摘されることがある。橋下徹という，稀にみる強烈な個性とリーダーシップを兼ね備えた政治家を中心に結成された維新は，瞬く間に多数の大阪市民・府民に支持される形で大阪市会および府議会の第一党となった。そのような維新，あるいは維新により運営される大阪市政や府政に対して，多くの論者は問題を指摘し続けてきた。しかし意外なことに，そのような維新の台頭をもたらした有権者の行動原理を実証的に明らかにする研究はほとんど行われてこなかった。

　なぜ多くの大阪市民は維新を支持しているのか。これを説明する理論として繰り返し述べられてきたのが，ポピュリズム政治の帰結という見解であった。強力なリーダーシップを発揮する橋下が，大阪市政などへ不満を募らせている，理性的な選択を行いえない「大衆」たる大阪市民を扇動することに成功した。単純化し過ぎかもしれないが，おおよそこのような論調で維新の台頭と躍進のメカニズムは説明されてきたように思われる。

　しかし，このポピュリズム政治の帰結という説明には，実は十分な説得力がない。大阪市民が扇動されやすい「大衆」であるならば，なぜ特別区設置住民投票の結果は反対多数となったのか。ポピュリズム論は，維新の「成功」の背後にある「失敗」については，何も説明することができない理論である。さらにいうと，実はポピュリズム論の見解を支持する実証的証左はほとんどなく，学術的な根拠に基づかない印象論だという問題も抱えている。我々は維新を支

える有権者の行動について，ほとんど理解できていないのである。

　では，何が維新の台頭をもたらしたのか。また，なぜ特別区設置住民投票の結果は反対多数となったのか。本書がこれらの謎を解くうえで注目するのが，有権者の合理性である。維新は，既存の政党が断片化された個別利益の追求者として振る舞うなかで，自らの政党ラベルに「大阪」の代表者という，集合利益の追求者という価値を付与することに成功した。つまり大阪市民はポピュリストに扇動されて維新に投票しているのではなく，自らの合理的な判断に基づき，より集合的な利益の代表者を選択しているに過ぎないのである。

　このように有権者を合理的な存在とみなすことで，特別区設置住民投票で反対多数となった理由も理解することが可能となる。すなわち大阪市民には冷静かつ合理的な視点から特別区設置の是非を判断するための批判的志向性が備わっており，そのような態度が性急な改革への賛成を踏み留まらせたからこそ，住民投票の結果は反対多数となったのである。言い換えればこの住民投票は，有権者にはそのような「市民」としての資質が備わっていることを明らかにしたものだったのである。

　以上に述べた本書の主張は，代議制を支える市民社会について重要な含意を提供するものである。ポピュリズム論に立脚する論者は維新の台頭を民主主義の危機として捉え，この問題を解決するには有権者の知識や判断能力の向上が重要だと主張するだろう。しかし本書は，有権者には民主主義を機能させる能力が備わっていることを主張する点で，これとは異なる見解に立つ。またそれゆえに本書は，大阪に何らかの問題があるのであれば，その原因は有権者ではなく「政治」の側にあると主張する。機能不全に陥った政治を機能させるには政治を変えるための制度改革こそが必要なのであり，有権者に帰責することは問題の原因を隠匿することに貢献するだけである。

　本書が政治の機能不全，とりわけ大阪市政における政党の機能不全の主たる原因として指摘するのは地方議会の選挙制度である。中（大）選挙区制は地方で政党が機能しにくい状況を作り出す。それゆえに地方の政党は一般に，断片化された個別利益の実現をめざす政治家の集合体にならざるをえない。先に述べたとおり，維新は，このような制度下で自らを「大阪」の代表者として位置づけることに成功したからこそ，大阪で支持されるに至った。維新の台頭の背

景には，選挙制度に起因する政党の機能不全という問題がある。我々は地方議会の選挙制度改革という問題と，真剣に向き合わなければならない時期にきている。

　最後に本書を手に取ってくださった方，特に政治学研究者以外の方々に，筆者なりの政治学観と本書の立ち位置について説明しておきたい。筆者は，政治学（political science）とは政府と社会をめぐる考察を通じて，より良き統治のあり方を追求するための学問だと考えている。しかし，あるべき状態へ社会を変えるための政策提言を行うには，現状を適切に把握する必要があるし，問題の背後に存在する因果関係を明らかにする必要もある。政策提言は実態把握などに関する実証分析の後に行うべきだ，というのが筆者の基本的なスタンスである。そのように書くと，本書は「役に立たない」研究書だと思われるかもしれないが，地道な実証分析の積み重ねなくして社会問題を解決することなど不可能である。たしかに本書は大胆な制度改革案を提案するものではない。しかし，より良き統治を実現するには何が必要なのか，現代日本政治の問題の所在はどこなのか，といったさまざまな問題を検討するうえで，本書は間違いなく「役に立つ」ものだと確信している。

目　次

はしがき　i

序章　課題としての維新支持研究　　　　　　　　　　　　　　　　　　1

1　背景と目的　…………………………………………………………1
1.1　ポピュリズム化する地方政治？（1）
1.2　2つの問い──大阪における維新の強さと都構想否決（3）
1.3　仮説──政党ラベルと批判的志向性（5）

2　アプローチと方法　………………………………………………………7
2.1　政治行動論としての維新支持研究（7）
2.2　サーベイ実験による因果関係の分析（8）
2.3　意識調査の概略（10）

3　構成と各章の概略　………………………………………………13
3.1　本書の構成（13）
3.2　各章の概略（13）

第Ⅰ部　問いと仮説

第1章　維新をめぐる2つの謎　　　　　　　　　　　　　　　　　　18

はじめに　………………………………………………………………18

1　国政政党としての維新の弱さ　…………………………………19
1.1　伸び悩む維新支持（19）
1.2　国政選挙における維新得票率（21）

2　大阪における維新の強さ　………………………………………27
2.1　大阪市議選にみる維新の強さ（27）
2.2　大阪府議選にみる維新の強さ（29）

3　特別区設置住民投票への問い　……………………………………32
3.1　反対多数となった投票結果（32）
3.2　問われた大阪市の存続（34）
3.3　法的拘束力をもつ結果（36）
3.4　政治活動量の格差（37）

小　　括 ……………………………………………………………… 39

▌第 2 章　維新政治のパズルを解く　41

はじめに ……………………………………………………………… 41

1　維新政治を再考する ……………………………………………… 42

1.1 ポピュリズムとしての維新政治（42）
1.2 市民社会の脆弱性（45）
1.3 政治行動の実証分析（46）
1.4 批判的検討（48）

2　ポピュリストへの支持の分析 ……………………………………… 51

2.1 橋下支持率の推移（51）
2.2 高くない橋下支持率と得票率（53）
2.3 ポピュリストは支持されるのか（56）

3　なぜ維新は大阪で強いのか ………………………………………… 57

3.1 前提としての有権者の合理性（57）
3.2 手がかりとしての政党ラベル（59）
3.3 ラベルの利便性の向上（61）
3.4 「大阪」の代表者としての維新（64）

4　なぜ都構想に反対したのか ………………………………………… 66

4.1 特別区設置住民投票下の情報環境（66）
4.2 維新支持態度の弱さ（70）
4.3 有権者の批判的志向性（72）

小　　括 ……………………………………………………………… 74

第 II 部　維新支持と投票行動

▌第 3 章　維新支持とポピュリズム　78

はじめに ……………………………………………………………… 78

1　ポピュリズム化する世界のなかの日本 …………………………… 79

1.1 ポピュリズムとは何か（79）
1.2 多次元的なポピュリスト態度（81）
1.3 課題としてのポピュリスト態度の実証研究（82）

2　ポピュリスト態度の構造分析 ……………………………………… 83

2.1 使用データと操作的定義（83）
2.2 探索的因子分析による多次元構造の分析（85）

3 ポピュリスト態度と党派性 ……………………… 87

3.1 党派性とポピュリスト態度の関係（87）
3.2 多項プロビット推定による分析（89）

4 ポピュリスト態度の規定要因 ………………………… 91

4.1 政治家不信・制度信頼・地元利益志向（91）
4.2 ポピュリスト態度の規定要因（93）
4.3 考　察（95）

小　括 ………………………………………………… 96

第4章　なぜ維新は支持されるのか——維新 RFSE による検証　98

はじめに ………………………………………………… 98

1 維新の地域偏重性 ……………………………………… 100

1.1 地域偏重性とは何か（100）
1.2 維新の地域偏重度（101）
1.3 政党帰属意識との関係（103）

2 社会的期待迎合バイアスとその解決法 ……………… 106

2.1 社会的期待迎合バイアスとその問題点（106）
2.2 社会的期待迎合バイアスの軽減法（107）

3 実　験　設　計 ………………………………………… 108

3.1 デ　ー　タ（108）
3.2 実　験　画　面（109）
3.3 実験に含まれる要因と水準（110）
3.4 分析方法と視角（112）

4 実　験　結　果 ………………………………………… 114

4.1 全サンプルを対象とする分析結果（114）
4.2 社会階層と維新支持（117）
4.3 維新支持の不安定性（120）
4.4 考　察（122）

小　括 ………………………………………………… 123

第5章　維新ラベルと投票選択——コンジョイント実験による検証　125

はじめに ………………………………………………… 125

1 利用しにくい政党ラベル ……………………………… 126

1.1 党派性と政党ラベル（126）
1.2 選挙制度と政党ラベル（129）

2 維新支持と維新ラベルの関係 ……………………………131

  2.1 例外としての維新ラベル（131）

  2.2 維新ラベルの効果──シナリオ実験による検証（133）

  2.3 党派性と維新ラベル──さらなる実験による検証（135）

  2.4 コンジョイント実験による検証の必要性（137）

3 実 験 設 計 ………………………………………138

  3.1 データと無作為配分法（138）

  3.2 実験に含まれる属性と水準（140）

  3.3 キャリーオーバー効果の確認（141）

4 実 験 結 果 ………………………………………143

  4.1 選挙区定数の効果──中選挙区で維新ラベルは機能するのか（143）

  4.2 「小選挙区」のもとでの維新支持と政党ラベル（145）

  4.3 「中選挙区」のもとでの維新支持と政党ラベル（147）

小　　括 ……………………………………………149

第 III 部　特別区設置住民投票

▌ 第 6 章　都構想知識の分析　　　　　　　　　152

は じ め に …………………………………………152

1 都構想知識をめぐる問い …………………………153

  1.1 都構想知識はなぜ重要なのか（153）

  1.2 先行研究の測定法と課題（154）

2 都構想知識の測定 …………………………………156

  2.1 都構想知識の測定に向けて（156）

  2.2 2 つの測定法（158）

3 都構想知識量の分布 ………………………………160

  3.1 住民投票後の都構想知識調査の結果（160）

  3.2 2015 年大阪ダブル選後の都構想知識調査の結果（162）

  3.3 正答率の比較（164）

4 維新支持と都構想知識 ……………………………166

  4.1 特別区設置住民投票後の維新支持と都構想知識（166）

  4.2 2015 年大阪ダブル選後の維新支持と都構想知識（169）

  4.3 考　　察（171）

小　　括 ……………………………………………172

viii

第7章　投票用紙は投票行動を変えるのか
―投票用紙フレーミング実験による検証　　174

はじめに ……………………………………………………174

1　投票用紙問題とは何か ………………………………175

　1.1　不正確な表題への批判（175）

　1.2　藤井による投票用紙の効果実験（177）

　1.3　投票用紙は大阪市民を動かしたのか（178）

　1.4　投票用紙問題をめぐる課題（180）

2　実　験　設　計 ……………………………………181

　2.1　投票用紙フレーミング実験の概略（181）

　2.2　提示した画像（182）

　2.3　バランスチェック（184）

3　実　験　結　果 ……………………………………185

　3.1　投票用紙の違いは賛否に影響を与えるのか（185）

　3.2　有権者は投票用紙の表題を確認するのか（187）

　3.3　「正答者」を対象とする分析（189）

　3.4　考　　察（191）

小　　　括 ……………………………………………192

第8章　特別区設置住民投票下の投票行動　　194

はじめに ……………………………………………………194

1　通説的見解の検討 ……………………………………195

　1.1　シルバーデモクラシー仮説（195）

　1.2　取り残される周辺部の不安仮説（198）

　1.3　橋下支持低下仮説（200）

2　大阪市民の批判的志向性 ……………………………203

　2.1　都構想賛否の推移にみる賛成率の変動（203）

　2.2　批判的志向を機能させる条件（204）

　2.3　批判的志向性の分布と構造（206）

3　実　証　分　析 ……………………………………209

　3.1　データと推定結果の補正法（209）

　3.2　分析モデル（210）

　3.3　推　定　結　果（212）

　3.4　維新支持態度と批判的志向性（215）

小　　　括 ……………………………………………217

▌終 章　我々は民主主義を信頼できるのか　219

1　本書の知見　……………………………………………………219

1.1　第 1 の問いへの解答——なぜ維新は大阪で支持されているのか（219）

1.2　第 2 の問いへの解答——なぜ特別区設置住民投票の結果は反対多数と
なったのか（221）

2　含　　意　……………………………………………………223

2.1　実証研究の重要性（223）

2.2　政党を機能させる制度改革の必要性（224）

2.3　我々は民主主義を信頼できるのか（226）

補論 A　批判的志向性は反対を促すか——サーベイ実験による検証　……229

1　問 題 設 定（229）

2　実 験 設 計（229）

3　実 験 結 果（231）

小　　括（233）

補論 B　都民ファーストの躍進とポピュリズム　………………………235

1　問 題 設 定（235）

2　ポピュリスト態度の分析（237）

3　ポピュリスト態度と投票行動（238）

4　都民ファーストと維新の共通点（240）

小　　括（242）

参 考 文 献　　243

あ と が き　　253

事 項 索 引　　257

人 名 索 引　　261

本書のコピー，スキャン，デジタル化等の無断複製は著作権法上での例外を
除き禁じられています。本書を代行業者等の第三者に依頼してスキャンや
デジタル化することは，たとえ個人や家庭内での利用でも著作権法違反です。

序 章
課題としての維新支持研究

1 背景と目的

1.1 ポピュリズム化する地方政治？

　世界は，いま，ポピュリズム化しているといわれている。北欧諸国における急進右翼政党の台頭と躍進，イギリスのEU離脱（Brexit），2016年アメリカ大統領選におけるドナルド・トランプの勝利などは，その例としてしばしば引き合いに出される。世論を無視して一部の人の意見ばかりを代表しようとする政府，グローバル化によって広がる多様性への配慮とその限界，経済的な不況と格差の拡大。これら多くの問題が次々と露見するなか，遅々として解決が進まない現状への苛立ちを背景に，多くの人びとが排他的な政策を掲げるポピュリストを支持している。このようなポピュリズムの波は，日本にもおとずれているのか。もしそうであるならば，我々はこの「危機」にいかに対応すべきか。この問いに対する解答を，我々はまだ持ち合わせていないのが現状であるように思われる。

　大阪におけるおおさか維新の会（以下「維新」）の台頭と躍進は，日本政治のポピュリズム化という問題を考えるうえで，きわめて示唆に富むものだといえる。2010年4月，政治団体として設立された維新は，代表である橋下徹のリーダーシップのもと，2011年の統一地方選や大阪市長・府知事ダブル選での勝利など，破竹の勢いでその勢力を拡大していった。橋下は，2012年の衆院選では国政政党日本維新の会の代表代行として多数の候補者を擁立し[1]，小選挙区と比例を合わせて54名の維新議員を国会に送り出すことにも成功した。

その後，全国的には維新の勢いは失速するものの，大阪では維新はいまもなお一大政治勢力であり続けている。このような維新に対して多くの論者や識者は，維新政治をポピュリズム政治だと問題視し，批判し続けてきた。

　維新政治をポピュリズムの典型とする最大の論拠は，その代表であった橋下の政治手法にある。タレント弁護士として名を馳せた橋下は，2008 年 1 月の大阪府知事選で，自民党大阪府連と公明党大阪府連の支援を受ける形で当選し，大阪府知事となった。橋下は，数々の過激な発言で注目を集めたことにくわえて，大阪府政改革への姿勢が評価され，多数の大阪府民の支持を得た。しかし維新を設立し，大阪府知事から市長への鞍替えを表明した頃から，彼の思想，政治手法，動員戦略などに対して「ハシズム」「ポピュリスト」などという批判が寄せられるようになった[2]。そのような逆風のなかでも，大阪市民・府民は維新を支持し続けた。そのなかで維新をポピュリスト政治として捉える見方は定着していき，ポピュリズム論は維新の台頭を説明する通説的見解となっていった。

　無論，首長主導の政治行政運営は橋下ないし維新に限定されない。2000 年の地方分権改革以降，あるいはそれ以前より，リーダーシップを発揮し課題解決をめざす市区町村長や都道府県知事は多くみられた。さらに小泉政治などの研究にみられるように（大嶽 2003, 2006），橋下だけがポピュリストとして批判されてきたわけでもない。しかし，橋下はポピュリストだという主張に異論を唱える論者はほとんどいない。むしろ橋下はポピュリストの代表例として位置づけられてさえいるように思われる。そのような橋下を中心とする政治現象の解明は，都民ファースト躍進など，近年の日本におけるさまざまな「ポピュリズム」現象を理解する際にも重要であろう。

　維新は組織票などではなく「世論」に後押しされる形で自らの勢力を拡大した。したがって維新政治の実態を解明するには，それを支える有権者の行動原理を分析し，明らかにする必要がある。たとえ代議制が直接的には代理人たる

　1　2012 年衆院選時の，日本維新の会の代表は石原慎太郎である。橋下と石原の共同代表制へと移行したのは，2013 年 1 月 19 日からである。ただし太陽の党と合流する 2012 年 11 月 17 日までは橋下が代表であった。なお，地域政党である大阪維新の会と国政政党である日本維新の会は，形式的には「別の組織」である点には注意されたい。
　2　そのような主張を展開する代表的な著作としては内田ほか（2011）がある。

政治家や官僚により運営されるものだとしても，それは本人たる有権者の意向を無視してよいことを意味しない。むしろ維新をめぐる政治動向の多くは，有権者の判断によって左右されてきた。我々は維新を支える需要側（demand side）たる有権者の行動にこそ注目し，そのメカニズムを明らかにする必要がある。

1.2　2つの問い——大阪における維新の強さと都構想否決

　本書は，維新をめぐる2つの問いに実証的な見地から答えることを目的としている。1つは「なぜ維新は大阪で支持されているのか」である。いま1つは「なぜ特別区設置住民投票の結果は反対多数となったのか」である。つまり維新の「成功」と「失敗」の原因を，一貫した枠組みに基づきながら説明することが，本書の課題である。

　これまで維新の躍進は，前項で述べたようにポピュリズム政治の帰結として説明されてきた。すなわち大阪市民や府民の維新への支持は，ポピュリストである橋下により「大衆」が扇動された帰結として説明されてきたのである。既得権益や既成政党に対する挑戦者として，また善悪二元論という過度な単純化や対立候補を罵る政治スタイルで人びとを魅了し，大阪市政や府政への不満を募る有権者の支持を調達する。維新が支持される原因は，主としてこのような供給側（supply side）たる政治家の動員戦略という観点から説明されてきたといってよい。

　しかし，この議論は実証的に支持されるものではないし，何より多くの矛盾を孕む。たとえば維新は，橋下が政界から引退し維新の代表の座を辞したあとに行われた2016年の参院選でも，大阪選挙区での大量得票に成功している。2015年大阪ダブル選における大阪市長選の維新候補者（吉村洋文）の勝利に関しては，たしかに橋下の影響を考慮すべきなのかもしれないが，2016年の参院選の結果を橋下への支持などから説明することは困難である。橋下の影響力は，たしかに決して小さなものではない。しかし「ポピュリスト」なきあとも，多くの大阪市民・府民は維新を支持し続けているのである。

　同様に，大阪の有権者が維新の政策やイデオロギーに同調していたからという説明も説得的ではない。ここでいう政策とは，維新の競争ないし市場原理を

重視するような新自由主義，およびそれに付随する形で展開される公務員への批判を意味する。これらは維新の動員戦略でもあるので，ポピュリズム論の1つとして位置づけることも可能である。維新支持はこれら政策への支持という点からも説明されることがあるが，ではなぜ維新は大阪でしか支持されていないのか。公務員に不満を抱いていたのは大阪市民だけなのか。さらに大阪以外で新自由主義的政策が支持されていないという想定も現実的妥当性に欠ける。結局のところ，維新が支持される理由はそれほど明らかではない。

　2015年5月に行われた特別区設置住民投票の結果が反対多数となった理由についても，我々は十分に理解できていない。住民投票が実施される前に行われた2015年の統一地方選で，維新は2011年に引き続き多数の票を獲得した。また住民投票から約半年後に行われた2015年大阪ダブル選でも維新は勝利した。この住民投票において，維新は大量の人的・金銭的資源を投入し政治運動を展開していたし，橋下も自らの進退を賭けて住民投票に挑んでいた[3]。マスメディアの調査結果は必ずしも維新の優勢を伝えるものばかりではなかったが，維新の投じた資源量と反対派のそれの差を勘案すれば，住民投票の結果は賛成多数になっても不思議ではなかった。しかし，多くの大阪市民は特別区の設置に対して反対した。維新は自身の「お膝元」である大阪で行われた住民投票において，敗北を喫したのである。

　住民投票の結果は，維新政治をポピュリズムとみなす見解と決定的に矛盾するものである。維新の台頭がポピュリストによる大衆扇動の帰結であれば，特別区設置住民投票は間違いなく賛成多数となっていただろう。普段は扇動される「大衆」だが，この住民投票のときだけは扇動されなかったという場当たり的な解釈を行わない限り，この問題を解くことは不可能である。さらにいえば，住民投票直後にマスメディアなどで指摘されたシルバーデモクラシー論や南北格差論なども，住民投票の結果を説明する論理としては説得力に欠ける。この住民投票でなぜ大阪市民が反対したのかという問いも，解き明かされていない重要なパズルである。

3　政治家の再選欲求が有権者に認識されると信頼が低下する傾向にあることは，すでに実証されている（Bøggild 2016）。この知見を敷衍すれば，自らの進退を賭けた選挙などの場合，逆に当該政治家などへの信頼が増すと考えられる。

1.3 仮説——政党ラベルと批判的志向性

　なぜ大阪で維新は支持されているのか。本書は，この謎を解き明かす鍵は有権者のなかの「合理性」にあると考える。本書でいう合理性は，いわゆる選好の推移性が成立する状態というような意味での合理性ではない。そうではなく，自律的に，自身がより望ましいと考える選択肢を，より効率的な方法で選ぶ人。そのような有権者を，合理性をもつ有権者だと捉えている。ポピュリズム論が想定するような「大衆」とは異なる，合理的な「市民」として有権者をみたとき，我々はどのように維新の台頭や住民投票の結果を解釈し，そして問いへの解答を説明できるのか。本書の主眼は合理性の定義の真偽にあるのではなく，合理性というフレームを通じてみる有権者の実態にある。

　維新が大阪で強い理由は，主として次の2点から説明することが可能である。第1は，維新が自らをより集合的な利益の代表者として位置づけることに成功した点である。維新は大阪市と府の調整問題を，政党を媒介に解決することによって，自らが「大阪」という，大阪市域を超えた広域的な都市空間の代表者であることを有権者に知らしめた。断片化された個別利益の代表者としてしか振る舞わない既存政党と比較すれば，維新は明らかに「大阪」の利益の代表者として有権者の目に映った。「府市合わせ」問題を解決し，より集合的な利益を追求する維新を有権者が選択することは，大阪市民・府民にとって実はきわめて合理的な選択であった。

　しかし，多くの有権者が支持するだけで維新が選挙に勝ち続けることは難しい。すなわち第2に維新は，有権者が政党ラベルに基づき候補者選択を行える環境を整えることで，維新ラベルが投票選択に与える影響を強化した。維新所属の候補者は，自らの個性を積極的にアピールすることなく，あくまで維新の候補者であることをアピールした。また維新支持者も，そのような維新の戦略に呼応する形で，政党ラベルに基づき候補者選択を行う傾向を強めた。政党ラベルに基づく投票選択は，有権者が自らの選好に近い候補者を効率的に選択する手段だといえる。これらの2点により維新は，大阪における一大政治勢力となった。

　では，なぜそのような維新を支持する有権者が多数を占める大阪市で行われ

た特別区設置住民投票の結果は，僅差ながらも反対多数となったのか。実はこの問いも，有権者を合理的な存在だとみなせば解答を導き出すことができる。ただしそのためには，この住民投票がいかなる特徴を有するものだったのかを理解しなければならない。端的にいえばこの住民投票は，有権者をとりまく情報環境という点において際立った特徴を有していた。都構想について説明しなければならないことが法により定められていたことで，大阪市は説明会の開催や『投票公報』の配布など，通常の選挙以上に積極的に広報活動を行った。多くの大阪市民が都構想のメリットとデメリットの両者を認識するという特異な状況は，大阪市民，とりわけ維新支持者に一定の「迷い」を生じさせた。反対多数の原因について検討する前に，我々はこの大阪市民がおかれていた状況を理解する必要がある。

　都構想のメリットのみならずデメリットについても情報を得るなか，いくらかの大阪市民は，より慎重に判断すべきという意味で，賛成への投票を一歩踏みとどまり反対を選択した。そこにあったのは，現状維持への選好というよりも，都構想について賛同するのは時期尚早だという，大阪市民に内在する懐疑心とでもいうべき批判的志向性であった。つまり維新を支持している，あるいは支持していた人がこの批判的志向性をもつ「市民」だったからこそ，僅差ながらも住民投票の結果は反対多数となったのである。

　ここで明らかなように本書の「社会観」は，ポピュリズム論に立脚する論者のそれとは決定的に異なる。たしかに多くの有権者は，政治や行政に関する知識を欠いている。また，大阪市民の大阪市政への不満は，政令市制度がその根本に決定的な問題を抱えること，さらには大阪市における政治ないし政党の機能不全に起因する，きわめて根深いものでもある。しかし，それは必ずしも維新支持者が愚かな「大衆」であることを意味しない。大阪市民・府民は，あるいは有権者は信に足る存在である。本書の主張は煎じ詰めればこの一言に尽きる。

2 アプローチと方法

2.1 政治行動論としての維新支持研究

本書の第1の特徴は，政治家や政党，あるいは政策などの分析ではなく，維新政治を支える有権者の意識や行動の分析を通じて，前節で述べた問いへの解答を実証する点にある。本書のように，有権者の政治に対する考え方，感じ方，行動の仕方を実証的な方法により明らかにするアプローチは，政治学の領域では政治行動論（political behavior）と呼ばれている（飯田・松林・大村 2015）。ポピュリズムを議論する日本の先行研究の多くは，第2章で詳しく検討するように，維新をめぐる有権者の意識や行動を直接的な分析対象とはしない。これらに対して本書は，政治行動論の立場から維新政治の実態解明に取り組む。

先行研究，とりわけ維新について言及する研究は次の2つに大別することが可能である。第1は維新の掲げる政策，制度改革，大阪都構想について，その特徴を記述したり分析したりするものである。第2はポピュリストとしての橋下に注目し，その言説，思想，政治戦略などを批判的に検討するものである。ポピュリズムそのものの研究にまで視野を広げるとさらに異なる様相をみせるが，維新に関する議論に限定するならばこれら2つのいずれかに該当するものが大半であるように思われる[4]。もちろん，有権者の意識や行動を分析する研究がないわけではないが，その数はきわめて少ないのが現状である。

本書が政治行動論のアプローチを採用する理由は，本書の問いに答えるうえで政治家や政党，政策などに注目するよりも，有権者の意識や行動に焦点を合わせ，これを分析するほうが適切だと考えるからである。もちろん，政治家の

---

4 筆者は日本の維新，さらにはポピュリズムの研究には方法論上の偏り，つまり計量分析に基づく実証研究の少なさがあると考えている。ポピュリズムは世界的な現象であり，なぜこの現象が生じたかについては多くの研究者が研究を積み重ねている。そこには多数の計量分析に基づく実証研究が含まれているが，日本に目を転じるとそのような実証研究はきわめて少ないという印象を受ける。橋下は自身に向けられた研究者による批判は単なる「レッテル貼り」だとしばしば述べていたが，この指摘に対して我々は真摯に応えなければならないのではないだろうか。

動向や政策などを分析することで維新の台頭を説明できるのであれば，有権者の分析などする必要はないかもしれない。しかし，橋下ないし維新の戦略をどれだけ分析しても，維新がなぜ支持されているのかを明らかにすることはできない。政治家の動員が必ずしも成功するわけではない現状では，有権者の分析こそが政治現象を適切に理解する際には必要となる。だからこそ本書は，政治行動論の立場から有権者の意識や行動を分析するのである。

また，先に述べたように維新は「世論」の後押しを受ける形でその勢力を拡大した。この点も，本書が政治行動論の立場から維新政治の実態解明に取り組む理由の1つである。たしかに維新は，自民党に所属していた大阪府議により設立された地域政党であるが，彼ら彼女らの保持する固定票のみで大阪における一大政治勢力となったわけではない。組織化されていない多くの大阪市民・府民による支持を獲得したことが，維新の躍進について考える際，重要なのである。この点でも，平均的な有権者の行動傾向を明らかにする政治行動論のアプローチには多くの利点があるといえる。

2.2 サーベイ実験による因果関係の分析

本書の第2の特徴は，原因と結果の関係をより厳密に分析するサーベイ実験という手法を多用している点である。有権者の政治行動を分析する方法として，一般的に用いられているのは意識調査を用いた分析である。全国有権者の政治意識を測定するための学術的な政治意識調査は，古くは 1967 年に実施された「ミシガン調査」にまで遡る。その後，JABISS 調査（1976 年），Japan Election Study（1983 年。以下「JES」），JES II（1993-95 年），JES III（2001-05 年），JES IV（2007-11 年），JES V（2012-16 年）という形で連綿と調査が継続的に行われ続けてきた[5]。今日における日本人の政治行動に関する理論的発展は，これらの賜物といっても過言ではない。

しかし，意識調査による分析には限界も存在する。その最たるは，意識調査

5　これら政治意識調査の多くは，東京大学社会科学研究所附属社会調査・データアーカイブ研究センターにて保存・公開されている。興味・関心のある方はぜひ一度，SSJ データアーカイブのホームページ（http://csrda.iss.u-tokyo.ac.jp/〔2018 年 4 月 22 日最終アクセス〕）へアクセスされたい。

を用いた分析により明らかにされた共変関係をもって，因果関係があるということは難しいという点である。これは観察調査を用いた研究（observational studies）全般に通底する問題でもあるが，意識調査を用いた回帰分析により独立変数が従属変数に与える「影響」を推定するだけでは，原因と結果の関係を明らかにしたことにはならないのである。より具体的にいうと，このアプローチには次の2つの問題がある。第1に未知の交絡要因（confounding factors）の影響を除去できていない。第2に逆の因果関係の可能性を排除できていない。これらの理由により，観察調査を用いた多変量解析は，因果関係を明らかにするにはいくらかの問題を孕む方法だといわざるをえない。

　これらの問題を解決する方法として，近年，社会科学の分野で注目を集めているのが実験である。実験と聞くと，狭い実験室でフラスコを片手に，赤色や青色の液体を混ぜるような作業を想像するかもしれないが，社会科学の分野における実験は，主に統計的因果推論という理論枠組みに基づき，因果効果ないし平均処置効果（average treatment effect）を推定する方法として捉えられている（Imbens and Rubin 2015；岩崎 2015）。因果効果を推定する方法として実験は魅力的な方法であり，政治学の分野でもアメリカを中心に実験研究は2000年頃から爆発的な広がりをみせている（飯田 2017）。しかし日本の政治学では，河野（2018）などが公刊されてはいるものの，実験により因果関係を明らかにする著作や論文は十分に蓄積されていない。

　とりわけ本書が依拠するサーベイ実験（survey experiment）は，日本の政治学のみならず，意識調査を用いた実証研究が数多く蓄積されている社会学でも，それほど用いられていない手法である。サーベイ実験には，観察調査以上に厳密に因果関係を明らかにできる点にくわえて，実験室実験以上に外的妥当性の高い結果を得られるという利点がある。もちろん，本書は観察調査を用いた分析を全面的に否定するものではない。本書でも多くの観察調査に基づく分析を行っている。しかし，本書はサーベイ実験により多くの仮説を検証するものであり，ここにも大きな特徴があると考えている。

　もちろんサーベイ実験は万能道具ではなく，多くの問題を抱える方法でもある。その例としては，実験参加者のいくらかが回答努力の最小化をめざす（Satisficer）傾向を有すること（三浦・小林 2015a, 2015b），実験室実験のように

厳密な統制を行えないこと，複雑な処置を行えないこと，仮想的なシナリオを用いる実験では結果の外的妥当性に留保がつくことなどがあげられる。しかしこれらの問題を抱えつつも，サーベイ実験は多数の利点を有することは事実であるし，さらにいえばこれらの問題についてはすでに解決法が考案されてもいる[6]。本書の知見は，観察調査を用いた分析以上の信頼性と妥当性を有するものだと考えている。

2.3 意識調査の概略

　本書で用いるデータは，マスコミなどが実施した意識調査の2次利用を除き，いずれも筆者が独自に実施した意識調査である[7]。サーベイ実験も，これらの意識調査に組み込む形で実施した。したがって本書の第3の特徴としては，筆者が独自に収集した意識調査や実験結果に基づき，仮説検証を行っている点をあげることができる。

　意識調査の概略は表序.1に記すとおりである。特別区設置住民投票直後に実施した意識調査（調査1），住民投票から約1カ月後に実施した意識調査（調査2），2015年大阪市長・府知事ダブル選直後に実施した意識調査（調査3），2016年参院選直後に実施した意識調査（調査4），2017年2月に実施した意識調査（調査5）の5つが，本書で用いる主なデータである[8]。これらはすべて，後述するQualtricsを利用する形で，調査会社に登録されたモニタを対象にオンライン上で実施した意識調査である。

　意識調査の実施には多額の費用と[9]，それを可能とするためのシステムが必要である。意識調査をオンライン上で実施するための補助システムとしては

6　本書が用いている調査でもSatisficerについては，いくつかの方法を用いて除去したり，その傾向性を抑止したりするための処置を講じている。

7　これらの意識調査およびサーベイ実験は，いずれも「関西学院大学人を対象とする行動学系研究倫理委員会」による承認を経て実施したものである（承認番号2015-02，2016-22）。

8　これらの調査に含まれる質問のすべてを本書で用いているわけではない点には注意されたい。

9　「あとがき」にも記しているように，これらの調査を実施するために以下の研究助成を受けた。文部科学省科学研究費補助金若手研究B（課題番号15K16995），2016年度関西学院大学個人特別研究費，2016年度関西学院大学大学共同研究（学長指定研究）。さらに本書の出版に際しても助成を得ている（2018年度関西学院大学個人特別研究費）。

序　章　課題としての維新支持研究　　11

表序.1　本書で主に用いる意識調査の概略

	調査1	調査2	調査3	調査4	調査5
調査期間	2015.5.20〜 5.26	2015.7.1〜 7.7	2015.11.23〜 11.27	2016.7.13〜 7.13	2017.2.16〜 2.19
調査対象	大阪府在住 20〜90歳 男女	大阪市在住 20〜79歳 男女	大阪市在住 20〜79歳 男女	近畿7府県在住 18〜79歳 男女	全国 18〜79歳 男女
アタック数	5831	2425	5708	3550	3574
有効回答数	4259	1825	3675	2585	2521
総質問数	約40問	約40問	約40問	約40問	約30問
割り付け	なし	性別 年齢（5）	性別 年齢（5）	性別 年齢（5） 府県人口 投票率	性別 年齢（5） 都道府県
調査会社	GMO リサーチ	楽天 リサーチ	楽天 リサーチ	楽天 リサーチ	楽天 リサーチ

注1：アタック数は調査にアクセスしたモニタ数であり，有効回答数は途中ドロップとSatisficer
　　を除いた，調査票の質問にすべて回答したモニタ数である。
注2：割り付けの年齢（5）とは，29歳以下，30〜39歳，40〜49歳，50〜59歳，60代以上の5
　　カテゴリを意味する。また調査4の府県人口とは近畿7府県の有権者人口であり，調査5
　　の都道府県とは都道府県ごとの有権者人口である。

Survey Monkey や Google Forms などをあげることができるが，本書のデータ
を収集する際に利用したのは Qualtrics というオンライン調査補助システムで
ある。Qualtrics を利用することには次の2つの利点がある。第1は調査会社
に委託する場合と比べて安価にオンライン上での意識調査が実施可能だという
点である。自前で調査票の作成や実験設計を行わなければならないが，その作
業にかかる費用が軽減されることのメリットは大きい。第2は実験研究の前提
となる無作為配分（random assignment）を容易に行える点である。Qualtrics に
は設問単位でのランダマイズ機能が備わっており，これにより回答者の無作為
配分を行うことが可能となっている。さらに回答者に表示される調査画面の内
容を無作為化するサーベイ実験も実施可能であり[10]，この点でも利用価値は高

10　他サーバーにあるWebプログラムとQualtricsの調査票を連動させることで，より複雑
　　な実験も実施可能となる。本書でも第4章や第5章のサーベイ実験では，外部のphpプ
　　ログラムと連動させるサーベイ実験の結果を分析している。

い。

　ところで本書で用いる意識調査は，いずれも調査会社に登録されているモニタを対象に実施されたものであり，分析対象の母集団から無作為抽出されたものではない。そのため，本書のデータの代表性については，疑問をもたれる方がいるかもしれない。もちろん，オンライン上で実施した調査には偏りが存在し，ゆえに想定する母集団の傾向を推定するデータとしては適切ではないとの指摘は誤りではない。しかし，たとえオンライン上で実施した意識調査だとしても，サンプル回収の際に適切な割り付けを行っていれば，代表性の高いデータになりうる。本書のデータは調査１を除き，少なくとも性別と年齢については，国勢調査の結果に合わせる形で回答者の属性を調整している。オンライン上で実施した調査だから若年層が多いというデータにはなっていない。さらに事後的に結果を補正することによっても，推定結果の精度や妥当性を高めることはできる。本書でも一部の分析においては，事後的に推定結果を補正している。これらの処置を施すことで，たとえオンライン上で実施した調査であっても信頼性と妥当性の高い推定結果を得ることができるというのが本書の立場である[11]。

　さらにいえば，無作為抽出によって収集された意識調査であったとしても，社会的期待迎合バイアスや回答拒否バイアスの問題があるため，推定結果を額面どおりに受け取るべきではないし，可能であればウェイトを用いて推定結果を補正すべきであろう（土屋 2010）。混合モードは（Dillman et al. 2014），まさにそのような問題意識に基づき提唱された手法の１つである。無作為抽出された意識調査だから信頼性が高いというのは，今日においては単なる「神話」に過ぎない。オンライン調査だから信頼できないなどと，思考停止に陥る必要はないのである。

11　近年，政治学では Amazon Mechanical Turk などのクラウドソーシングを利用したサーベイ実験研究が行われているが，そのようなオンラインモニタ以上に偏ったサンプルであっても，因果効果などの推定結果はナショナルサンプルを用いた場合と大きく変わらないことが実証されている（Clifford, Jewell, and Waggoner 2015；Mullinix et al. 2015）。また，適切なウェイトにより結果を補正すれば代表性の低いデータであっても適切な推定結果となる点も明らかにされている。たとえばワンらは，Xbox を通じて収集したデータであっても，ウェイトにより結果を補正することで推定結果がかなり改善されることを明らかにしている（Wang et al. 2015）。

▎3 構成と各章の概略

3.1 本書の構成

本書は序章，終章，補論 A および B を除き[12]，大きくは主に本書の問いと仮説を検討する第 I 部と，実証分析を行う第 II 部および第 III 部という 3 つのパートにより構成される。実証分析を行うパートである第 II 部では，維新が大阪の選挙で勝ち続ける理由を分析する。続く第 III 部では，特別区設置住民投票における大阪市民の意識や行動を分析する。第 II 部は維新の「成功」要因を，第 III 部は「失敗」要因を明らかにするパートとして位置づけられる。

本書の問いと仮説を検討する第 I 部は，実証分析を行うための導入となるパートであり，ゆえに第 II 部および第 III 部と密接な関連を有するが，他方で第 II 部と第 III 部は独立して読み進めることができるパートとなってもいる。したがって，維新が大阪で強い理由のみを知りたい場合は第 II 部まで，また特別区設置住民投票について強い関心がある場合は第 I 部と第 III 部にだけ目を通す，という読み方も可能である。さらに，本書の実証分析のパートは，それぞれ別個のテーマを扱っているため，読者の興味・関心に応じて必要な章にだけ目を通す，という読み方も可能である。

3.2 各章の概略

以下，本書の議論を章ごとに概観していく。まず，第 1 章「維新をめぐる 2 つの謎」では，本書の課題，すなわち本書がどのような問いに答えるのかを説明する。ここでは，選挙結果や世論調査の結果を整理しつつ，維新は全国的には支持されない一方で，大阪では長期にわたり支持され続け，選挙で多くの票を得ている実態を明らかにする。また，特別区設置住民投票の概略を述べながら，住民投票の結果が反対多数となった原因についても明らかにする必要があ

---

12 本書はさらなる分析として補論 A で全国の有権者を対象とする批判的志向性の因果効果を検証するサーベイ実験を，また補論 B で都民ファーストへの投票選択とポピュリズム態度の関係を分析している。

ることを述べる。

続く第2章「維新政治のパズルを解く」では、まず、維新の台頭を説明する通説的見解としてのポピュリズム論の検討、さらに橋下などポピュリストと称される政治家への支持の分析を通じて、既存の見解には多くの問題ないし限界があることを指摘する。そのうえで、先に述べた本書の2つの仮説について説明する。

第3章「維新支持とポピュリズム」では、全国の有権者を対象とする意識調査の分析から、有権者のポピュリスト態度の現状、およびこの態度と維新党派性の関係を実証的に分析する。さらに、ポピュリスト態度の規定要因を分析し、日本のポピュリスト態度には、欧米におけるそれと類似の傾向をみることができることを指摘する。

第4章「なぜ維新は支持されるのか——維新 RFSE による検証」では、維新が大阪という特定の地域に偏重した政党であることを明らかにしたうえで、その特徴が維新支持の源泉になっていることを、サーベイ実験の1つである無作為化要因配置実験により明らかにする。社会的期待迎合バイアスを除去しつつ、維新支持態度の規定要因を分析可能なこの手法を用いて維新が支持される原因を分析するのみならず、さらに維新不支持者と支持者に分けた分析から、人びとの態度変容のあり方の異質性もここでは明らかにする。

第5章「維新ラベルと投票選択——コンジョイント実験による検証」では、維新ラベルが投票行動に与える因果効果をコンジョイント実験と呼ばれる手法により検証する。維新ラベルの強さは、たとえ中選挙区制のもとであっても政党ラベルが有意に意思決定の際の手がかりとなる点に求められる。実験の結果、中選挙区制のように候補者が6人おり、かつ同じ政党ラベルの候補者が複数人擁立されるような場合であっても、維新に関しては、政党ラベルが有意に投票選択に影響を与えることが明らかとなる。

第6章「都構想知識の分析」では、大阪市民や府民が大阪都構想について、どの程度正確な知識をもっていたのかを意識調査の結果に基づき分析する。さらに都構想知識と維新支持態度の関係を分析し、選択的接触がどの程度生じていたのかも明らかにする。これらの実証分析を通じて、特別区設置住民投票下の広報活動等が、きわめて特異な情報環境をつくり上げていたことを指摘する。

第7章「投票用紙は投票行動を変えるのか——投票用紙フレーミング実験による検証」では，住民投票の際に問題視された投票用紙問題について検討する。本当に反対派の論者が指摘するように，投票用紙の表題を操作することで大阪市民の意思決定を操作することは可能なのか。筆者が実施したサーベイ実験の結果，そのようなフレーミング効果が存在するとはいえないこと，つまり大阪市民は投票用紙の表題で行動を変えるような存在ではないことが明らかとなる。

　第8章「特別区設置住民投票下の投票行動」では，特別区設置住民投票の結果を説明するいくつかの通説を検討し，これらが説得力に欠けるものであることを指摘する。そのうえで本書の仮説を検証する。分析の結果，批判的志向性が強い有権者ほど反対を選択する確率が高くなること，特に維新支持者においてその傾向が顕著にみられることが明らかとなる。

　最後に終章「我々は民主主義を信頼できるのか」では，本書の知見を要約したうえで，含意を述べる。維新政治を理解するうえで，我々は何をしなければならないのか。現状に問題があるとするならば，何をどのように変えるべきなのか。日本の民主主義という政治システムは，まだ信に足りうるものなのか。ここでは，これらの問いについて答えていく。

第1部
問いと仮説

第1章
維新をめぐる2つの謎

第2章
維新政治のパズルを解く

第1章
維新をめぐる2つの謎

はじめに

　本書は，有権者の意識や行動の観点からみた維新政治をめぐる2つの問いに答えることを目的としている。その問いとは，第1に「なぜ維新は大阪で支持されているのか」であり，第2に「なぜ特別区設置住民投票の結果は反対多数となったのか」である。前者はなぜ維新は「成功」しているのかを問うものであり，後者はなぜ維新は「失敗」したのかを問うものだと言い換えることもできる。一見すると矛盾するこれら2つの問いに，実証的な見地より回答を提示することが本書の具体的な課題である。

　これら2つの問いは独立するものではなく，むしろ相互に密接な関連を有するものとみるべきであろう。住民投票の結果に関する問いは，維新が大阪で支持されていることを前提とする。維新が大阪で支持されていなければ，反対多数となった原因は単純に「維新が支持されていないから」であり，わざわざ問う必要などない。それゆえに本書ではまず，維新が大阪で支持されているという事実を明らかにするところから議論を出発する。

　維新が大阪で支持されていることは，全国的には支持されていないこととあわせて説明する必要がある。維新が全国的に支持されているのであれば，大阪という限られた地域に焦点を合わせる必要はない。もちろん，維新が大阪で支持されていることなど周知の事実であろう。しかし，維新は具体的にどのくらい支持されているのかという問いかけに，十分な根拠をもって答えることができる人は多くない。本章ではマスコミの世論調査や選挙結果などに依拠しながら，全国的には支持が低迷する一方，大阪ではいまもなお支持され続けている

維新の実態を明らかにする。

　これとあわせて本章では，2015年5月に実施された特別区設置住民投票の結果とその特徴についても説明する。住民投票の結果は反対票数が賛成票数を僅かに上回るというものであったが，この原因についても不明瞭な点は多い。とりわけ維新が多くの金銭的・人的資源を投入したにもかかわらず，反対多数となった原因をどのように考えるかが重要である。これらの点についても，本章では詳しく検討することにしたい。

1 国政政党としての維新の弱さ

1.1 伸び悩む維新支持

　「維新は選挙に強い政党だ」というと，首を傾げる人がそれなりにいるかもしれない。特に関西圏で生活していない人にはピンとこない表現だろう。2009年4月24日に元自民党大阪府議により結成された新会派「自由民主党・維新の会」は，その後，大阪府市再編論などへの賛同者を集める形で勢力を拡大していき，翌年4月1日には「大阪維新の会大阪府議会議員団」となる。2011年の堺市議，大阪市議，大阪府議選では大量の維新候補者が当選し，さらに同年11月27日の大阪市長・府知事ダブル選でも維新は勝利する。これらの勢いに乗じる形で，2012年9月28日に橋下を代表とする国政政党「日本維新の会」が立ち上げられることとなる。

　地域政党「大阪維新の会」は，橋下を代表に据える形で，2010年4月19日に設立された。維新は，設立後間もなく大阪市福島区における市議補欠選挙において広田和美を候補者として擁立する。告示直前に福島区に転居した候補者であり地盤のない候補であったにもかかわらず，広田は共産党（山田みのり）や自民党（太田晶也）の候補者を大きく引き離す形で勝利した。同年7月11日の大阪市生野区の補欠選挙においても，維新が擁立した候補者である角谷庄一が民主党（武直樹）と共産党（柴山昇）に勝利し当選する。2011年4月の堺市議，大阪市議および府議選での勝利，同年11月の大阪市長・府知事ダブル選での勝利など，維新の勢いはとどまることなく続いた。有権者もまた，そのよ

20　第 I 部　問いと仮説

うな維新に対して高い期待を寄せた[1]。

　しかし，国政に進出することになった 2012 年の衆院選後に事態は一変し，維新への支持は低迷することになる。2013 年 5 月に橋下の「慰安婦発言」が問題視されたことから[2]，これが維新への支持が低迷したことの原因だという指摘もあるが[3]，衆院選後から一貫して低い水準にある点を勘案するとその可能性は低い。いずれにせよ維新は，2013 年以降，国政では十分に存在感を示すことができず，その状況は今日においても大きくは変わっていない。

　具体的に維新への支持率はどのように推移しているのだろうか。図 1.1 は，NHK 放送文化研究所の政治意識月例調査にある維新支持率の推移を整理したものである[4]。図中上段には，いつからいつまでどのような名称であったのかを示している。

　図 1.1 に整理した維新支持率の推移の特徴としては次の 3 点を指摘できる。第 1 に 2012 年 12 月頃をピークに維新支持率は低下する。第 2 に選挙の前後で支持率が増減するのは他の政党への支持率にもある程度みられる現象であるが，この増減の変動が年々小さくなっている。2017 年の衆院選前後に至っては，ほとんど変化していない。第 3 に政党が離合集散することの影響は大きくない。政党名が変化することをきっかけとする支持率の変動はほとんどみられず，ここから，政党名が変化することの影響は実質的にはないと判断できる。いずれ

1　たとえば朝日新聞では 2012 年 2 月時点で，橋下の政治手法を「評価する」と回答した人が約 65％，大阪維新の会が国会で議席を取ってほしいと回答した人が 54％ いるという調査結果が示されている（『朝日新聞』2012 年 2 月 14 日付）。

2　橋下は 2013 年 5 月 13 日のぶらさがり取材において「精神的にも高ぶっている集団は，どこかで休息をさせてあげようと思ったら慰安婦制度は必要なのはこれは誰だってわかる」などと発言した。この発言に対して多くの市民団体などから批判や抗議文が寄せられ，結果として橋下同月 27 日外国特派員協会記者会見で，発言の意図などについて釈明し，風俗業の活用といった発言については撤回し謝罪することとなった。

3　識者などだけではなく，維新の国会対策委員長であった小沢鋭仁も「今回の支持率の下落の最大要因はやっぱり慰安婦問題であり，影響は大きいと思います」と，この発言が原因で維新支持率が低下した可能性が高いと述べている（『朝日新聞』2013 年 5 月 29 日付）。

4　調査法は RDD 追跡法，調査対象は 2016 年 5 月までは全国 20 歳以上の男女，6 月以降は 18 歳以上の男女となっている。また 2017 年 4 月から，固定電話だけではなく携帯電話にも電話をかけて調査を実施している。意識調査の概略や結果は，すべてオンライン上で確認できる。詳細は NHK 放送文化研究所のホームページで確認されたい（http://www.nhk.or.jp/bunken/〔2018 年 4 月 22 日アクセス〕）。

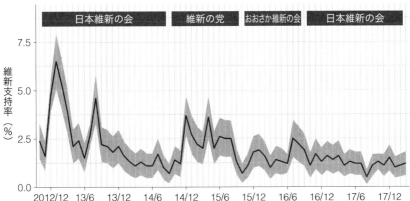

図1.1 維新支持率の推移（2012年10月〜2018年3月まで）

注：NHK放送文化研究所の調査結果をもとに筆者作成。網かけ部分は維新支持率の95％信頼区間。維新が分裂していた2015年11月から2016年3月までの支持率に「維新の党」への支持率は含めていない。

にせよ，この図は維新支持率が長期にわたり低い水準にあることを示すものである。

多くの世論調査で明らかにされているように，維新支持率，とりわけ近年のそれに関していえば民主（民進）党など他の政党の支持率よりも低い水準にある。たとえば2014年12月のNHK放送文化研究所による政治意識月例調査の結果をみると，維新の党の支持率は約3.7％であり，これは民主党（約11.7％）よりも低い値である[5]。また2017年10月の調査結果では，維新の支持率は約1.3％であり，これは民進党（約6.7％）や希望の党（約4.8％）よりも低い。橋下の言動や分裂騒動でマスコミを騒がせることは何度かあったものの，それらはいずれも支持拡大に貢献するものではなかったということであろう。

1.2 国政選挙における維新得票率

前項でみたように，維新は政党支持率の観点からみると明らかに弱い政党である。しかし，大阪という特定の地域に限定すればきわめて強い政党である。以下では，前項で明らかにした維新の弱さをあらためて国政選挙の結果から確

---

[5] 公明党（約5.9％）や共産党（4.3％）よりも低いが，誤差の範囲を超えるものではないので維新支持率のほうが低いと断言することはできない。

22　第I部　問いと仮説

図 1.2　衆院選における維新比例相対得票率の推移（2012〜17 年）

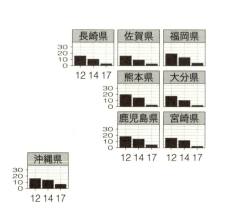
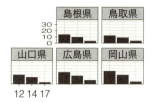

注：総務省にて公表されている選挙結果に基づき筆者作成。

認しつつ，同時に大阪での維新の強さについてみていくことにしよう。

　図 1.2 は 2012 年から 2017 年までの衆院選における維新比例相対得票率の推移を，都道府県ごとに整理したものである。左の棒グラフから順に，2012 年衆院選，2014 年衆院選，2017 年衆院選の結果となっている。すべての都道府

第1章　維新をめぐる2つの謎　23

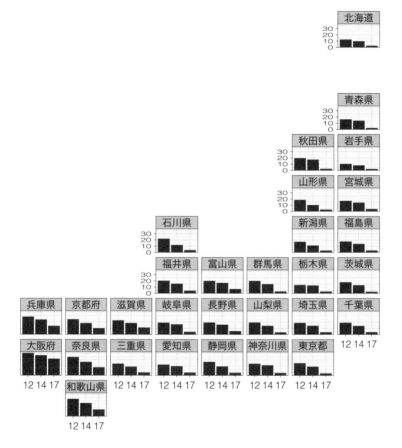

県において，維新の比例相対得票率は図1.1に示した政党支持率と同様に年々低下していることがわかる。多くの都道府県において維新は得票率を減らしており，2017年衆院選では特に低い得票率となっている。

相対得票率の低下傾向は大阪も例外ではないが，重要なのはその変動幅であ

図1.3 参院選における維新比例相対得票率の推移（2013～16年）

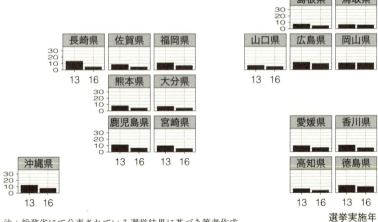

注：総務省にて公表されている選挙結果に基づき筆者作成。

る。図1.2をみれば明らかなように，大阪府の変動幅は他の都道府県のそれと比較すると明らかに小さい。2012年から2017年にかけての大阪の維新相対得票率変動値は約9.0%ポイントであり，これは47都道府県の中でもっとも小さい。さらに2017年の維新相対得票率を2012年のそれで除した値（2017得票

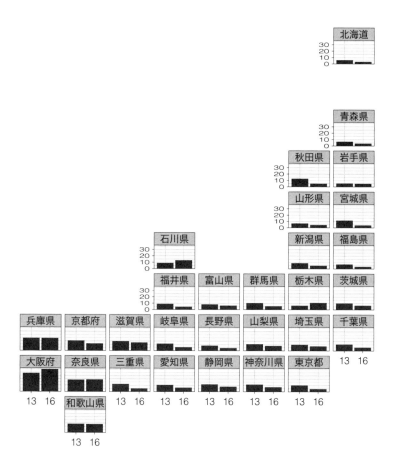

率/2012 得票率）をみると，大阪の値は約 0.748 となる。この値の 47 都道府県平均値が 0.255，標準偏差は 0.116 であることから，大阪のそれは明らかに外れ値だといえる[6]。全国的には大きく得票率を減らしつつも関西圏，特に大阪では依然として維新は支持されているのである。

図 1.3 は参院選における維新の比例相対得票率の推移を，図 1.2 と同様の方法で分析した結果を整理したものである。大阪府など一部を除き，全国的な維新の比例相対得票率の傾向は，衆院選と同じく低下している。比例相対得票率の絶対値の変動は，都道府県ごとにばらつきはあるものの，平均すれば約 3% ポイントの低下となっている。衆院選ほど顕著ではないが，参院選においても維新の比例相対得票率は低下している。

その一方で大阪府における維新の比例相対得票率をみると，全国の傾向とは逆に約 6.1% ポイント増加している。2016 年の参院選で維新は，大阪選挙区で 2 名の候補者を擁立した。比例得票数および比例相対得票率の増加は，この候補者数の増加によってもたらされた可能性がある。しかしそれを考慮しても，維新の相対得票率が伸びているという事実は注目に値する。

この 2016 年参院選における大阪選挙区の結果について補足しておこう。まず，維新所属の候補者が最多得票となったわけではない。大阪選挙区でもっとも多くの票を獲得したのは，自民党の候補者であった松川るいである（76 万 1424 票）。次点が維新の候補者の浅田均であり（72 万 7495 票），もう 1 人の候補者であった高木佳保里は 4 位での当選であった（66 万 9719 票）。しかし，候補者を 1 名しか擁立していない民進党の候補者（尾立源幸）や共産党の候補者（渡部結）に，高木は 20 万票以上の差をつけて当選した。さらに高木は十分に参院選に向けた準備を行っていたわけでもない[7]。それにもかかわらず，高木は約 67 万もの票を獲得したのである。

以上の結果をまとめると，維新は大阪を中心とする関西圏で継続的に多数の票を獲得し続ける一方，全国的には支持率は低く，得票率を減らし続けている弱い政党だということになる。それと同時に，図 1.2 や図 1.3 で示したように，維新は大阪という特定の地域に限定すれば，決して弱くない政党である。さらにその傾向は，橋下が維新の代表を辞した 2015 年末以降も変わっていないの

6　大阪の次に高い値であったのが滋賀県であるが，それでも約 0.493 であり大阪の値とは大きな差がある。

7　高木は自民党に所属していた堺市議会議員であったが，2016 年 2 月に自民党を離党し無所属となり，同年 6 月 3 日に，参院選における維新の候補者となることが正式に決定した人物である。このため高木は参院選が行われた 7 月までの短い期間に選挙運動の準備などをしなければならなかった。

である。

2 大阪における維新の強さ

2.1 大阪市議選にみる維新の強さ

　前節では，維新は全国的にはそれほど多くの有権者に支持されているわけではないことを明らかにした。しかしながら図1.2の結果などから示したように，維新は大阪では強い政党である。本節ではこの維新の強さについて，大阪での選挙結果などから，さらに詳しく検討していく。

　2011年と2015年に行われた統一地方選の結果は，大阪における維新の強さを我々に知らしめるものであった。維新が大阪の一大政治勢力として認識されるきっかけとなったのは，2011年の統一地方選，より具体的には大阪市議選と府議選であろう。このとき維新は，大阪市議選で44人，府議選で60人もの候補者を擁立し，これらのうち市議選では33人，府議選では57人が当選している。旗揚げから間もない新興地域政党であるにもかかわらず，維新は大阪市会，府議会ともに第一党となった。

　維新は大阪府議を中心に設立された地域政党であり，また府議会の維新議席占有率が過半数を超えたことなどから，維新の強さは府議選の結果から説明されることがある。しかし維新の強さは，府議選のみならず市議選の結果からも窺い知ることができる。第1に府議選における維新候補者の平均相対得票率は2011年から2015年にかけて低下しているが，市議選のそれは逆に増加している。第2に，維新候補者の選挙での勝率も，府議選では低下しているが市議選では増加している。第3に，2011年の市議選では，候補者の半数以上（31人）が新人候補であるにもかかわらず，その多くが当選している。

　大阪市議選における選挙区ごとの維新の相対得票率を概観しながら，この点を確認しよう。図1.4は，2011年と2015年の大阪市議選の結果を整理したものである。図中の棒グラフは，選挙区単位での維新候補者相対得票率である。2人以上候補者がいる場合は，その総和を図示している。また棒グラフのなかの丸印は，それぞれの候補者の相対得票率である。選挙区において維新の候補

28　第I部　問いと仮説

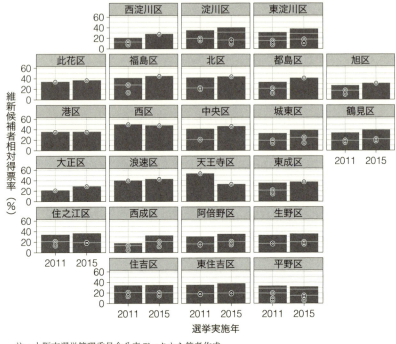

図1.4　大阪市議選における維新候補者の相対得票率（2011〜2015年）

注：大阪市選挙管理委員会公表データから筆者作成。

者が1人しかいない場合，丸い印の位置と棒グラフの上限が一致する。そうではない棒グラフがある選挙区は，維新所属の候補者が2人以上いるということになる。

　また，図1.4は，大阪市議選における維新の相対得票率が2011年から2015年にかけて増加していることを示すものでもある。前項で述べたように，全国的には維新への支持率も維新への得票数もともに低下傾向にある。しかし大阪市議選では，候補者数が前回の市議選よりも減少し，それゆえに動員力が低下してしまった可能性があるにもかかわらず，維新の相対得票率は増加している。維新候補者1人当たりの平均相対得票率も，約4.9%ポイント増加している（約18.8%→約23.7%）。維新は2011年のみならず2015年でもなお，多数の大阪市民に支持されている強い政党だといえる。

　さらにこの図からは次の2点を指摘することができる。第1に維新はどの選

挙区でも，3割から4割程度の票を獲得している。西淀川区，旭区，大正区，西成区などは得票率が少ないが，それでも2割を下回ることは稀である。維新はどこか特定の地域を地盤としているというよりも，地域を問わずまんべんなく票を得ているということである。第2に維新の候補者の得票率の分散は相対的には大きいが[8]，選挙区内でみるとそれほど分散していない。図1.4の丸印の位置をみれば明らかだが，同一選挙区内の維新候補者の相対得票率は似たような値となるケースがままある。この事実は，本書の仮説とも大きな関わりがある。詳しくは次章で検討する。

2.2 大阪府議選にみる維新の強さ

図1.4に整理した市議選とは異なり，府議選における維新の相対得票率や勝率は，2011年から2015年にかけてやや低下した。上述したように，2011年では60人中57人が当選したものの，2015年では維新が擁立した候補者53人のうち42人しか当選しなかった。これは，2011年では多くの議席を獲得した1人区で，維新が議席を減らしたことによるものである。もっとも，得票率ベースでみると，維新の勢いが失速したから負けたとは必ずしもいえない。候補者の相対得票率平均をみると，2011年が約45.7%であるのに対して，2015年は約43.5%であり，たしかに低下しているものの，その差は僅かである。維新支持者が減ったというよりも，自民党の候補者の相対得票率が増加していることから[9]，多くの1人区で自民候補者の得票が増えたから維新は議席を減らしたとみたほうがよい。議席数こそ減少したものの，維新が大阪府内において強いという事実は，実はそれほど揺らいでいない。

自民得票率の僅かな増加と維新得票率の僅かな低下で，なぜ議席率が大きく異なる結果となったのか。その解答は，市議選と府議選の選挙制度，より具体的には選挙区定数の違いにある。すべての選挙区の定数が2以上の市議選とは異なり，府議選では，選挙区定数が1の選挙区と，2以上の選挙区が混在して

8　2011年大阪市議選における維新候補者相対得票率の標準偏差は約10.3，2015年では約12.0である。この値は他党のそれと比較しても明らかに大きい。

9　民主党の勢いが失速したことや，2014年の衆院選で自民党が勝利したことなどを背景に，2011年から2015年にかけて，大阪府議選における自民党の候補者の相対得票率平均値は約30.3%から35.2%へ増加している。

図1.5 大阪府議選における政党所属候補者の相対得票率（2011～15年）

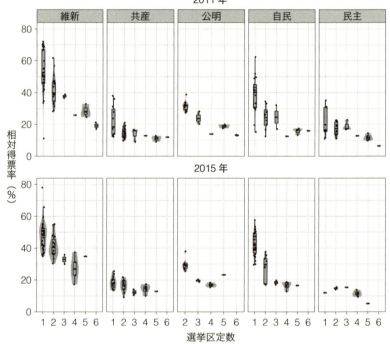

注：大阪市選挙管理委員会公表データから筆者作成。図中の黒い点は候補者の得票率。箱ひげ図の箱の中央の線は平均値，箱の上限は，中央値より得票率の大きなサンプルの中央値（第1四分位）であり，下限は中央値より得票率が小さなサンプルの中央値（第3四分位）。箱の上部と下部に伸びる縦線（ひげ）は，データの最大値と最小値であり，灰色の網かけ部分は分布の密度を表したもの。なお外れ値のサンプルはひげの外に記している。

いる。ただし総計53の選挙区のうち，その半数以上（31選挙区）が定数1の選挙区であることから，どちらかというと中選挙区よりも小選挙区の要素が強い。小選挙区制は，僅かな得票率の変動が，時として大きな議席数の変動につながる。選挙の結果を解釈する際には，有権者の意識や行動の変化だけではなくこの制度的特徴も考慮する必要がある。

　この府議選では定数1の選挙区が多いという制度的特徴は，維新による多数の得票を可能とする要件でもある。政党別に候補者の相対得票率を整理した図1.5に示すように，府議選における維新候補者の相対得票率は，定数が小さい

選挙区ほど高くなる傾向にある。2015年の選挙結果に関しては，定数1と定数2の選挙区の差は大きくないが，2011年に関してはその傾向が顕著にみられる。自民党や公明党の候補者においても同様の傾向はみうけられる。共産党や民主党の候補者に関しては，定数1だから増えるわけではないようである。

　なぜ維新（と自民）の候補者において，選挙区定数が1，あるいは小さいと，擁立された候補者数が同一であるにもかかわらず相対得票率が増加するのかは，選挙区定数の違いが候補者（や有権者）の選好に与える影響から理解できる。選挙制度の効果に関する知見に従えば，定数1の小選挙区制は候補者が選挙区全体の集合的な利益を志向しやすくなるのに対して，定数2以上の中選挙区制では候補者ないし政党間の棲み分けなどが行われるため個別的な利益を志向しやすくなる（曽我・待鳥 2007；砂原 2015）。砂原（2013）で指摘されているように，2011年の府議選において維新は，大阪都構想の実現という大阪全体の利益の実現を掲げ，選挙戦を展開した。有権者自身も，そのような議題設定の影響を受け，誰が大阪の代表者かという観点から，候補者ないし政党選択を行う傾向を強めたとされる。維新のいう都構想の実現にくわえて，定数1の選挙区が多いという制度的特徴も，府議選における維新の相対得票率が高くなる原因の1つだと考えられる。

　ただし，選挙区定数ごとの得票率の分布を仔細にみると，複数定数の選挙区でも，維新は多くの票を獲得している。たとえば定数3の選挙区で擁立された維新候補者の相対得票率平均値は約35％だが，この値は他党のそれと比較して明らかに高い。理論上，定数3の選挙区における当確ラインは約33.3％であるが，実態としてはそれ以下が当確ラインとして設定されることが多い。自民党の候補者も公明党の候補者も，定数3の選挙区における相対得票率が20％前後に集中していることは，そのあたりが大阪府議選の複数選挙区の当確ラインであることを暗に意味する。しかし維新の候補者は，このラインよりも明らかに高い得票率で当選している。定数1の選挙区のみならず，複数定数の選挙区であっても維新は多数の票を獲得する政党なのである。

　以上，本節では大阪市議選および府議選の選挙結果から，大阪という特定の地域に限定すると，維新は強い政党であることを明らかにした。何度も述べるように，維新は全国的には支持されていない政党である。そうであるにもかか

わらず，なぜ大阪という特定の地域では支持され，（すべての選挙ではないにせよ）多くの選挙で勝ち続けているのか。維新の強さはポピュリズムの文脈から理解することが可能なのか，それとは異なる別の要因から説明すべきか。これらの問いに答えることが本書の第1の課題である。

▌3 特別区設置住民投票への問い

3.1 反対多数となった投票結果

2015年5月に大阪市で実施された特別区設置住民投票において，大阪市の有権者の多くは，特別区の設置について賛成ではなく反対を選んだ。なぜ維新の強い大阪で実施された住民投票であるにもかかわらず，さらに維新はこの住民投票で勝利するために大量の資源を投入したにもかかわらず，その結果は反対多数となったのか。この謎を解明することも本書の課題である。

特別区設置住民投票は，2015年4月27日に公示され，翌月の5月17日に投開票が行われた住民投票である。そこで問われたのは，いわゆる都構想の是非についてである。正確にいえば，同年3月19日に承認された「特別区設置協定書」の内容に関する賛否を問うことが，この住民投票の目的であった。通常の住民投票とは異なり，この住民投票の結果には法的拘束力が付与されるので，賛成多数という結果になれば，大阪市会での議決を経ることなく大阪市は解体され特別区が設置されることになっていた。同時に，都市計画の権限など大阪市が保有する複数の権限や予算が，大阪府に移譲されることも予定されていた（藤井 2015b）。

大阪の市民生活に直結する問題について問う住民投票であったことや，明確な政治的対立構造のなかで特別区設置の是非が争われたことなどにより，住民投票への関心は高まりをみせた。住民投票の投票率は約66.8%であり，これは都市部の選挙における投票率としては，きわめて高い水準である[10]。もっとも，このように高い投票率となった原因は，賛否が拮抗しており，どのような

---

10 たとえば1971年以降（〜2015年）の大阪市長選の平均投票率は約38.6%である。

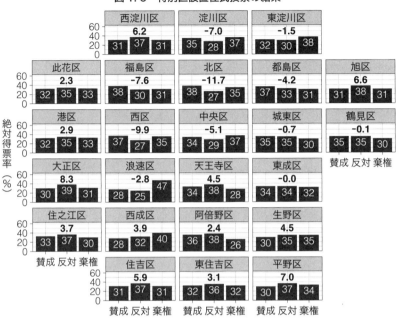

図1.6 特別区設置住民投票の結果

注：大阪市選挙管理委員会公表データから筆者作成。反対得票率の上に記している数値は反対絶対得票率と賛成絶対得票率の差分。

結果となるか不明瞭であった点も大きかった。実際に住民投票の結果は、賛成票数が69万4844票（約49.6%）、反対票数が70万5585票（50.4%）という僅差であった。

図1.6は、行政区ごとに住民投票の結果を整理したものである。図中の棒グラフは、行政区ごとの、特別区の設置に関する賛成票、反対票、棄権のそれぞれの割合を示している[11]。また図中の数字は、反対の絶対得票率から賛成の絶対得票率を減じたものである。この図をみると、中央区、北区、福島区など、いわゆる大阪市の中心部では反対より賛成に、逆に周辺部では反対に票を投じる傾向にあったことがわかる。賛否の比率の差は、最大で約20%ポイントである（8.3［大正区］と-11.7［北区］）。もっとも、この南北格差はこの住民投票においてのみみられるわけではなく、統一地方選や衆院選など、他の選挙にお

---

11 分母は行政区ごとの当日有権者数から、無効投票者数を除いた人数としている。もっとも、無効投票者数は多くないので、これを含めたとしてもほとんど結果は変わらない。

ける維新の得票率にもみられる傾向である。この点については，第8章であら
ためて検討する。

　維新が「常勝体制」を築いた大阪市で行われた住民投票で都構想が否決され
たことで，維新の代表であり「顔」でもあった橋下は，政界引退を表明する。
そして，住民投票の約半年後に実施されることとなる2015年の大阪市長・府
知事ダブル選に向けて，都構想賛成派，反対派ともに動き始めることとなる。
当初は反対派の意向について尊重する立場をみせていた橋下であったが，住民
投票後に設置された「大阪会議」の位置づけについて議論が紛糾するなかで，
その機能不全を断じ，都構想の必要性を再び主張し始める。そのような背景の
もとで行われた2015年大阪ダブル選では，維新の擁立した候補者である吉村
洋文と松井一郎がともに勝利し，現在（2018年4月時点），再度の住民投票の実
施に向けて議論が進められている[12]。

3.2　問われた大阪市の存続

　特別区設置住民投票で争われた問題は，端的には大阪市の存続か，それとも
解体・廃止かであった。大阪市のホームページをみると，そこには「今回の特
別区設置住民投票は，大阪市を5つの特別区に分割するかどうかを問う，大都
市地域における特別区の設置に関する法律に基づいて執行される住民投票とし
ては全国で初めての住民投票」と記されている[13]。この説明にあるとおり，特
別区設置住民投票は，政令市を廃止するか否かを大阪市民に問うものであった。
住民投票にかかる論点は多数あるが，大阪市の存続の是非は，もっとも重要な
論点であった。

12　維新は，区割りや名称を定めた制度案を2018年5月に法定協議会で決定したあと，7
　　月頃に府と市の議会で制度案を議決し，再度の住民投票を9月ないし10月に実施すると
　　いうスケジュールを描いているとされる（『読売新聞』2018年2月22日付夕刊）。ただし
　　維新の議席率は市会・府議会ともに過半数に達しておらず，両議会での議決に際しては公
　　明党の協力が必要となる。しかし公明党は総合区の導入を主張しているとされる（『読売
　　新聞』2018年1月15日付夕刊）。また，維新議員の造反の可能性についても視野に入れ
　　ておくべきであろう。実際に2015年3月13日の大阪市会での可決に関しても，1人の議
　　員（村上満由）が造反し反対票を投じている。
13　http://www.city.osaka.lg.jp/hodoshiryo/gyouseiiinkai/0000318119.html（2017年3月21
　　日アクセス）

政令市を解体するという大阪都構想は，地方分権に逆行する制度改悪ではないかと，多くの論者や識者がこの改革案に対して批判や疑問を投げかけた（藤井 2015b；高寄 2010a, 2010b；村上 2011, 2015a；森 2011）。2000 年に地方分権推進一括法が施行されて以降，多くの地方自治体は中央政府からの自律性を高める形で，行財政運営を行うように変化した。補完性の原理に基づき，実施可能な事務などについては中央から地方へ，あるいは都道府県から市町村へという形での権限移譲が必要であった。しかし，都構想にみられる政令市の解体は，いくつかの重要な権限を大阪府へと逆移譲するものであり，これが大きな批判を生むことになった。

特に，都市計画の権限が大阪府へと逆移譲される点が批判の的となった。都市計画権限は，その都市の発展に関するさまざまな規制などを行うための権限であり，地方自治体の自律性などと大きな関わりがある。大阪市が解体・廃止された場合，協定書にはこの権限が大阪府に移管されることが明記されていた。特別区は大阪府にあくまで意見や要望を述べるだけにとどまり，最終的な決定権限は大阪府にある。この点が，地方分権に逆行するものとして，多くの論者や識者に問題視された。

もちろんこの見解については異論もある。たとえば維新など賛成派は，次の2点により自治は拡充されると主張していた。1つは区長の選出方式の変更である。行政区長とは異なり特別区長は選挙で選ばれる公選職なので，住民の選好をこれまで以上に代表しやすくなり，それが自治の拡充につながるとの主張である。もう1つは特別区の規模である。5つの特別区に大阪市を分割するとなると，1区当たりの人口規模は小さくなる。権限についてはともかく，純粋に人口規模の観点から賛成派は，自治はむしろ拡充されるのだと主張していた。さらに大阪市がより広域的な視野に立って考えるべき施策などに関して，拒否権を行使し続けることの是非を問う議論さえありえよう[14]。大阪市の廃止・解

14　より効率的・効果的な広域行政を進める際に，大阪市が拒否権限をもつため，遅々として進まなくなる可能性については否定できないところである。たとえば大阪府における水道事業統合協議は，大阪市の反対により破綻している。市町村水道企業団への参加を大阪市が拒否した理由の1つは，大阪市域の水道料金が高くなる可能性があるからということであった（『読売新聞』2010 年 2 月 2 日付）。なおこの水道事業の統合案は 2013 年 5 月 24 日の市会においても反対多数で否決され，以後維新は，市水道局の民営化に舵を切る。し

体が地方分権に逆行するか否かは論争的だが，具体的な政策ではなく行政機構のあり方を問う点が，この住民投票の特徴だといえる。

3.3 法的拘束力をもつ結果

　住民投票の結果が法的拘束力をもつ点も，特別区設置住民投票の特徴であった。つまり住民投票の結果が賛成多数となった場合，大阪市は議会での審議や議決を経ることなく廃止され，特別区が（元）大阪市に設置されることになっていたのである。

　住民投票にはいくつかのパターンが存在する。もっとも多いケースは自治体の定める条例に基づき実施されるものである。しかし特別区設置住民投票の根拠法となるのは，2012 年 8 月 29 日に国会で可決され成立した「大都市地域における特別区の設置に関する法律」（「大都市地域特別区設置法」）であった。この根拠法の違いが，住民投票の結果に法的拘束力が生じるか否かを左右する。

　具体的に確認しよう。大都市地域特別区設置法の 6 条「特別区設置協定書についての議会の承認」の 1 項において，「関係市町村の長及び関係道府県の知事は……（中略）……当該特別区設置協定書を速やかにそれぞれの議会に付議して，その承認を求めなければならない」と記されている。ここから明らかなように，議会に承認を求めるのは特別区の設置に関する「協定書」なのであり，住民投票の結果について審議すべきとは記されていない。したがってこの協定書について合意形成を行う法定協議会の設置，およびそこでの協定書に関する合意を調達することが，住民投票の実施に際しての最大の課題となる[15]。

　特別区の申請および設置処分に関する条文をみると，このことははっきりと理解できる。すなわち 8 条 1 項において「関係市町村及び関係道府県は，……（中略）……それぞれその有効投票の総数の過半数の賛成があったときは，共同して，総務大臣に対し，特別区の設置を申請することができる」とある。ここから過半数の賛成が申請の条件になっていることを読み取ることができる。

　かし民営化議案も公明党などが慎重な姿勢を崩さず，2017 年 3 月時点で廃案となっている（『読売新聞』2017 年 3 月 28 日付夕刊）。

15　事実，2015 年 5 月の住民投票も，公明党による「都構想には反対するが住民投票の実施には賛成」という不可解な方針転換のもとで協定書が承認されなければ実施へと動き出すことはなかった。

また9条1項では「特別区の設置は，前条第1項の規定による申請に基づき，総務大臣がこれを定めることができる」と記されている。つまり総務大臣はこの申請に基づくことが処分を行う条件となっているのであり，大阪市会の同意ないし議決が必要だとは記されていないのである。

　もちろん，投票結果に法的拘束力が付与されることを，すべての大阪市民が理解していたわけではない。しかし，詳しくは第6章で議論するが，筆者が住民投票後に実施した「調査1」では，7割前後の大阪市民が「大阪市が廃止されること」について理解していたとの結果が得られている。しかし2015年大阪ダブル選後に実施した「調査3」の結果では，議会の可決が必要だという認識の有権者も一定数存在していた。議会の議決を経ることなくという理解は，大阪市の解体という「結果」と比較すると浸透していなかったのかもしれない。

3.4 政治活動量の格差

　特別区の設置をめぐっては，維新 vs. その他政党という構造のなかで，激しい対立が繰り広げられた。大阪市長選などと共通する対立構図だったこともあり，有権者からすると非常にわかりやすいものだったといえるだろう。

　政治的対立が激しく，かつその構図が明確であったためか，大阪都構想の実現を「1丁目1番地」として掲げる維新だけではなく，反対派である大阪市会の自民党議員や共産党議員なども[16]，ともに連携しながら政治活動を展開した。住民投票にかかる広報活動は，法律上は選挙運動ではなく政治活動となる。これは国民投票でもほとんど同じ状況となるのだが，個別訪問を除き，テレビCMの量，メールやSNSを通じた動員，ビラ配布枚数などにいっさいの上限はなく，そのため自由な政治活動がこの住民投票下では行われた。賛成・反対を問わず，多くの人びとを巻き込む形で活発な政治活動が展開されたのである。

　広報活動に対する規制の撤廃は，一方では上述したように自由で活発な政治活動を可能とするが，他方では賛成派と反対派の間の活動量の格差を生じさせることともなった。大量の広報資金を投入し，積極的な政治活動を展開した維新は，この点からいうと間違いなく有利な立場にあった。具体的にどの程度，

16　国政ではありえないように思われる自民党と共産党の連携は，地方における政党組織の自律性の高さを含意するものであろう。

広報費を投入したのかは定かではないが[17]，反対派以上の資金を投入していたことは想像に難くない。反対派の1人として運動していたある議員も「相手が大量のコマーシャルを流していたのに対し，我々はほとんど持つものを持たず竹やり部隊のようだった」と語っている[18]。

　実際にどのくらい維新がテレビCMなどを放映したのかを把握するための客観的資料を筆者が有するわけではないが，上述の議員のコメントにあるように，維新が大量の資源を広報に投入していたことは明らかである。維新の都構想への賛成をアピールするCMは，合計すると9つのバージョンが存在する。さらに大阪市内在住の有権者などを対象とする電話による広報も展開していたという指摘もある[19]。維新とそれ以外の政党の間には，歴然とした広報活動に投入した資源の差が存在していた。

　維新は大阪市において，多くの人的・金銭的資源を投入し，活発な政治活動を展開した。それにもかかわらず維新は特別区設置住民投票で，敗北を喫することとなった。維新は第2節で明らかにしたように，大阪において圧倒的な強さを誇っていた。さらにいえば橋下は，住民投票の結果次第では政界を引退することを公言していた。そのような自らの進退を賭けた「背水の陣」宣言により，大阪市民の維新への信頼が高まっていた可能性もあった（Bøggild 2016）。

　くわえて高い投票率となった場合，結果は反対派ではなく賛成派に有利になるという推測さえあった。その意味でも多くの大阪市民が結果に関心を寄せていたこの住民投票は，賛成多数となってもおかしくなかった。たしかに住民投

17　2015年5月，あるいは同年10月頃の報道などでは広報費の「未払い分」として約5億円程度あるのではないかと報道されていたが，維新の党の『平成27年度 政治資金収支報告書』によると，2015年5月31日に，博報堂DYホールディングス内の一社である，大阪市内に本社をおく広告代理店株式会社大広に対して，広報費として4億7620万円，同年6月17日に4億円，同年7月30日に1億414万4000円を支払っている。無論これは株式会社大広という一社に対して，広報費として支払った額の一部を抜粋したものであり，これにチラシ作成代や街宣車リース代なども含めると，10億円を超える。つまり維新は，少なくとも10億円以上を広報活動のために使用したということである。

18　2015年5月17日に行われた自民党大阪府連の記者会見における竹本直一の発言より。

19　TwitterなどSNS内で話題となっていたが「大阪維新の会，橋下徹です。録音電話で大変失礼致します。これまで，何十年かけても誰も解決できなかった大阪府と大阪市のバラバラの歴史を，いよいよあなたの賛成票で終わらせる時です」というメッセージで始まる録音電話を，大阪市在住の有権者に無作為にかけていたとされている。

票前の世論調査の結果は賛否拮抗，あるいは反対多数だった。しかし，特別区設置に反対と回答した人のいくらかは「投票意向をもたない人」だとされていた[20]。投票率が上がれば賛成票が増えるだろうという見込みはあったし，だからこそ維新は，大量の資源を政治活動に投入し積極的な動員を行ったように思われる。そのような運動が功を奏したのか，終盤になるにつれ賛成票は伸びていったとの報道もある[21]。しかし繰り返しになるが，住民投票の結果は賛成ではなく反対多数となったのである。なぜ，維新は大阪で支持されているにもかかわらず，住民投票の結果は反対多数となったのか。この問いに答えることも本書の課題である。

▌小　括

　本章の議論を要約しておこう。第1に維新は全国的には弱い政党である。そのきっかけを 2013 年頃の橋下の慰安婦発言に求める向きもあるが，この発言の直後に維新の政党支持率が低下しているわけではない点を勘案すればその可能性は低い。維新は，2012 年の衆院選以降，一貫して全国的にはほとんど支持されていない政党なのである。第2に，しかしながら大阪という特定の地域では，維新は強い政党である。第3に特別区設置住民投票の結果は，維新の強い大阪市で実施されたにもかかわらず，反対多数となった。維新は多くの人的・金銭的資源を広報活動に投入したにもかかわらず，大阪市民の多数は反対を選択した。

　橋下ないし維新が支持される理由を説明する通説的見解は，ポピュリストである橋下が大阪市民という「大衆」を扇動したポピュリズム政治の帰結というものであった。とりわけそこで強調されていたのは，維新の党首であった橋下への人気，彼の強烈な個性や物言い，有権者を動員する話術のうまさ，それに魅了され彼を支持する有権者という社会のありようであった。しかし，先に提示した2つの問いは，いずれもポピュリズム論では解き明かすことが困難な問いである。少なくともポピュリズム論では，住民投票の結果が反対多数となっ

　20　『毎日新聞』2015 年 3 月 15 日付。
　21　『読売新聞』2015 年 5 月 19 日付。

た理由を説明することはできない。有権者が扇動されやすい「大衆」ならば，住民投票の結果は賛成多数となっていたはずだからである。ポピュリズム論は，この点において決定的な矛盾を抱えている。

　ポピュリズム論は特別区設置住民投票の結果以外の事象について，たとえば2011年大阪ダブル選での維新の勝利や2012年の衆院選における維新の躍進などについては説明可能だとの反論はありうる。しかしそれは特別区設置住民投票が維新にとってどれだけ重要であったのかをまったく考慮しない，場当たり的な反論に過ぎない。この住民投票は，維新政治を理解する際の「決定的事例」（crucial case）である。だからこそ本書は，この事例を説明することが難しいポピュリズム論に対して疑義を呈するのである。

　このようにみると，維新の強さもまた解明されていない大きな謎となる。ポピュリストに扇動された帰結といえないならば，維新の強さはどのように説明できるのか。第2章では，以上に掲げた2つの問いに対する本書の解答を提示する。

第2章
維新政治のパズルを解く

はじめに

　維新はなぜ大阪で支持されているのか。またそのような状況下で，なぜ特別区設置住民投票の結果は反対多数となったのか。本章では，これを説明する通説的見解であるポピュリズム論について概観したうえで，それに代わる本書の仮説を提示する。

　本書の仮説を先取りして述べれば，以下のとおりとなる。第1に維新が大阪で支持され，そして大阪の選挙で勝ち続けている理由は，維新が自らの政党ラベルを他の政党以上に機能させることに成功したからである。維新は，大阪都構想を自党の政策の「1丁目1番地」に掲げると同時に，それを軸に選挙戦を展開することで，自らの政党ラベルに「大阪」の代表者としての価値を付与することに成功した。また維新所属の候補者は，たとえ中選挙区制下で行われる選挙であったとしても，維新であることを積極的にアピールする戦略を採用することで，政党ラベルの効用を高めた。結果として維新は，大阪における一大政治勢力として，その地位を築くことに成功したのである。

　第2に住民投票の結果が反対多数となった理由は，大阪市民が大阪市の廃止・解体に対して懐疑的ないし批判的な態度を強め，賛同を踏みとどまったからである。大阪市民が特別区の設置に反対票を投じたのは，橋下や維新に対する不信感の増大，あるいは都構想への魅力の喪失が原因ではない。本書は，有権者，特に維新支持者の内にある批判的志向性が，都構想への賛成を踏みとどまらせたからこそ，僅差ながらも反対多数という結果になったと考える。

　以上に述べた2つの仮説は，維新政治のメカニズムを理解する際に用いられ

てきたポピュリズム論とは，有権者をどのように捉えるのかという点で決定的に異なる。ポピュリズム論の枠組みに立脚する論者は，維新支持者をポピュリストに操作されやすい疎外された「大衆」とみなす。これに対して本書は，維新支持者は「合理的」かつ自律的な意思決定主体であることを軸に，維新が支持される理由，そして住民投票の結果が反対多数となった理由を説明する。その意味で本書は，ポピュリズム論の立場から維新政治を論じてきた多くの議論に対する，正面からの挑戦状である。

1 維新政治を再考する

1.1 ポピュリズムとしての維新政治

　維新政治を議論する先行研究の特徴をあげるなら，政治的リーダーである橋下へ注目するアプローチが圧倒的に多いということになろう。橋下の言説，政策，選挙戦略などに対する批判的検討を通じて，彼ないし維新が支持される理由について，考察を行う研究が多数を占める。そこで述べられる維新が支持される理由は，大きく分けると動員戦略が優れているという供給側の視点に基づくものと，ポピュリストに扇動されやすい有権者という需要側の視点に基づくものに大別される。しかし数としては圧倒的に前者が多いように思われる。
　ポピュリズムはきわめて曖昧で，輪郭をつかむことすら困難な概念である。しかし，政治的リーダーの動員戦略等に注目する定義と，社会の側からの「運動」としてポピュリズムを捉える 2 つの定義があるという点については（水島 2016），同意が得られていると考えてよいように思われる。もっともこれはあくまで学術研究上の定義であり，マスコミなどにおける用法とは大きく異なる。
　ポピュリズムは，マスコミなどでは一般的に悪しき政治を象徴する概念として用いられる。それは，ポピュリズムがしばしば「大衆迎合政治」と訳されるところからも明らかである。本来の意味からいうとポピュリズムは必ずしも悪しき政治を意味する概念ではないが，1990 年代半ばの国会での議論を契機に，そのような捉え方がなされ始めたとされる（木村 2005）。
　ポピュリズムという概念が広まる過程について，簡単に振り返ってみよう。

1997年1月22日，小沢一郎との対談中に宮澤喜一が民主党を「ポピュリスト政党」と述べる。その後，この発言について論戦が繰り広げられ，結果として宮澤は自らの発言について謝罪した。このときに，ポピュリズムは悪しき政治スタイルを意味する概念だという風潮が生まれたとされる（木村 2005）。1990年代においては，それほど悪しき政治のような形でポピュリズムが用いられていたわけではなく，あくまで日本国外の政治家や政党の政治スタイルなどを説明する際に用いられていたが，2000年代に入ると，政治批判をする際の代名詞としてポピュリズムが用いられ始めた[1]。

ポピュリズムが日本において本格的に認知され始めたのは，2000年以降である。とりわけ2001年から2005年の間の小泉政治に対して，ポピュリズムの観点から考察がなされ（大嶽 2003, 2006），それを契機に，日本政治をポピュリズムの枠組みから理解する議論が増加し始める。そしてこの頃から，純粋な分析道具としてポピュリズムを用いるのではなく，政治スタイルを批判するために用いる例も増え始める。たとえば小泉政治だけではなく，民主党の躍進を説明する際にもポピュリズムは用いられている（山口 2010）。

ポピュリズムは東京都知事であった石原慎太郎や，長野県知事であり「脱ダム宣言」で有名になった田中康夫など，地方政治のあり方を批判する際にも用いられた。むしろ時系列的な観点からいえば，ポピュリズムは地方自治体の首長を批判する言葉として当初用いられていたのが，小泉政治を批判する際のキーワードとなったというほうが正確である。首長主導的な地方政治を説明ないし批判する文脈でポピュリズムが用いられるという事実は（有馬 2011, 2017；榊原 2012, 2016），このことをはっきりと裏づける証左である。なお，ポピュリズムを分析概念としてではなく，単なる大衆扇動政治として用いる点も，これらの議論の特徴だといえる。

維新や橋下をポピュリストとする議論は，総じてポピュリズム政治を悪しき大衆扇動政治として捉える議論と軌を一にする。過激で攻撃的な言動，善悪二元論的な政治的対立構造の単純化などによって維新ないし橋下は自らへの支持を調達したとみなされ，そのようなポピュリズム政治に対して，多くの論者が

1　特に欧州における急進右翼政党（radical right party）の台頭を説明する文脈において，ポピュリズムは用いられていた。

警鐘を鳴らした。さらに橋下は，さまざまなポピュリストのなかでも稀有な才能をもつ人物だということで，そのほかの政治家以上に問題視された。橋下がテレビや新聞などマスメディアの扱いに卓越した才能をもっていたことも，その傾向を加速化させたように思われる。もともと，全国ネットのテレビ番組に出演していたこともあり，橋下はマスコミをうまく利用する形で自らへの評価を高めた（松本 2015）。その他，弁論能力の高さや演説のうまさなども，彼の特徴として指摘することができる。そのような事情から，橋下や維新の政治スタイルなどを問題視する書籍も多く出版された（澤井・村上・大阪市政調査会 2011；藤井 2015a）。

　ともあれ，先に述べたポピュリズム政治の名のもとに，橋下は多くの論者からその政治スタイルについて批判されることとなる。すでにいくらか述べてはいるが，あらためて彼の政治スタイルに関する主な批判点を整理しておこう。第 1 は巧みな話術である。彼は大阪都構想のみならず大阪市長としての自らの業績や，大阪市財政などの問題点などをしばしばアピールしていた。しかし，その対応の仕方にはいくらかの問題があり，他者の批判に目を向けず問題点への指摘を無視したり，論点をすげ替えたりしていると批判されていた。第 2 は過度な攻撃性である。大阪府知事時代から歯に衣着せぬ物言いが評判であったが，それは次第に，自らを批判する識者などへの攻撃性へと変化していく。その傾向は 2011 年 11 月の大阪市長・府知事ダブル選以降，顕著なものとなり，2012 年以降は一部の学者に対する激しい批判を繰り返すようになる[2]。第 3 は多数の専制である。民主主義とは多様性の尊重であり，それゆえに議会での熟議があるという立場に対して，彼は多数決による決定を重視していた。さらに 2014 年の出直し市長選での勝利を根拠に，大阪都構想の法定協議会委員を無理やり入れ替えるなど，強権的な方法をとることもあった。そのような主張に対して，民主主義の破壊だとの主張がしばしば寄せられた。

　維新が支持される理由を説明する議論の多くは，このような橋下という政治

　2　橋下の政治スタイルは，先行研究などで論じられているように（Moffitt and Tormey 2014；Moffitt 2016），支持調達のためのアピールではないかとみる向きもあったが，政界引退後もこの傾向は大きく変化していない。橋下は単純に口が悪いのだとみるほうがよいのだろう。

的リーダーの動員戦略ないし政治スタイルに注目してきた。つまり，橋下のポピュリストとしての振る舞いが，支持調達を可能にしていると考えられてきたのである。もちろん，そのような政治スタイルの分析から得られる知見は多い。しかし供給側への視点の偏重は，大衆社会という認識上の歪みを引き起こすものでもあった。

1.2 市民社会の脆弱性

　維新政治を供給側の戦略に着目しつつ，ポピュリズム論の枠組みのもとで分析する先行研究には，ある仮定が存在する。それは政治的リーダーシップの重要性，つまり政治的リーダーが有権者に与える影響力は大きいという仮定である。無論，それがはっきりと明示されているわけではないが，これを仮定しない限り，政治家や政党に注目するアプローチの意義を説明することは難しい。

　政治戦略等の影響力が大きいという仮定は，有権者は政治家などによって容易に操作されうる存在であることを含意する。ポピュリズム論が，しばしば大衆「迎合」にくわえて大衆「扇動」政治と訳される理由もこの点に求められる。橋下に対する批判の多くは，その迎合性というよりも扇動性を指摘するものであるが，そのことは論理必然的に，大阪の市民社会の脆弱性への問題意識を生み出すことになる（村上 2015b）。

　供給側の視点に立つポピュリズム論の根幹にあるのは，かつて 1950 年代ないし 60 年代に隆盛した大衆社会論である。すなわち社会的に，あるいは政治的に疎外された（alienated）人によって織りなされる社会がファシズムの勃興を生み出したというフロムの議論や（Fromm 1941 = 1951），市民としての高潔さの欠如が大衆の特徴であることを指摘するオルテガの議論などがそれに該当する（Ortega 1932 = 1995）。正常な判断能力を失った大衆が，類稀なる扇動の才覚をもつ政治家に動員された結果，ポピュリズム，すなわち維新の台頭という現象が生じる。それを大衆社会と呼ぶか（村上 2015b），全体主義社会と呼ぶか（藤井 2015a），B 層と呼ぶか（適菜 2012），呼称は論者により異なる。しかしその背後にある社会観はいずれも共通している。

　しかしこれらの議論の多くは，実証的根拠に乏しく，ゆえに説得力をもたない議論であることも確かである。大阪市民であれ全国の有権者であれ，政治的

疎外や社会的紐帯（ネットワーク）の欠如と維新への支持にそもそも強い関連性がないことは，すでに実証的に明らかにされている（善教・石橋・坂本 2012；善教・坂本 2013）。教育水準や世帯収入といった社会的属性や，社会階層に関わる変数とも維新への支持は強い関連をもたない。このことは筆者らの実証研究のみならず，次項で検討するいくつかの実証研究においても明らかにされている（伊藤 2016b）。大衆社会論に基づくポピュリズム論は，実証的証左に基づかない印象論に過ぎず，この点において大きな問題を抱えるものである。

　このような問題を抱えているにもかかわらず，大衆社会という社会観は意外なほど浸透し，多数の識者などに受容されていった。橋下の強烈な個性がそうさせてしまったのかもしれないが，それだけではなく，既存の日本のポピュリズム研究が，政治家の政治スタイルの分析に終始してきたこともその原因の一端にあるように思われる。国外のポピュリズム研究では，第3章で詳しく述べるようにポピュリスト態度を測定しようとする試みがなされるなど（Akkerman et al. 2014；Schulz et al. 2018），ポピュリズム政治に関する実証研究が急速に進められている。しかし日本では，そのような作業がほとんど行われてこなかった。大衆社会という認識は，ある意味で供給側の視点にばかり立ち，維新政治を説明し続けてきたことの必然的な帰結でもある。

1.3　政治行動の実証分析

　橋下あるいは維新を支持しているのは誰で，それはなぜなのか。この問いへの解答を実証的に明らかにしようとする研究が少ないことを前項では指摘した。しかしそのような研究が日本においてまったく存在しないわけではない。維新支持に関する実証分析は，筆者（ら）の研究を除くと，主に社会学者によって進められてきた。特に丸山真央や松谷満を中心とする一連の自治体首長への支持や投票行動に関する実証研究（丸山ほか 2006；丸山ほか 2007；丸山ほか 2008），およびそれを土台とする橋下への支持等の規定要因に関する実証研究（松谷 2010；松谷 2012a, 2012b），そして伊藤理史らによる政治意識や投票行動の実証分析（伊藤・三谷 2013；伊藤 2014, 2016a, 2016b）は，維新支持を議論するにあたり避けては通ることのできない重要な先行研究である。

　まずは松谷による研究から概観していこう。松谷は橋下だけではなく，高知

県，東京都，長野県，滋賀県など，いわゆる改革派首長と称される知事への支持がどのような要因に基づくものかを，意識調査を用いた分析から明らかにすることを試みている（丸山ほか 2008；松谷 2011）。橋下に関する支持の規定要因の研究も，その流れの1つとして位置づけられるが，多くの自治体首長に注目する点から明らかなように，維新に特化した形で研究が行われてきたわけではない。どちらかというと，地方政治を題材に，ポピュリスト支持の背後にある共通項を抽出できないか，という問題意識に基づき橋下支持の研究を行っている。ミリュー概念を重視する姿勢は（松谷 2009），まさにこの点を裏づけるものだろう。

　より具体的に説明すれば，松谷の議論の基本線は社会的ミリューの理論枠組みに基づき[3]，新しい階層対立という視座のもとで，維新支持のメカニズムを説明するところにある。橋下支持の説明も（松谷 2010；松谷 2012a），それゆえに価値対立，とりわけ新自由主義的志向性の強弱などが議論の焦点となっている。なお，社会階層論の文脈からいえば，いわゆる人口統計学的変数に着目すべきという指摘もあるだろうが，橋下支持は社会経済的変数と強い相関をもたない。だからこそ松谷は，新しい「階層」としての価値意識に注目するのだと考えられる。

　松谷（2012b）の調査結果によれば，特に橋下支持と有意に関連するのは[4]，次に述べる2つの態度だとされている。1つは公務員への不信感である。橋下が大阪市長へ鞍替えする際に，激しい公務員（労組）バッシングを繰り広げたことはよく知られている。そのことは大阪市の職員に対する過剰な福利厚生の問題とも関連するが，特権階級のようにみえる公務員への不満が橋下支持と相関するという。第2は新自由主義への志向性である。ミリューの観点からいえばむしろこちらのほうが重要であるが，新自由主義的な価値観をもつ人ほど橋下を支持する傾向にあるという。

　3　ミリューとは，職業，世代，宗派といった社会的属性とイデオロギーなどの政治的価値観や態度の相互作用によって構成された社会文化的な集団を意味する概念である。単純化していえば，類似の態度や行動様式をとる人びとの集まりがここでいうミリューだということである。

　4　ここでは松谷による説明にならい「支持」と書いてはいるものの，厳密にいうと感情温度を従属変数として分析している。

伊藤（2014）も，基本的には松谷と同様の問題意識に基づくものである。扱うデータや方法論などは異なるが，得られている知見はほぼ共通しており，疎外感としての公務員不信や市場個人主義としての新自由主義的信条などが橋下への投票と結びつくことを実証的に明らかにしている。また，2011年大阪ダブル選時のデータ分析から，人口統計学的要因と投票行動の関連性が弱いことも実証している（伊藤 2016b）。社会的ミリューという概念が前面に出てきているわけではないが，階層や階級に代わる新たなカテゴリとしての文化や価値に注目する点で，伊藤の研究は松谷らの研究と同様のアプローチに基づくものだといえる。

公務員への不信感は大衆社会論が前提とする疎外感とは異なる態度であり，ゆえにこれらの研究がどのような理解に基づき行われているのか，筆者としては疑問に思う点もある[5]。しかし伊藤の研究において「大衆民主主義」というキーワードが散見されるところから，その背後にあるのはポピュリズム論が立脚する古典的な大衆社会論だと考えてよいだろう。本書はこれまで論じてきたように，これらの見解に対して批判的な立場にある。しかし印象論ではなく実証的根拠に基づき，さらには既存の階層論に代わるミリューという新たな理論枠組みを視野に入れながら維新政治を分析しようとする試みを否定するものではないし，そこには少なからぬ意義があるとも考えている。しかし，松谷や伊藤の議論は，維新が支持される理由を十分に説明するものではない。

1.4　批判的検討

前項までに概観したポピュリズム論は，本書の掲げる問いに解答を提示しうる理論枠組みではない。その理由の1つは，ポピュリズム論が根拠とする橋下の動員戦略が，必ずしも成功しているとは考えられない点にある。たとえば先

5　公務員への表層的な不満のみをもって議論できるほど政治的疎外（political alienation）は単純な概念ではない。政治的疎外あるいは政治信頼の研究には膨大な蓄積があるが，伊藤や松谷の研究は，それら諸研究を十分に咀嚼できていない印象を受ける。政治的疎外は政治体というシステムからの疎外を意味するからこそ，民主主義の危機の根源にあると理解されるのであり，またそれゆえにシステム・サポートや制度信頼といった概念が考案され，その測定方法について議論されてきたのである（善教 2013）。大衆社会論でいうところの疎外は，この社会やシステムからの隔絶を意味するのであり，公務員への表層的な不満などにより測定されうるものではない。

に述べたように橋下はマスコミやSNS（Twitterなど）を巧みに利用し，広報活動を行っていた。仮にこの動員戦略が支持調達に対して影響力をもつならば，マスコミからの注目度が高まりをみせ，彼が積極的な広報活動を展開し始めた大阪市長就任以後，橋下支持率は上がっていくはずである。しかし次節で明らかにするように，橋下支持率は，市長就任以後，上がるどころか逆に低下している。さらに橋下支持率が高い水準にあったのは，実際のところ大阪府知事期，しかも維新設立前に限定される。実は橋下は有権者からの支持を調達することに，必ずしも成功していなかったのである。

　もちろんこの主張に対しては，次のような批判が可能である。すなわち橋下支持率が時間の経過に伴い低下するのは当然のことであり，それをもってして彼が動員に成功していないというのは誤りだというものである。しかし本書は，橋下が戦略的に動員していたにもかかわらず支持率が向上していない点を指摘しているのであり，時系列的に支持率が低下したことをもって動員に成功していないと述べているわけではない。ポピュリズムは，あくまでポピュリスト特有の政治スタイル，およびそれに対する有権者の支持に基づく政治現象である。ポピュリストの特徴とされる動員を積極的に行っていたとされる時期において，自らへの支持率が上がっていない点を，本書は重視する[6]。

　くわえて維新が選挙で勝ち続ける理由についても，ポピュリズム論ではうまく説明することができないように思われる。たしかに維新を支持する人は維新所属の候補者に票を投じる。自らが支持する政党の候補者に票を投じるという発想は至極当たり前の発想であるが，実はこの支持態度と投票行動の関係は，自明視できるほど強固なものではない（善教 2016c）。支持態度はあくまで有権者の意識であり実際の行動とは異なる。だからこそ両者が乖離することもままある。しかしながら維新の場合，この支持態度と投票行動の関連性が他党のそれと比較して強いという特徴を有する[7]。特に，支持政党以外の候補者にしばしば票を投じる自民党支持者と比べると，その傾向は顕著である。維新が選挙

6　府知事期の橋下支持率は，時間経過とともに低下していない点も，ここに付随して指摘しておきたい。

7　維新支持態度の特徴は，支持態度の強度ではなく，態度と行動の関連性の強さにある点は，すでに実証的に明らかにされている（善教・石橋・坂本 2012）。

で強い理由を説明する際，この支持態度と投票行動の間の関係について説明する必要もあるが，ポピュリズム論ではこれを説明することができない。

端的にいえば橋下に注目し，その特徴等について議論し続けることは，橋下個人についての理解を深めることにはなっても，維新が支持される理由を説明することにはならない。大阪で支持されているのは，橋下という政治家個人ではなく，集団ないし政党としての維新である。ポピュリストの政治スタイルの分析は，この点を無視しているがゆえに維新が選挙で強い理由を理解するための理論とはなっていない。

他方の社会学者などによる実証分析に対しても，本書は疑問を呈するものである。無論それは，ポピュリズム論が前提とする大衆社会論が実証的根拠に基づかないものであるにもかかわらず，そのような社会観に依拠して維新政治を分析しているからではない。そうではなく，彼らの依拠する社会的ミリューの理論では，維新が支持される理由を十分に説明することができないと考えるからこそ，疑義を呈するのである[8]。

社会的ミリューの理論による説明の難点は，大阪においてのみ維新が支持されている理由，あるいは維新が大阪の選挙においてのみ強い理由を説明することができない点にある。維新支持が彼らのいうミリューにより規定されるとするならば，それが大阪ないし関西圏に限定されることを説明しなければならない。逆にいえば，維新を支持するようなミリューが他の地域においては存在しないことを明らかにする必要がある。つまり維新支持の地域限定性の理由について説明する必要があるのだが，ミリューの理論はこの点を説明することが難しいという問題を抱える[9]。

社会的ミリューはポピュリズムの必要条件であり，これに火付け役であるポピュリストによる動員が相まって，ポピュリズム現象が生じるのだという見方

---

8 いわゆる新自由主義への選好や公務員不信が維新支持の規定要因だという主張の実証的妥当性については，第4章で詳しく分析するため，ここでの詳述は避ける。

9 社会的ミリューは政治的価値観の議論をその基軸に据えているところから明らかなように，容易には変化しないものと考えられる。したがって本論でいう地域差を説明するには，大阪におけるミリューの時間変動ではなく，大阪特有のミリューという形で，これを説明しなければならない。しかし，役所への不信や不満などは，大阪に限らず多くの日本の有権者が抱いていると想定できるものであり，したがってミリューでは大阪でのみ維新が台頭する理由を説明することが難しいということになる。

もあるだろう。たしかにそれぞれの地域には，個々の先導者としてのポピュリストの特徴が反映されるような独立した政治が展開される。しかし，仮にそうであるならば，維新支持は大阪府全体，さらにいうと兵庫県など府域を超えた広がりをみせることはないだろう。なぜならばポピュリストである橋下は，あくまで大阪市の長だからである（元大阪府知事ではあるが）。維新は，一方では地域限定的ではあるが，他方では大阪市内に限定されるわけではなく大阪府という広い地域で支持されている。1つの市町村という行政区域の範囲を超えつつも，限定された範囲でしか支持されない維新支持の構造は，やはり社会的ミリューの枠組みからは理解することが難しいように思われる。

　さらにいえば社会的ミリューとは，中・長期にわたって安定的な構造である。つまりミリューの理論では，橋下支持の短期的変動，さらには 2011 年および 2015 年の大阪市長・府知事ダブル選における維新の勝利の「間」に存在する，住民投票での敗北を説明することもできないと考える。

2　ポピュリストへの支持の分析

2.1　橋下支持率の推移

　前節では，ポピュリズム論では維新が支持される理由も，また特別区設置住民投票が反対多数となった理由も説明できない点を指摘した。本節では，この本書の主張を裏づけるために，あらためて政治的リーダーないしポピュリストへの支持について分析していく。

　本書は維新の台頭をポピュリズム論の枠組みから説明することはできないとしたが，他方で維新への支持が橋下への評価と関連しないと主張するわけでもない。小泉効果の実証研究にみられるように（池田 2004），際立った特徴をもつ党首への評価は，さまざまな政治的態度を規定する要因となる。橋下への評価が，維新への支持を規定する要因の1つであることは事実であろう。しかし前節で述べたように，橋下の影響が過大評価されてきたこともまた事実である。そこに，橋下への支持をあらためて確認する意義があると考える。

　図 2.1 は，朝日新聞，読売新聞，毎日新聞が調査した橋下支持率の結果を整

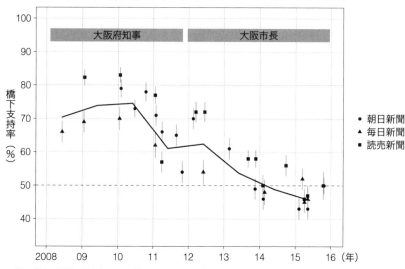

図2.1 橋下支持率の推移（2008年6月〜2015年10月）

注：『朝日新聞』『読売新聞』『毎日新聞』の記事から筆者作成。印はいずれも各社の橋下支持率の点推定値，灰色の縦線は支持率の95%信頼区間。太い黒線は，Stimson (1999)の手法により推定された橋下支持率ムード。

理したものである。図中の丸印が朝日新聞による調査結果，三角印が毎日新聞による調査結果，四角印が読売新聞による調査結果である。灰色の薄い線は，橋下支持率の95%信頼区間であり，太い黒い線は，Stimson (1999)の手法により推定された，各世論調査の結果から判断される橋下支持率のムード（主成分得点）である。なお，2014年2月以降の調査対象はいずれの新聞も大阪市民となっているが，それ以前は大阪府民を対象とする結果である。調査対象が異なるため，本来ならば別の図にすべきだが，大阪市民と府民の支持率に明確な差がなく，またここでの目的は2008年以降の時系列推移を把握するところにあるため，併記することにしている。

図2.1は，橋下支持率は時期により大きく異なることを示している。第1に府知事時代の橋下支持率については，安定期（2008〜2010年まで）と低迷期（2011年）の2つがある。推定された橋下支持率ムードをみると，2010年頃まで橋下支持率は高い値を示しているが，2011年初頭から大阪ダブル選にかけて低下している。橋下が維新の代表となり，破竹の勢いでその勢力を拡大して

いたのとは対照的に，彼の支持率は低下していたということである。維新が自民党や民主党などとの対立姿勢を明確にしたことで，橋下を支持していた既成政党の支持者が不支持に回ったことがその原因だと考えられる。

　第2に，市長時代の支持率にも高い支持率となる時期と，低迷期という2つの時期が存在する。2010年末頃より低下し続ける橋下支持率であったが，2011年大阪ダブル選で勝利したことで，一時的に下げ止まる。しかしすぐに再び低下し始め，2014年2月には50%を下回っている。2014年2月は大義がないと批判された出直し市長選が行われた時期であるから，橋下支持率が低いことにそれほど違和感はない。しかし，維新が国政に進出した2013年頃の橋下支持率も決して高くなく，さらに住民投票に至るまで支持率が大幅に回復することもなかった。

　2012年以降，橋下はマスメディアを巧みにコントロールしつつ（松本 2015），自身あるいは維新に関する報道を途切れさせないようにしていたように思われる。すなわち図2.1は，維新が安定的に勝利し続ける大阪において，さらには橋下がマスメディアを巧みにコントロールしようとしていたにもかかわらず，彼の支持率は低下し続けていたことを明らかにするものである。橋下支持率が高いのは府知事期に限定される。これらの事実は，橋下がポピュリスティックな動員戦略により支持の調達に成功するどころか，それに失敗し続けていたことを示している。

2.2　高くない橋下支持率と得票率

　前項では橋下支持率が府知事期から大幅に低下したことを明らかにした。しかしこの事実に対しては，回答者の半数が橋下を支持している点に鑑みれば，十分にポピュリストとして成功しているとの指摘が可能であろう。さらに橋下は2011年の大阪市長選において6割近い得票率で勝利している。一般にアメリカ大統領選の文脈では，6割という得票率は「大きい」と評価されることが知られている。支持率の推移をみると確かに低下しているが，絶対値という点からみると，橋下は動員に「成功」しているという主張には，たしかに一定の説得力があるのかもしれない。

　しかし以上の指摘は，自治体の首長への支持は概して高いこと，さらに大阪

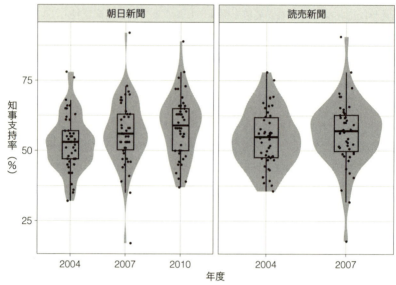

図2.2 全国知事支持率の分布（2004〜2010年）

注：『朝日新聞』『読売新聞』の記事から筆者作成。箱ひげ図の箱の中央の線は平均値，箱の上限は，中央値より支持率の大きなサンプルの中央値（第1四分位）であり，下限は中央値より支持率が小さなサンプルの中央値（第3四分位）。箱の上部と下部に伸びる縦線（ひげ）は，データの最大値と最小値であり，網かけ部分は分布の密度を表したもの。なお外れ値のサンプルはひげの外に記している。

市長選における6割という得票率は決して高くないという2つの事実を無視している。たしかに50％という支持率は低くない。しかし他の首長への支持との関係でいうと，決して高くない。同様に過去の大阪市長選では，多くの候補者が橋下以上の得票率で当選している。橋下の得票率はむしろ低い。

　朝日新聞と読売新聞が調査した知事支持率を整理した図2.2を確認しながら，首長への支持率の分布を確認しよう[10]。この図によれば，知事支持率の平均値は6割程度である。もちろんこれは知事の支持率であり，市長などへの支持率の分布は未知であるが，基礎自治体の首長への支持率を低く見積もる特段の事情があるわけではないので，同等の水準にあると考えるべきであろう。学術的な意識調査でも知事を支持すると回答する人は「わからない」を除くと7割程

10　『朝日新聞』2004年7月5日付，2007年7月21日付，2010年06月27日付。『読売新聞』2004年7月7日付，2007年7月19日付。

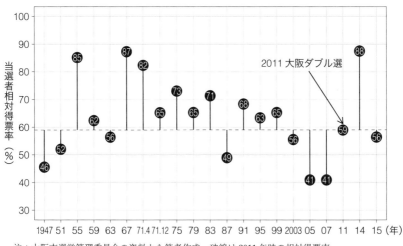

図 2.3 大阪市長選における当選者の相対得票率

注：大阪市選挙管理委員会の資料から筆者作成。破線は 2011 年時の相対得票率。

度となることが知られており（前田 2010），この図 2.2 の結果と整合的である。50％ という支持率は相対的には高くない。

続いて，大阪市長選の得票率について確認しよう。図 2.3 は戦後以降の大阪市長選における当選者の相対得票率を整理したものである。2011 年の結果を軸に，これより得票率が高い場合は破線より上部，低い場合は下部に位置するように整理した。この図をみれば明らかだが，59％ という相対得票率は大阪市長選の水準でみると高くなく，むしろ平均以下であることがわかる。少なくとも圧勝といえるほど高い水準にはない。

繰り返しの指摘となるが，以上は橋下への支持ないし評価が，維新支持の規定要因ではないことを明らかにするものではない。第 4 章で明らかにするように，橋下への評価が維新支持の規定要因の 1 つであることは本書も同意する。本書が明らかにしているのは，あくまで供給側たるポピュリストの戦略と需要側である有権者の支持の間に存在する乖離である。しかしこの乖離が，維新政治を単なるポピュリズムとみなすことのできない重要な証左であることを，本書は指摘しているのである。

2.3 ポピュリストは支持されるのか

　橋下支持率の検討を通じて，ポピュリストが大衆を動員することにより支持を調達することを前提とする既存の見解は必ずしも支持されないことが明らかとなった。以下では，橋下と同様にポピュリストとされてきた3名の首長への支持について確認する。しばしばポピュリストと称される政治家が，はたして本当に自らへの支持を調達することに成功しているのかを検証するためである。

　第1は鹿児島県の阿久根市長であった竹原信一への支持である。竹原は専決処分を繰り返すなど，議会不要論を徹底して主張するとともに，特権階級だとして公務員を激しくバッシングした人物であった（平井 2011）。それゆえに，竹原はポピュリストの1人としてしばしば位置づけられている（有馬 2011）。しかし竹原は多数の支持を獲得するどころか，逆に解職の是非を問う住民投票で賛成多数となり失職している。つまり彼は動員に失敗しているのである。くわえて竹原の解職を問う住民投票前の 2010 年 11 月中旬に実施された朝日新聞の意識調査の結果によると，竹原を支持すると回答したのは 37%，支持しないが 49% であった[11]。この点でも竹原は多数派の支持を獲得することに失敗しているのである。

　第2は東京都知事であった石原慎太郎である。石原の支持率をみると，橋下と同様に1期目は約 78% と高い水準にあるが[12]，その後徐々に低下している。この点は橋下支持率と共通する。具体的には石原の支持率は，2004 年に約 66%，2007 年に約 53%，2010 年に約 45% となっている。前項で述べたようにこの約 45% という支持率は決して高くなく，むしろ低い水準にある。石原は橋下や竹原と同じくポピュリストだとみなされてきた首長の1人だが，彼も常に多数の支持を獲得し続けていたわけではなかった[13]。

　第3は河村たかし名古屋市長である。河村も上述した2人と同じくポピュリストの典型例としてしばしば取り上げられる人物の1人である。地域政党「減

11　『朝日新聞』2010 年 11 月 9 日付。
12　『朝日新聞』2002 年 4 月 24 日付。
13　ただしこの約 45% という支持率は，4期目の値であり，時間経過に伴う支持率低下という点を考慮しておく必要はある。

税日本」を設立したことから，橋下や維新の比較対象とされることもある（後 2017）。その河村の支持率だが，朝日新聞などが2013年3月に調査した結果によると約51%であり，決して高いとはいえない値である。2011年3月の出直し市議選直前の調査における河村支持率は約67%であり，2010年8月の調査では約70%だった[14]。ここまでみてきた橋下や石原と同様に，河村の支持率も例に漏れず低下していることがわかる。

　地方自治体の首長への支持率は決して低くない一方で，ポピュリストと称される首長の多くが，就任以降，支持率を低下させているという事実は，結局のところ彼らは支持の調達に成功していないことを示すものである。政治スタイルの観点からみると，上述した首長はいずれもポピュリストなのかもしれない。しかし，そのような戦略に有権者が扇動されるわけではないのである。

　では，なぜ維新は大阪で多数の支持者を獲得し，選挙で勝利し続けているのか。次節ではこの問いに対する本書の仮説を提示する。

3　なぜ維新は大阪で強いのか

3.1　前提としての有権者の合理性

　維新はなぜ大阪で支持され，選挙で勝ち続けているのか。この問いに対する本書の解答は，維新は政党ラベルをうまく機能させることに成功したからだ，というものである。本書は，ポピュリズム論のように，橋下の話術や政治スタイルなどに注目するのではなく，政党あるいは組織としての維新に注目する。維新政治のメカニズムを理解するためには維新という政党にこそ注目する必要がある，というのがここでの主張である。

　維新政治の特徴を検討するに際して，政治家ではなく政党に着目すべきだと考える理由は，有権者が橋下率いる維新に対して票を投じていた可能性が高いと考えられるからである。橋下が地域政党としての維新を結成した背景には，議会での多数派形成という明確な目的があった（砂原 2013）。橋下は，一個人

14　これらの記述は以下の記事に基づく。『朝日新聞』2011年2月22日付，2013年3月12日付。

としてではなく，あくまで維新の代表として活動していた。だからこそ大阪の有権者も，大阪市議選などで維新を支持し，維新候補者に票を投じた。そこにあるのは橋下ではなく，あくまで維新という集団である。だからこそ「維新」がなぜ支持されているのかを考えなければならないのである。

政党について政治行動論の立場から議論する研究は，主として次の2つに大別される。第1は有権者の党派性ないし政党支持に関する研究である（三宅1985, 1998；谷口 2012）。第2は政党ラベルの効果などに関する研究である（Gervais and Taylor 2016；Heit and Nicholson 2016；Nicholson 2012）。これらはいずれも，有権者が政党を支持するメカニズムを明らかにするための研究だが，前者が有権者の態度を直接的な分析対象とするのに対して，後者は政党ラベルに対する認知に着目する点で異なる特徴を有する。本書の議論の文脈において重要なのは，後者の政党ラベルに関する研究である。

政党ラベルに関する議論は，政党に関する情報が，意思決定の際の手がかりになるという前提がある。それゆえに政党ラベルに関する議論では，政治家ないし政党が自らのラベルにいかなるブランド価値を込めるのか，また有権者はラベルからどのような価値を認識するのか，さらにはラベルをどの程度利用しようとするのか，などが主要な論点となる。したがって維新ラベルにどのような価値が込められているのか，またラベルを有権者はどの程度利用しているのかといった疑問に答えることが，本書の課題となる。ただ，その前に明確にすべき重要な点がある。それは，政党ラベルの議論は有権者が「合理的」な存在であることを仮定していることである。

有権者は意思決定の際に簡便な手がかりを利用する合理的な存在だという見方がある（Lupia and McCubbins 1998 = 2005）。有権者は一般に，政治や行政に関する豊富な知識を持ち合わせていないということは，欧米のみならず日本でも実証的に明らかにされている（飯田・松林・大村 2015）[15]。世間に大きな影響を与えた事件などは記憶として定着する可能性はあるものの（岡田 2017），政治現象については忘却されることが一般的である。しかし，これらの事実は，有

---

15 政治知識の次元構造や測定法についてはさまざまな見解があり，今日においても議論と実証的検討が積み重ねられているが（Barabas et al. 2014），有権者一般の政治知識水準が低い点についてはすでに共通見解となっている。

権者が非合理的な意思決定主体であることを意味しない。我々人間は，十分な知識をもたずとも断片的なさまざまな手がかりを利用しながら，自身の選好に近い政党や候補者を探し出す（飯田 2009）。それは一方では数少ない情報にしか依拠しない点で信頼性に乏しいものかもしれないが，他方で認知負荷を軽減し「最適解」を選択するという意味で，合理的な行動である。

　もちろん，政治的意思決定が困難でなければ，簡便な手がかりを利用せず，さまざまな知識を網羅的に収集しながら熟考し決定すればよい。しかし多数の有権者がそのような資源を持ち合わせているとの仮定は非現実的である。さらに代議制とは，そもそも本人である有権者が，代理人である政治家や政党に，政策決定権限を委任する政治体制である。この構造が存在する限り，有権者は簡便な手がかりを利用し続けるだろう。手がかりとしての政党ラベルの利用は，代議制という構造のなかで必然的に生じる行動原理なのである。

3.2　手がかりとしての政党ラベル

　政治的意思決定の際の手がかりとして利用できる代替物はさまざまである。友人のコメント，コメンテーターの発言，利害関係者との関係性など，何が政治的意思決定の際に利用できる手がかりかは，いつ，誰が，何を，どのように問うのかにより変化する。そのことを前提としつつも，政党ラベルは多くの有権者に利用される重要な手がかりだと一般的には考えられている。

　政党ラベルが意思決定の際の手がかりとして機能しやすい理由は次の 3 点である。第 1 に政党は，特定の政策選好ないしはイデオロギーをもつ組織であり集団である。候補者の凝集性の程度は政党により異なるが，「自民党は保守政党」といったように，政党ラベルには，それがどのような価値をもつラベルなのかという情報が付与されている。そのため意思決定の際の手がかりとして有権者は利用しやすい。第 2 に国や地方を問わず，政党は政策決定の主たる担い手だという事実がある。特に議会の議員の多くが政党に所属している場合，政治的な意思決定に政党は必然的に関わりをもつ。そうである以上，有権者もまた政党に注目する必要がある。第 3 に日本の有権者の多くは党派性をもつ。党派性をもつ有権者が意思決定の際に政党ラベルを利用するのは自然である。さらに，いわゆる無党派層と呼ばれる人たちも，政党ラベルを利用する場合は

多々ある。とりわけ政党への拒否感を背景に自身を無党派だと認識している有権者は，政党ラベルに敏感に反応する（善教・秦 2017）。

維新の成功を理解するための鍵は，維新という政党ラベルがなぜ，そしてどのように機能したのか，という 2 点を明らかにするところにある。特に前者のなぜ，という疑問に答えることが重要である。なぜなら一般に，地方レベルの選挙では政党ラベルがうまく機能しないことが知られているからである。

地方レベルの議会選挙，特に市区町村議会議員選においては，一般的に政党が機能しにくく，したがって有権者も政党よりも個人を重視する傾向を強めると考えられる。そのような傾向をつくり出す主たる原因が，日本の地方議会の選挙制度である。日本の市区町村議会の選挙制度は，その多くが中ないし大選挙区制である。専門的には，単記非移譲式投票（Single Non-Transferable Vote; SNTV）として分類される選挙制度が採用されている。わかりやすく説明すると，1 選挙区内の当選者数が 2 以上の選挙区で，有権者が投じることが可能な票数は 1 票だけであり（単記），さらに当選ラインを超えた票であっても他者に移譲されない（非移譲式）制度が SNTV である。日本では一般的に，定数 2 から 6 までの場合が「中選挙区制」，それ以上を「大選挙区制」として分類することが多い。もっとも，程度の差こそあれ，どちらも政党の機能不全を引き起こす制度である点は共通する。

中・大選挙区制が政党を機能させにくくする理由は 2 つある。第 1 にこの制度は，候補者に対して，自らの所属政党ではなく候補者個人の主張などを重視させる誘因を与える。特に同一政党から複数の候補者が擁立される場合，その傾向は顕著なものとなる。地盤や政策領域の棲み分けを行うなど（建林 2004），それぞれが政党ではなく自らの価値を高める戦略をとらなければ，同士討ちになってしまうからである。政党に依存することなく自身で勝利を勝ち取った候補者にとって，党に所属することは，自身の自律性を低下させる足かせにしかならない。だからこそ地方議員の多くは，政党に所属しない無所属の政治家になると考えられる（砂原 2015）。

第 2 に有権者もまた，この選挙制度のもとでは政党を重視しない傾向を強める[16]。先に述べたように，選挙区定数が 2 や 3 だと同一政党から複数候補者が擁立されることは稀であるが，定数が 5 を超えると同一政党から複数の候補者

が擁立され始める。同じ政党から複数人が擁立されている場合，政党ラベルだけでは誰にすべきかを判断できず，候補者個人の属性や信条などを基準に選択することになる。中・大選挙区制は候補者だけではなく有権者にも，政党以外の要素を重視する誘因を与える。さらにいえば，政党に所属していない無所属候補者が多数立候補する場合さえある。そのような事情も政党を重視しない傾向を強める原因だと考えられる。

　もっとも，以上の説明は主として市区町村議会選などを念頭においたものであり，大阪府議会や大阪市会の選挙の特徴を理解する点では十分ではない。第1に大阪府議会は定数1と定数2以上の選挙区が混在していることにくわえて，同一政党から複数の候補者が擁立されるような定数の大きい選挙区は少ない（図1.5参照）。第2に大阪市会議員選挙では同一政党から複数の候補者が擁立される選挙区が多くあるが[17]，維新の設立以降，維新以外の政党が複数人を擁立するケースはほとんどない。したがって選挙制度論の観点からいうと，政党ラベルが機能しにくいのはむしろ維新ということになる。しかし，本書はむしろ複数の候補者を1つの選挙区に擁立している維新こそが，政党ラベルを機能させることに成功したと主張する。これを理解するためには，維新の選挙戦略とその帰結について検討する必要がある。

3.3　ラベルの利便性の向上

　政党ラベルが有権者にとって意味のある手がかりとなるか否かは，政党ないし政治家側の戦略に大きく左右される。どれほど有権者が強い党派性をもとうとも，前項で述べたように1つの選挙区に同じ政党から複数の候補者が擁立され，かつ，1人にしか投票できないと政党ラベルの使用頻度は理論上低下すると考えられる。したがって維新がどのように政党ラベルを機能させようとしていたのかを検討する必要がある。

　中・大選挙区制において政党ラベルを機能させる基本戦略は，複数の候補者

16　ただし政党支持がまったく機能しないわけではない。たとえば三宅（1998）による党派の傘モデルは，中選挙区制のもとで政党支持態度が機能するメカニズムを記述するものである。

17　2011年の大阪市議選では24選挙区中18選挙区，2015年では11選挙区において同じ政党から2人以上の候補者が擁立されていた。

を擁立せずに1人に絞るというものである。しかし維新はそのような戦略を採用せず、むしろ積極的にさまざまな選挙区で複数人を候補者として擁立している。通常、このような選挙区では政党ラベルが手がかりとなりにくいことは既述のとおりだが、そこには1つの例外がある。それは同一政党から複数人が擁立されていたとしても、候補者間の差異がわからない場合である。つまり「どちらでもよい」という状況を戦略的につくり出した場合、たとえ同じ政党所属の候補者が複数人、同一選挙区に擁立されていたとしても、政党ラベルは機能する。

　維新の戦略の要はまさにこの点にある。すなわち維新の候補者は、たとえ同一の選挙区に自らの所属政党と同じ候補者が擁立されていたとしても、都構想の実現を前面に押し出し、維新の候補者であることを積極的にアピールする傾向が強いのである。一見するとこの戦略は同士討ちの可能性を高めるという意味で非合理的だと思われるかもしれない。しかし、たとえそうであったとしても、維新の候補者にとってこの戦略はきわめて合理的な戦略である。2011年の大阪市議選における維新の候補者の多くは新人候補であったし、府議選の候補もそれほど選挙に強いわけではなかった。実際に維新に鞍替えした議員の傾向を分析した研究によれば、再選確率が低い現職ほど維新に鞍替えする傾向にあったことが明らかにされている（飯田 2016a）。

　維新所属議員が2人以上、同一選挙区に擁立されていても、彼らは原則として維新の候補者として振る舞うことを、2015年大阪市議選の「選挙公報」を用いて確認する。この選挙で維新は、定数4以上の選挙区11区で2人以上の候補者を擁立している（鶴見区のみ定数3）。図2.4は、これら11の選挙区にて擁立された維新候補者の「選挙公報」について、どれだけ維新のことを積極的にアピールしているのかを分析した結果を整理したものである。分析手法は非常に単純であり、①大阪都構想、②二重行政、③医療・福祉・教育、④区長公選化という4つの大阪都構想に関する項目に関連する記述をカウントするという方法である[18]。記述が1つでもあれば1、ない場合は0としたので、最小値0、最大値4となる。「大阪都構想」「二重行政」「区長公選」の3項目に関して

18　これら4つの項目を選定した理由は、特別区設置住民投票における公報のなかで、賛成派（維新）が強調していたものだからである。

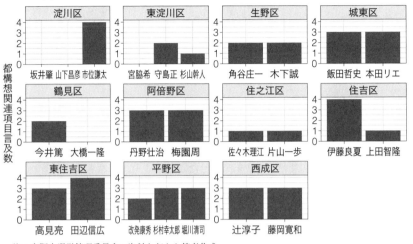

図2.4 維新候補者複数人擁立区における「選挙公報」の「棲み分け」

注:大阪市選挙管理委員会の資料などから筆者作成。

は,このワードが公報のなかにあるかどうかをカウントしたが,「医療・福祉・教育」については,単語ではなく目標として記述されている内容をみながら,該当するか否かを判断した。ただし「住民サービスの向上」というような書き方をしている場合は,カウントしていない[19]。

図2.4をみると,維新候補者が複数人擁立された選挙区のうち,淀川区,東淀川区,鶴見区,住之江区,住吉区については,相対的にみると維新の候補者間の違いを目立たせる方向で,公報について調整がなされていることがわかる。特に淀川区,東淀川区,鶴見区は都構想関連項目についてまったく言及しない候補者が1人以上いる。しかし,それ以外の半数以上の区においては,選挙公報上の「棲み分け」が行われているとはいえない。

特に平野区では維新の候補者全員が都構想の実現について言及しており,他の区以上に候補者間の差を見出しにくい。いかに維新の候補者が,選挙の際に維新という政党ラベルに頼っているかが,この図からはわかる[20]。

19 なお,特別区設置住民投票の公報のなかには,もう1つ「(行政)改革」を進める旨も記されており,本来ならこれも含めてカウントすべきであるが,①改革というワードだと広すぎて該当者が多すぎることと,②民営化に限定すると言及する候補者が2人しかいないという2点から,カウントすべき項目群から除外することにした。
20 棲み分けを行う必要がない,これら11以外の選挙区で擁立されている候補者は,ほぼ

一般に日本の国政政党の地方組織（都道府県連）は，議員個人の自律性が高いとされている（建林編 2013；砂原 2012a）。維新についても，国政政党としての維新と，地域政党としての大阪維新の間には相違があることは，マスコミなどを通じてたびたび指摘されてきた。しかし，それはあくまで地方政党としての維新の自律性について言及するものであり，議員個人の自律性についてではなかった。むしろ維新の議員は，個ではなく組織として動く傾向が強いといえる。

　このように維新の候補者が，たとえ定数 2 以上の選挙区制のもとであっても維新であることを強調する戦略を採用したことにより，有権者は維新ラベルを手がかりに投票する傾向を強めた。市議選や府議選で有権者が投票するのはもちろん個人だが，維新に関していうならば「維新だから」投票するという傾向が強い。それは，前章で示した図 1.4 の結果からも示唆される。すなわち維新の候補者に関しては，同一選挙区内の維新候補者得票率は大きく分散していないし，きわめて似通った得票率になる選挙区がいくつか存在するのである。これらの事実は，有権者が維新ラベルを手がかりに投票先を選択していることを示している。

3.4 「大阪」の代表者としての維新

　維新が自らのラベルの利便性を高めたとしても，維新を支持する有権者が少なければ，維新は大阪で強い政党にはならない。なぜ維新は多くの有権者に支持されるのか。それは，維新が自らのラベルに「大阪」の代表者としての価値を付与することに成功したからである。維新は，誰が「大阪」の代表者たりうるのかという政治的対立軸を設定することに成功した。さらにその対立のなかで，自らのラベルに「大阪」の代表者としての価値を付与することにも成功した。これが，維新が大阪で支持される理由であると同時に，全国的には支持されない理由である。

　大阪都構想は，大阪市と大阪府の二重行政を解消しつつ，より広い視座のもとで都市政策を展開するための行政組織へと，行政機構を再編する構想である。

　　全員が「選挙公報」で大阪都構想について言及している。

大阪市域にとらわれることなく，逆にそれを超えることでより広い都市空間としての「大阪」に利益をもたらすことを企図する大阪都構想は，多くの問題を抱えるものとして批判される一方で（藤井 2015b），狭すぎる大阪市という問題を解決する1つの有力な方法でもあった（北村 2013；砂原 2012b）。橋下が大阪府知事に就任する以前から，大阪都構想と類似の構想が提唱されていたことは，そのことを如実に物語る。さらに維新設立時，その中心にいたのは橋下と大阪府議であったことも，維新が市域を超えた利益を実現する原因の1つであったように思われる。

　維新を除く既存の政党は，大阪市，あるいはそれより狭い地域における利益の代弁者ではあったが，「大阪」の代表者にはなることはできなかった。大阪市議選の選挙制度は何度も述べたように中選挙区制であるが，この選挙制度は，政党ラベルに関する問題のみならず，比較的少ない得票率でも当選できるという問題も抱える（砂原 2015）。定数が 40，50 といった選挙制度ほど顕著ではないが，大阪でも定数3以上の選挙区では 20% 程度の得票率で当選できる。候補者からすれば，それ以上の得票は無意味であるから，この当選ラインにいかに到達するかが重要な関心事となる。実際に図1.5をみると，定数3や4の選挙区において，維新以外の政党の候補者の得票率が当選ライン近辺に集中していることがわかる。その結果として有権者は，議員ないし政党に対して，断片化された個別利益の追求者との認識を抱く。大阪市域を超えた利益を実現する主体に，大阪市会の自民党や（旧）民主党がなりえなかった理由は，彼ら彼女らに個別利益を追求させる誘因構造が存在していたからにほかならない。

　この点にくわえて，地方レベルでの既存政党の機能不全も，維新に大阪の代表者としての価値を付与することに貢献した。本来ならば，維新でなくとも，知事と市長が同じ政党に属していれば「府市合わせ」問題は解決できるはずである。それにもかかわらず，なぜ橋下は，しばしば「維新だから府市合わせを解決できている」と主張していたのか。なぜ自民党など既成政党に所属していた大阪市会議員や府議会議員は，そのような橋下の主張に対して「我々の政党でも解決できる」と反論しなかったのか。それは，地方議員がきわめて自律性の高い存在であるために，政党を通じた利害調整が困難だったからである。維新の主張する二重行政の問題は，行政の非効率性だけではなく，政治あるいは

政党を通じた利害調整機能が機能不全に陥っていたからこそ，説得力のある問題提起として有権者に認識された。

　自民党など既成政党がこれらの問題を抱えること，つまり「大阪」の代表者として振る舞えないことを背景に，2011年の大阪市議選や府議選において維新は，誰が大阪の代表者かを問う議題を設定し，選挙戦を戦った。マスメディアによる議題設定の議論とは異なり，選挙キャンペーンにおける議題設定では，政党の戦略が議題設定において重要な役割を果たす（Abbe et al. 2003；Brandenburg 2006；Green and Hoboltb 2008）。このとき，維新ないし維新の候補者は，この選挙を大阪都構想の是非という「大阪」の代表者を選ぶものだという形でフレーミングすると同時に[21]，自らが「大阪」の代表者であることを，都構想の実現を掲げながら積極的にアピールする。他方の既成政党の候補者は，上述した事情ゆえに自らが「大阪」の代表者であることをアピールすることができず，維新の対抗勢力にはなりえなかった。

　中選挙区制の有する誘因構造ゆえに，既成政党が「大阪」の利益を代表することが困難となるなか，維新は自らが「大阪」の代表者足りうることを有権者に周知し，支持を拡大することに成功した。維新の台頭は，大阪市域を超えた広域的な「大阪」の代表者としての期待と，そのような代表者にはなりえない既成政党への不満の両者を背景とする。いうなれば大阪の有権者は，政党ラベルという簡便な手がかりに基づき，より集合的な利益を追求する代理人としての維新を選択しているに過ぎない。以上が，維新が大阪で支持される背後にあるメカニズムなのである。

▎4　なぜ都構想に反対したのか

4.1　特別区設置住民投票下の情報環境

　特別区設置住民投票は，第1章で述べたように通常の選挙とは異なるいくつ

21　本書と同じく，選挙における選択のなかで大阪の代表者は誰かが争われていたことを指摘するものとして砂原（2012b, 2013）がある。本書は統一地方選全体における議題設定を重視するが，砂原は1人区の多い大阪府議選での議題設定の重要性を指摘している。

かの特徴を有する。とりわけ発信される情報量の多さはきわめて重要な特徴であったといえる。マスコミなどを通じた情報発信量という点では，賛成派である維新のそれが圧倒的であったが，かといって反対派が何もしなかったわけではなく，彼ら彼女らなりのやり方で活発な政治活動を展開した。同時に，大阪市も『投票公報』を全戸に配布するなど積極的に広報活動を行った。

　大阪市が積極的な広報活動を行った背景には，大都市地域特別区設置法7条2項の規定がある。すなわち「関係市町村の長は，……（中略）……選挙人の理解を促進するよう，特別区設置協定書の内容について分かりやすい説明をしなければならない」と定められているのである。この規定により，大阪市は異例といえるほど多くの広報活動を展開したのである。40頁におよぶカラー刷りのパンフレットを168万部印刷し，それらを大阪市内全戸に配布するのみならず，4月14日以降，特別区の設置に関する住民説明会を39回開催している。これら広報活動に要した費用は，総額1億8400万円とされている[22]。

　そのなかでも全戸に配布された計4頁の『投票公報』は，大阪市民の意思決定において重要な役割を果たした（図2.5）。一般的な選挙運動の過程では，有権者による情報の取捨選択が無自覚的に行われる。特にインターネットを通じた情報取得が可能となる今日においては，選択的接触と呼ばれる情報収集の際の偏りと，その帰結としての態度の分極化や固定化が危惧される[23]。他方，都構想を説明するパンフレットや『投票公報』は，有権者の意向とは関係なく，全世帯に配布される。この点において大阪市民は『投票公報』から受動的に情報を取得したものとみなせる。都構想に賛成・反対いずれの立場であっても，自らの意向とは異なる見解に目を通す機会が，『投票公報』によって与えられたのである。

　マスコミの世論調査の結果も，特別区設置住民投票が近づくにつれて，大阪市民の間に都構想に関する理解が進展していったことを示している。図2.6は

22　『朝日新聞』2015年5月5日付。なお住民投票に要する経費の総額は，およそ9億3200万円である。その前年に行われた出直し市長選の費用が約6億3000万円であったことからも（『朝日新聞』2014年3月1日付），この住民投票に際してはこれまでの選挙以上に，大阪市による広報活動が展開されたと考えられる。

23　ただし，実証分析の結果が必ずしもこの見解を支持するわけではない点には注意しておく必要がある（稲増・三浦 2016）。

68 第1部　問いと仮説

図2.5　特別区設置住民投票で配布された『投票公報』(4頁)

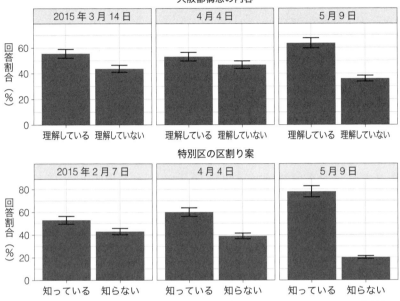

図 2.6 都構想への理解度合いの推移

注：『朝日新聞』『毎日新聞』の調査結果に基づき筆者作成。図中のエラーバーは回答割合の95％信頼区間。日付は各意識調査の開始日。

毎日新聞による大阪都構想の内容に関する理解度の調査結果と，朝日新聞による特別区の区割り案への理解度に関する調査結果を整理したものである。都構想の内容と区割り案の両者において，4月から5月にかけて，「理解している」ないし「知っている」と回答している人が急増していることがわかる。2月ないし3月から4月にかけての推移をみると，区割り案への認知度は上昇しつつも，都構想への内容理解はそれほど進んでいない。都構想知識に関するより詳細な分析は第6章で行うが，さまざまな政治活動や広報活動が，大阪市民の都構想知識を押し上げることに貢献したことはこれらの結果から推測可能であるように思われる。

『投票公報』を含めて，大阪市民にはさまざまな都構想に関する情報が与えられたわけだが，そのなかで，何が自身にとって意味があるのかを判断する基準は人により異なる。とりわけ維新への支持態度は，どの情報を受容するかを大きく左右する。自らの党派性に整合的ではない情報は意味のないものとして

無視され，逆に選好に合致する情報は保持され，有益な情報として記憶に残るかもしれないからである。したがって次に検討すべきは，維新支持態度の特徴ということになる。

4.2 維新支持態度の弱さ

　有権者が何を手がかりとして選択するかを議論する際に重要となるのは維新への支持態度である。筆者らは 2011 年大阪ダブル選下の大阪市民，および 2012 年衆院選下の全国有権者を対象とする意識調査の結果から，維新を支持する人の大半は熱狂的な支持者ではないことを実証的に明らかにしてきた（善教・石橋・坂本 2012；善教・坂本 2013）。維新への支持態度は決して強くなく，むしろ強度という観点からいえば不支持者のほうが「熱狂的」だといえる。維新支持態度には，そのような特徴がある。

　もちろん，どの政党への支持態度にも上述の特徴はある程度あてはまる。なぜなら一般に，日本の有権者は政党に対して強い帰属心をもたないとされているからである（三宅 1985）。これは 1970 年代から一貫してみられる，日本の政党支持態度の特徴である。日本の政党支持態度の「支持」が意味するものの多くは「投票意向」もしくは「政党への評価」であり，ある政党に対する心理的帰属として支持概念を理解する人は圧倒的に少ない（谷口 2012）[24]。日本の有権者は支持政党を頻繁に変えるし，それは自民党が磐石の体制を築いていた 1970 年代や 80 年代においても同様であった。自民党一党優位体制のなかで，自民党支持と無党派の間を往来する散発的支持者が存在していたことは（三宅 1985），政党支持研究における重要な知見の 1 つである。

　このことは一見すると，大阪で維新が継続的に勝利し続けるという事実と矛盾するように思われるかもしれない。維新には熱狂的で強固な支持者がいるからこそ，大阪の選挙で勝ち続けているのではないか。このような疑念を抱かれても不思議ではないほど，維新は大阪の選挙で勝ち続けている。しかしそれは，前項で指摘したように維新が自らのラベルをうまく機能させることに成功した

24　日本人は認知的志向性がきわめて強いとされている（村山 2003）。日本人の政党支持や党派性は，認知や行動の影響を強く受け形成されるものだし，だからこそ自らの党派性と異なる投票先に投票することも，頻繁に生じるのであろう。

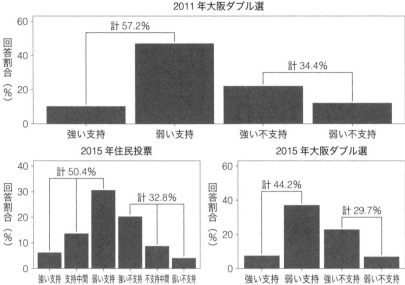

図2.7 維新支持態度の分布と推移

注：2011年大阪ダブル選後の結果は、善教・石橋・坂本 (2012) に基づき作成。

からであり、維新の支持態度が継続的な勝利を可能とするほど強固なものだからではない。そのことを理解するという意味でも、維新支持態度の特徴をあらためて確認しよう。

図2.7は、2011年大阪ダブル選、2015年住民投票後（調査2）、2015年大阪ダブル選後の、維新支持態度の調査結果を整理したものである[25]。2011年大阪ダブル選から2015年大阪ダブル選まで、一貫して、維新支持態度には弱い支持態度をもつ有権者が多いという特徴があることがわかる。維新支持者の半数以上は、どの時期においても弱い支持者であり、熱狂的な強い支持者はそのなかの1割から2割程度に過ぎない。他方の不支持者をみると、支持者とは逆に維新を強く拒否する層がいずれの調査においても半数以上を占めている。これ

---

25 維新支持態度は、次の方法により操作化される。まず「維新を支持するかどうか」を尋ね、その後に支持していると回答した支持者に対しては「熱狂的な支持者か否か」を尋ね、逆に支持していないと回答した不支持者に対しては「好ましい政党か拒否対象か」を尋ねる。このように維新支持態度を測定することで、支持の方向性（支持か不支持か）だけではなく支持の強度についても把握することが可能となる。

らの調査はいずれも維新が選挙で強い大阪の有権者を対象とするものである。維新支持態度はそれほど強固な態度ではないことが，この図からわかるだろう。

　維新に対する極端な支持者が少ないことは，支持者のなかで，先に述べた党派性による情報のフィルタリング機能がそれほど強くないことを含意する。特別区設置住民投票は，維新を支持するかどうか，あるいは橋下を支持するかどうかという問題と無関係ではない。それゆえに維新支持態度が情報の取捨選択に影響を与える可能性が高いと考えられるが，大阪市民の維新支持態度はそれほど強くないために，賛成派が提供した情報のみを知っている，という状況にならなかった。もちろん，党派性による選択的接触が存在しないわけではない。しかし，大阪市民全体の都構想知識量の分布に大きな歪みを生じさせるほど，強い影響を与えるものではなかった。この住民投票において大阪市民が特別区の設置に関する賛成と反対の情報の両者を獲得しえた背景には，このような維新支持態度の特徴もあったと考える。

　賛成派と反対派の情報が多くの大阪市民に提供されたこと，そして維新支持態度による情報のフィルタリングが行われなかったことで，大阪市民は賛成派，反対派の意見の両者を吟味しなければならなくなった。特にそれまで維新を支持していた大阪市民は，都構想のデメリットにも目を通しながら，あらためて都構想の是非について考える必要に迫られた。そのなかで彼ら彼女らのなかの批判的志向性が機能することになる。

4.3　有権者の批判的志向性

　なぜ特別区設置住民投票において，多くの大阪市民は賛成ではなく反対に票を投じたのか。この問いに対する本書の解答を先取りして述べるなら，それは「大阪市民の批判的志向性が，先に述べた特別区設置住民投票下の情報環境などと相まって，賛成票の投票を踏みとどまらせた」からである。通常の選挙では，維新は大阪において圧倒的に強い存在である。それにもかかわらず反対多数となったことをどのように理解すべきか。本書では大阪市民の慎重に考えようとする批判的志向性がその原因だと主張する。

　批判的志向性とは，批判的思考（critical thinking）の研究において言及されている態度のうち，その情意的側面を指すものである。批判的思考とは「論理的，

客観的で偏りのない思考」であり「自分の推論過程を意識的に吟味する反省的思考」とされる（三浦・楠見 2014）。そこには物事を合理的に判断するための知識，情報，技術である認知的側面と，物事を反省的に考えようとする志向性としての情意的側面の2つがある。これらはいずれも代議制を機能させる「市民」に必要な資質とされるが（道田 2015），本書の文脈において重要なのは後者の批判的志向性である。

　批判的志向性の重要性はそれが認知的熟慮の基盤となる点に求められる。認知的熟慮は，「考えるよりまず行動する」という認知的衝動の対概念であり，何事にも冷静に，多くの情報を吟味しながら対処するような慎重さを意味する。批判的思考の情意的側面には，論理的思考の自覚や客観性を重視する態度など複数の下位次元があるが（平山・楠見 2004），その1つに「客観性」がある。これは意思決定をする際，眼前にある情報を鵜呑みにせず，多様で偏りのない情報を収集すべきという態度だとされる[26]。そのような客観性を重視しようとする態度が，「市民」には潜在的に備わっている。

　もちろん，すべての有権者が，常に批判的に政治的意思決定を行うわけではないだろう。それは前節で論じたように，簡便な手がかりを利用する合理的存在という点からも明らかである。しかし特別区設置住民投票における情報環境により，大阪市民はこの選挙においては，特に慎重な判断を迫られた。賛成だけではなく反対派の情報も加味したうえでの意思決定を迫られるという状況は，大阪市民に冷静な判断を要請するものだったと考えられる。

　批判的な志向性は，「保守」としての現状維持への志向性とは異なる態度である。批判的志向性は，あくまで慎重な判断を重視する態度である。結果として現状維持を選択することはあるが，判断の結果，現状を変えるという選択をする場合も当然ありうる。現状を維持したいのではなく，先行きに対する十分な見通しが立てないのならば動くべきではない，という慎重な判断が批判的志向性の特徴の1つだと考えられるのである。

　ここで明らかなように，有権者の批判的志向性に注目する本書は，大阪市民，

26　客観性は提示された情報を鵜呑みにしないことから，その背後には情報を提示した対象への懐疑が存在することを仮定している。だからこそ探求心は認知的熟慮の基盤になりうる。

あるいは有権者一般が，たとえ潜在的な形であっても慎重かつ冷静に意思決定を行える資質を有することを前提としている。この点においても本書の仮説は，ポピュリズム論に立脚する論者に対する挑戦である。ポピュリズム論を支持する論者は，多数の有権者を扇動されやすい大衆とみなす。彼らの考える大阪市民は，政治に関する知識をもたず，さらにそれらを吟味せず行動する「B層」のようなものなのであろう（適菜 2012）。しかし本書は，大阪市民は慎重に判断しうる判断能力を有しており，だからこそたとえ維新を支持する人であっても，住民投票においては一歩踏みとどまり反対票を投じたことを主張する。

小　括

　本書における2つの問いへの解答を要約すれば次のとおりである。まず維新が大阪の選挙で勝利し続ける理由は，政党ラベルの機能から説明することが可能である。維新は自らのラベルに「大阪」の代表者という価値を付与し，そして選挙を通じた議題設定によって，その認識を有権者に浸透させた。有権者もまた，大阪が抱える問題を，断片化された利益の代表者としてしか機能しない既成政党では解決困難だと考えた。維新以外の政党が「大阪」の代表者として振る舞えないなか，維新が多数の支持を獲得したのは，ある意味で必然だったといえるかもしれない。

　他方，特別区設置住民投票の結果が反対多数となった理由として本書が提示する仮説は，大阪市民が有する潜在的な批判的志向性が機能したから，というものである。有権者には，物事を正確に見定めようとする態度がたとえ潜在的にではあっても存在する。もちろん，それは常に政治的意思決定を左右するものではない。しかし，一定の迷いが生じるような環境においては，賛成への投票を一歩踏みとどまらせる効果をもつ。これにより住民投票は，僅かではあっても反対が賛成を上回るという結果となったのである。

　これら本書の仮説は，繰り返しになるが，有権者は合理的な意思決定主体だという前提に基づくものである。本書は有権者を決して愚かな「大衆」とはみなさない。政治家あるいは政党の合理的な戦略と有権者の側の合理性が，維新の継続的な勝利と住民投票での反対多数という，一見すると矛盾する2つの事

象を説明する。したがってこれら本書の仮説が支持されることを実証的に明らかにすることが，第II部および第III部の課題である。

第II部
維新支持と投票行動

第3章
維新支持とポピュリズム

第4章
なぜ維新は支持されるのか —— 維新RFSEによる検証

第5章
維新ラベルと投票選択 —— コンジョイント実験による検証

第3章
維新支持とポピュリズム

はじめに

　本章では，イデオロギーとしてのポピュリスト態度の分析を行う。繰り返し述べているように，日本のポピュリズムに関する著作や論稿は政党や政治家に着目するものが多く，有権者の態度を分析する実証研究は少ない。さらに有権者に着目する研究であっても，日本人のポピュリスト態度を直接的に測定する研究はほとんど存在しない。ポピュリスト態度と党派性の関係を明らかにすることは，維新の台頭がポピュリズムの観点から議論されてきた点を勘案すれば重要であろう。本章では有権者のポピュリスト態度を操作化し，それと党派性の関係を明らかにすることで，維新支持とポピュリズムの関係について検討する。

　ポピュリスト態度の実証研究には，いくつかのパターンが存在する。1つはポピュリストと呼ばれる政治家や政党への支持などがどのような要因に規定されているのかを明らかにするものである。いま1つは，政党や政治家への支持ではなく，直接的に有権者のポピュリスト態度を測定し，その規定要因などを分析するものである。本章の議論は，後者の潮流の1つに位置づけられる。

　本書はポピュリズムと称される政治現象の解明を目的とするものではなく，維新をめぐる有権者の政治意識や行動を分析し，明らかにするものである。しかし多くの先行研究が，維新の台頭をもってポピュリズムを議論する現状に鑑みれば，まずは有権者のポピュリスト態度を分析し，その実態を明らかにする必要があるだろう。少なくとも本書は維新政治を，有権者の観点からみればポピュリズム政治だとみなせないと主張しているのだから，その意味でもポピュ

リスト態度の分析は必要である。

　具体的には，本章では次の3点について実証的な検討を行う。第1はポピュリスト態度の測定である。有権者はどの程度ポピュリズムを選好しているのかを，先行研究の指標を用いて測定し明らかにする。第2はポピュリスト態度と党派性の関係である。維新党派性とポピュリスト態度の間の関係を明らかにすることが，ここでの課題である。第3はポピュリスト態度の規定要因についてである。特に本章では，政治不信と地元利益志向に着目し，これとポピュリスト態度の関係を分析する。

1 ポピュリズム化する世界のなかの日本

1.1 ポピュリズムとは何か

　2016年11月，世界中に衝撃が走った。事前の予測では敗北するとされていたドナルド・トランプが，アメリカ大統領選において勝利したからである。過激な発言で物議をかもし，特に移民排斥に関する言動で世界中から批判を浴びていたトランプが，なぜ大統領選で勝利したのか。アメリカだけではなく日本でもこの点に関しては多くの検討が進められているが，これは同時に，ポピュリズムという概念へ，多くの人びとの注目を集めるものでもあった。

　イギリスにおける EU 離脱をめぐる問題（Brexit）を典型とするように，いま，世界中にポピュリズムの嵐が吹き荒れているとされている（Berlet and Lyons 2016；Judis 2016；国末 2016；Moffitt 2016；Mudde and Kaltwasser eds. 2012）。前章で詳しく論じたように，日本でも中央・地方を問わずポピュリズム化する政治を危惧する指摘はよくみられる。海外のマスメディアに「ポピュリズムに抵抗できている日本」と評されるのは[1]，ある意味で珍妙な話ではあるが，いずれにせよ北欧を中心としつつ，ポピュリスト政党と呼ばれる政党がその勢力を拡大させつつあることは事実として指摘できる。

　ところでポピュリズムとは，どのような概念なのであろうか[2]。一般にマス

1　たとえばイギリスの *Financial Times* 誌において（2017年3月20日），日本ではポピュリズム運動が「生じない」理由に関する考察が掲載されている。

メディアなどでは，ポピュリズムは「大衆迎合政治」や「大衆扇動政治」と説明されることが多い。扇動と迎合はその意味するところが異なるのだが[3]，カリスマ的な指導者によるスローガンなどに基づき，大衆的支持が動員され，そしてその支持基盤に基づき政治が動かされていくような「上からの」政治現象がポピュリズムと呼ばれているように思われる。他方，アメリカを源流とするポピュリズムは，普通の人の意思を代表する政治をめざす「下からの」社会運動としての性格をもつ（Boyte and Riessman 1986）。これらは異なるポピュリズムではあるが，近年においては収斂傾向にあるという指摘もある（大嶽 2003）。

　もちろんポピュリズムは，政治家や政党による動員戦略の議論にそのすべてを還元できるわけではない。むしろそのような「色眼鏡」をかけてしまっては，かえって適切な現実政治への理解を困難にさせてしまうことになろう。水島（2016）が指摘するように北欧諸国のポピュリズム政党は，右派であれ左派であれ，下からの運動により支えられる側面も有する。政治家の動員戦略とは異なる視点から，ポピュリズムについて議論する必要性がここにある。

　下からの運動としてみたときのポピュリズムは，端的には「人民」の意見を代表することに価値をおく，保守－革新とは異なる薄いイデオロギー（thin-centered ideology）に支えられた運動としてのポピュリズムだと解釈できる[4]。つまり「普通」で「同質的」な「我々」の意見の代表者を好むという1つの体系化された信念に基づく運動として，ポピュリズムを捉えることができるのである[5]。普通であることを選好することの裏返しとして，普通ではないエリートやエスタブリッシュメントに対して敵意が向けられることになる。また「同

2　本書はポピュリズム概念の検討を行うことを主たる目的とするわけではないため，この点については特に検討しない。吉田（2011）や水島（2016）などを参照されたい。これらのほか，イデオロギー，政治スタイル，政治戦略の3点からポピュリズムを整理する議論もある（Gidron and Bonikowski 2013）。

3　扇動は政治家が有権者を自らの選好に近づけるのに対して，迎合は有権者の側の選好に政治的アクターが近づくことを意味する。両者は似て非なる概念である。

4　もちろんこれはポピュリズムの捉え方の1つに過ぎない。また，イデオロギーとして捉えることには問題があり，言説を形づくる解釈フレームのようなものとして捉えるべきという批判もある（Aslanidis 2016）。しかし政党の政策次元においても，ポピュリズムは1つの次元として析出可能である（Inglehart and Norris 2016）。

5　保守－革新とは異なるイデオロギーとしてのポピュリズムを実証的に検討する近年の研究としては Inglehart and Norris（2016）がある。

質」であることを選好するため，善悪二元論のような単純化された世界観を好んだりする。そして「我々」の代表であることを選好することで，排外主義的傾向性を強めたりする。

ここで明らかなようにイデオロギーとしてのポピュリズムは「多くの人びとの意見を代表すべき」という民主主義と「我々以外の意見を代表するな」という排外主義の，相矛盾する要素をその内に秘める。北欧諸国におけるポピュリスト政党の台頭は，デモクラシーの「光」であると同時に「影」だとも指摘され，そしてきわめて付き合い方が難しいといわれる所以は（水島 2012, 2016），このような点に求められるのかもしれない。

1.2 多次元的なポピュリスト態度

政治家や政党の動員戦略などではなく，上述したイデオロギーとしてのポピュリズム論を前提に，政治行動論の観点からポピュリズムをどう捉え，分析すればよいだろうか。政治家の言説の分析などは（Bracciale and Martella 2017；Hawkins 2009；Jagers and Walgrave 2007；Rooduijn 2014；松田 2010），そのためのアプローチとしては適切ではない。筆者はかつて，「ポピュリスト」として指摘されることの多い橋下のイメージを調査し，それと維新支持の関係について分析したが（善教・坂本 2013），このような政治家のイメージに着目するアプローチも，有権者のポピュリスト態度を捉えるための方法としては適切ではない。

そこで本書では，ポピュリズムを選好する人びとの態度を直接的に操作化し，この分布を把握することで日本人のポピュリスト態度を明らかにする。アッカーマンらなど，近年，ポピュリスト態度を測定しそれと投票行動などの関係を明らかにする実証研究が急速に蓄積されつつあるが（Akkerman et al. 2014；Akkerman et al. 2017；Elchardus and Spruyt 2016；Hauwaert and Kessel 2018；Hawkins et al. 2012；Oliver and Rahn 2016；Schulz et al. 2018；Spierings and Zaslove 2017；Wirth et al. 2016），日本ではまだそのような研究が十分に行われていない。その意味でも，日本人のポピュリスト態度を把握することには，一定の意義があろう。

ところでアッカーマンらは，有権者のポピュリスト態度を①人民主義（populism），②多元主義（pluralism），③エリート主義（elitism）の3つの次元よ

り構成される政治的態度だとしている（Akkerman et al. 2014）。それぞれについて説明すると，第1の人民主義は，人民による支配，エリート対抗主義，善悪二元論的な価値観よりなる態度だとされる。第2の多元主義は妥協や異なる価値観，異議への配慮などにより構成される態度である。第3のエリート主義は，政府であれ民間であれ，一部のエリートによって導かれる社会をどうみるかに関する態度である。彼らは，これら3つの潜在的な態度次元を，13の質問文を用いた主成分分析から析出した。さらにオランダのポピュリスト政党への投票意向とこれらの関係を分析し，両者の間には明確な関連があることも明らかにした。

もっとも，ポピュリスト態度の次元に関する実証研究は，まだ発展途上の段階にある。多くの研究でこの測定法が用いられているものの，それらのすべてがアッカーマンらのように3次元に区別する形でポピュリスト態度を操作化しているわけではない。さらにアッカーマンらの議論を修正し，新たな測定尺度を考案する研究もある。たとえばシュルツらは，スイスの有権者を対象とする意識調査によってアッカーマンらのいう人民主義の次元数は単一ではなく，そこにはさらなる3つの下位次元が存在することを明らかにしている（Schulz et al. 2018）。筆者らが実施した別の意識調査の分析結果からも，シュルツらの主張に近似する結果が得られている[6]。

1.3 課題としてのポピュリスト態度の実証研究

このようにポピュリスト態度に関する実証研究が蓄積されつつある一方で，上述したように日本ではほとんどそのような実証研究の蓄積がない。もちろん，ポピュリストと呼ばれる特定の政治家への支持などを分析することを通じてポピュリズムを議論しようとする研究はある（松谷 2010, 2012a, 2012b）。しかし，それはあくまで政治家や政党への支持や好き嫌いといった感情の規定要因を探索的に分析するものである。ポピュリスト態度と当該政治家などへの支持の関係を分析したり，ポピュリスト態度の規定要因を分析したりするものではない。

ポピュリスト態度の分析は，本書の議論においても重要な課題である。なぜ

---

6 議論の詳細は補論Bを参照されたい。

なら本書は，維新への支持はポピュリズムの枠組みでは説明できないことを主張しているからである。より直接的にポピュリスト態度を操作化し，それと維新支持の関係を検証することで，本書の主張の妥当性はより明確なものとなる。

とりわけ，このイデオロギーとしてのポピュリスト態度の分析は，既存の日本のポピュリズム論がいかに政治家や政党の戦略やスタイルの議論に偏重しているかを示すという意味でも重要である。分析結果を先取りして述べれば，有権者の党派性との関連でいうと，もっともポピュリストとしての特徴をもつ政党は維新でも自民党でもなく共産党である。もちろん，これは有権者の認識という点から分析した結果であるが，日本の政治学などでポピュリズムを議論する際に，共産党を取り上げるものはほとんどないのではないだろうか。このような現状からも，日本におけるポピュリスト態度の分析は重要だといえる。

2 ポピュリスト態度の構造分析

2.1 使用データと操作的定義

本書では，アッカーマンらの操作的定義に基づき，ポピュリスト態度を，表3.1 に示す 11 の質問項目により測定する[7]。筆者は全国の有権者を対象に実施した調査 5 に，ポピュリスト態度に関するこれらの質問を設け，その測定を試みた。大阪市民・府民を対象にしている調査 1 から調査 4 には，ポピュリスト態度を測定するための質問を設けておらず，そのため全国の有権者を対象としている調査 5 をここでは用いる[8]。質問形式はマトリクス型であり，選択肢は「1：そう思わない」から「5：そう思う」までの 5 件尺度である[9]。質問はスキップすることが可能であり，数名，質問に回答していない回答者が存在するが，

7　なるべくもとの質問と乖離しないように訳しているが，直訳すると日本語としては不自然なものについてはもとの意味を変えない範囲で意訳している。

8　このマトリクスには Satisficer を識別するための質問も含めているので，厳密にいうと項目数は 12 である。「この項目に関してはややそう思うを選択してください」という質問で，ややそう思う以外を回答した人を Satisficer として識別し，有効回答者から除外した。項目の順序はランダマイズしている。

9　離散ないし順序尺度（ordinal scale）だが量的尺度とみなし分析を進める。

84　第Ⅱ部　維新支持と投票行動

表 3.1　ポピュリスト態度の操作的定義と記述統計量

質問	N	最小値	最大値	平均	標準偏差
国会議員は一般の人々の意思に従うべきだ（POP1）	2510	1	5	3.44	0.91
政治家ではなく一般の人々が，重要な政策の決定をすべきだ（POP2）	2511	1	5	2.96	1.00
政治家と一般人の間の考えの相違は，一般人の間の相違よりもはるかに大きなものだ（POP3）	2511	1	5	3.72	0.92
優れた政治家よりも一般市民によって政治が行われる方が望ましい（POP4）	2510	1	5	2.85	0.99
人々が政治で「合意」と呼ぶものは，実際は自らの信念を売り払った結果に過ぎない（POP5）	2511	1	5	3.12	0.85
民主主義においては，異なる考えをもつ人の中で合意を形成することが重要だ（POP6）	2509	1	5	3.92	0.75
自身とは異なる組織や集団の意見を聴くことはとても重要だ（POP7）	2511	1	5	3.99	0.75
自由は多様性への尊重なしには成立しない（POP8）	2511	1	5	4.00	0.79
政治家は人々に従うよりも人々を導くべき存在だ（POP9）	2511	1	5	3.49	0.91
ビジネスで成功した人が重要な政策を決定していれば，私たちの国はよりよく統治される（POP10）	2511	1	5	2.51	0.92
政治家や一般人よりも独立した専門家が重要な政策を決めた方が，私たちの国はよりよく統治される（POP11）	2511	1	5	2.88	0.93

　その数は少なく 20 名程度であった。この程度だと欠損値を補完する必要性は特にないため，本章では元データを分析に用いる。なお，調査 5 は年齢，性別，回答者の居住地域が偏らないように調整しているため，ウェイトなどを用いて推定結果を補正しない。

　アッカーマンらは 13 の項目によりポピュリスト態度を測定しているが，本書では表 3.1 に示す 11 項目に減らしている。その理由は次の 2 点である。第 1 に項目数の多さは回答者の認知負荷を高くする。特にマトリクス形式の質問の場合，独立して尋ねるよりも一律に同じ回答を選択するような回答者が増加する可能性が高く（Schonlau and Toepoel 2015；Zhang and Conrad 2014），それゆ

えに可能な限り認知負荷を軽減すべきだと判断した。第2に本調査を実施する前に13の項目を用いたプリテストを実施ところ[10]，表3.1に掲載した項目以外は独自性が強く[11]，除外したほうが適切な結果を得られることが判明した。以上の理由に基づき，調査5では項目数を11とした。

　各質問の平均値をみると，まず，POP6からPOP8までの，多様性を尊重すべきという意見に対して，肯定的な回答者が多いことがわかる。他方，POP10やPOP11のような，一部の専門家などが政策決定したほうがよいという意見に対しては，否定的な回答者が多い。そのほかの意見については，政治家と一般人の乖離に関する項目（POP3）を除き，肯定，否定のどちらにも偏っていない結果となっている。また，標準偏差をみると，多様性を尊重すべきという意見群を除き，いずれも0.8から1の間の値をとっている。ここから，これらの項目については回答者が平均値周辺に集中していないこともわかる。ただし先に述べた多様性を尊重すべきという意見については，肯定的な回答に回答者がやや集中する傾向にあるようである。

2.2　探索的因子分析による多次元構造の分析

　表3.1に記した11の項目の背後に存在する潜在的な因子構造を明らかにするために，探索的因子分析を行った。因子分析を行うには，あらかじめ背景に存在する因子の数を定める必要があるが，日本の有権者を対象とする実証結果が存在しないため，探索的に因子数を特定する必要がある。因子数を判断する基準としては，ガットマン基準（固有値1以上），スクリープロット基準，MAP基準，AICやBICなどがある。商用統計解析ソフトであるSPSSで用いられているのはガットマン基準だが[12]，方法論上はMAP基準やBICなど情報量で因

10　プリテストはYahoo!クラウドソーシングを利用する形で実施した。調査期間は2017年1月30日から2月1日であり，プリテストの協力者（有効回答者）は2000人である。分析結果の詳細はプリテストということもあり，割愛する。

11　除外した項目は以下のとおり。「政治は究極的には『善』と『悪』の間の争いだ」「政治家は多くを語るが実際に行動することは稀だ」。なおこの設問もSatisficerを識別するための項目を含めているので，全体の項目数は厳密には14である。

12　固有値1以上を因子とするガットマン基準は，統計解析ソフトで高いシェアを誇るSPSSがデフォルトで採用している。ガットマン基準には多くの問題があるが，SPSSはこの基準を採用し続けている。

図 3.1 ポピュリスト態度の探索的因子分析の結果

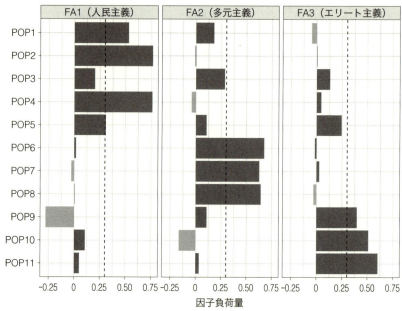

注：推定法は最尤法。オブリミン回転後の因子負荷量をもとに筆者作成。図中の破線は因子負荷量 0.3 のライン。

子数を判断するほうが望ましいとされる（堀 2005）。そこで MAP 基準と (Sample Size Adjusted) BIC 基準によって適切な因子数について分析したところ，MAP 基準では 2 因子，BIC 基準では 3 因子となった。そこで，平行分析を行い適切な因子数について確認したところ，乱数から生成したデータの固有値よりも大きな固有値となった因子数は 3 であった[13]。以上により，探索的因子分析を行う際の因子数は 3 とした。

因子数を 3 に設定し，探索的因子分析を行った結果を整理したものが図 3.1 である。推定法は最尤法であり，オブリミン回転後の因子負荷量を図に整理している。他の推定法により結果が変わる可能性を考慮し，ミンレス法とポリコリック相関行列を用いた推定も行ったが，結果はほとんど変わらなかった[14]。

13　これら因子数の推定には R の psych パッケージを利用している。
14　ミンレス法とは最小残差法を指す。最尤法の結果とほとんど変わらない結果となるが，サンプルサイズが大きい場合は最尤法のほうがよい。また本書の選択項目の尺度は厳密に

オブリミン回転とした理由は，因子間相関がプロマックスなどより小さくなるので結果を解釈しやすいからである。図中の破線は因子負荷量 0.3 のラインであり，いずれの因子次元においてもこのラインを下回る項目は，独自性が強いものと解釈される。POP3 と POP5 がそれに該当する。

3 つの因子について解釈していこう。まず，左列の因子（FA1）は，POP1，POP2，POP4 の負荷量が高い因子である。これらの項目はいずれも「普通の人びと」を重視する意見であることから，人民主義の次元だと解釈できる。次に中央の因子（FA2）は，POP6，POP7，POP8 の負荷量が高い。これらの項目はいずれも多様性を尊重するものであることから，多元主義の次元だと解釈できる。最後に，右列の因子（FA3）は，POP9，POP10，POP11 の負荷量が高い。これらはエリート主導の政治を肯定的に評価する意見であることから，エリート主義の次元だと解釈できる。

多元主義やエリート主義の次元が析出される点はアッカーマンらの分析結果と符合する一方で，人民主義の次元において POP3 や POP5 の因子負荷量が小さい点は異なる結果となっている。このように先行研究と異なる結果となった理由は定かではないが，日本人の人民主義次元の背後には，さらなる下位次元が存在することがその理由としては考えられる。もっとも本章のデータでは，この人民主義次元の多次元性について分析することができない。そのため，本章では人民主義を単一次元の態度として扱い分析していくことにする。

3　ポピュリスト態度と党派性

3.1　党派性とポピュリスト態度の関係

アッカーマンらの研究では（Akkerman et al. 2014），ポピュリスト態度と投票意向の間に一定の相関関係が存在することが明らかにされている。すなわち，

は離散尺度であるため，ポリコリック相関行列を利用したカテゴリカル因子分析のほうが望ましいとの見方もあろうが，この分析には推定結果の一致性が担保されないという問題がある。どの方法にも得手不得手があるので，いずれの方法を採用するかは論者の判断に委ねられるが，本章の分析結果についていえばどの方法でも変わらない。

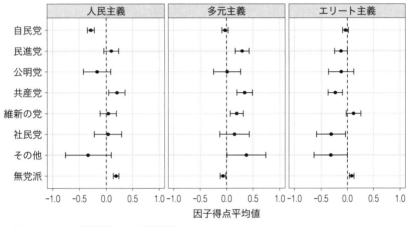

図3.2 党派性ごとのポピュリスト得点平均値

注：エラーバーは平均値の95%信頼区間。

ポピュリスト態度を強くもつ人ほど，ポピュリスト政党とされる政党への投票意向が強いという実証分析の結果が示されているのである。維新への支持がポピュリスト態度と相関するならば，相対的にみて，維新党派性保持者の人民主義度は高く，多元主義度は低く，エリート主義度が高いということになるだろう。以下では，図3.1の結果から因子得点と呼ばれる態度を数値化したスコアを推定し，そのスコアを用いた分析からこれらの点を検証していくことにする。

因子分析の結果に基づき算出した因子得点の平均値とその95%信頼区間を党派性ごとに整理したものが図3.2である[15]。維新に対して党派性をもつ人にポピュリストを支持するような傾向があるのであれば，維新党派性保持者の因子得点が，人民主義次元では高く，多元主義次元では低く，エリート主義次元では高くなることが予測される。しかし，この図をみれば明らかなように，維新党派性保持者にそのような傾向があるとはいえない。彼ら彼女らのポピュリスト態度の平均値は，どの次元においても全体の平均値（0値）と大差ない。

---

[15] 党派性の操作的定義は谷口 (2012) の長期的党派性にならい以下のとおりとした（谷口 2012）。「『長期的に見ると私は△△党寄りだ』と考える人はたくさんいます。短期的に投票先が変わることは当然ありますが，長い目で見て，あなたは何党寄りだとお考えでしょうか。あなたのお考えに近い政党を1つ選んでください」。選択肢は図3.2に示す政党名と同一であるが，無党派の選択肢は「そのような政党はない」である。

多元主義次元に関しては，むしろ平均より高い値を示しており逆の結果となっている。ここから維新党派性保持者は，ポピュリズムを支持する態度をもつ人びとではないことがわかる[16]。

それぞれの次元ごとに結果を詳しく確認していこう。まず人民主義次元と党派性の関係であるが，自民党派性保持者の因子得点平均値が低く，共産党派性保持者と無党派のそれがやや高い結果となっている。残る党派性についてはほとんど平均値に差がない。自民党派性保持者は「普通の人びと」を重視する傾向が強くないのに対して，共産および無党派層については，その傾向が相対的には強いということである。POP1，POP2，POP4はいずれも平均値が3程度なので（表3.1），絶対的な水準からみても共産党派性保持者は普通の人を重視する傾向にあるといえる。

次に多元主義次元との関係についてであるが，民進党，共産党，維新の平均値が高く，無党派のそれが低い値となっている。これら3つの政党に対して党派性をもつ人は多様性を重視する傾向にあるようだ。逆に無党派は，相対的には多様性を重視しない傾向にある。ただしPOP6，POP7，POP8はいずれも平均値が3を上回っているので，無党派が多様性を重視しないわけではなく，あくまで相対的な観点からいえば重視しない傾向にある，ということである。

エリート主義との関係については，共産党と社民党の平均値が低く，維新と無党派のそれが高く，これら以外の党派性については平均値と大差ないという結果である。共産と社民はエリートによる統治にやや批判的な反面，（無党派層と）維新党派性保持者のなかにはエリート主導型の政治に対して肯定的な人が多いようである。ただし党派性の間の差はそれほど大きくない。

3.2　多項プロビット推定による分析

前項の分析結果は，維新党派性保持者が強いポピュリスト態度をもたないことを明らかにしている。この結果は，これまでの筆者の実証研究（善教・石橋・坂本 2012：善教・坂本 2013）ともきわめて整合的な結果であるが，他方で年齢

16　図2.7に整理した維新支持態度を測定する質問を用いて分析すべきであるかもしれないが，他の政党への支持態度ないし党派性と比較しなければならないため，本章では党派性を用いて関係を分析している。

や性別といった人口統計学的要因の影響などにより，両者の関係が曖昧になってしまっている可能性も否定できない。いわば，偽の「無相関」の可能性を払拭できていない。

そこでこの点を確かめるために，従属変数を党派性（基準カテゴリ：無党派），独立変数をポピュリスト態度の3次元に，性別（1：男性，2：女性），年齢，教育水準（1：中卒，2：高卒，3：専門短大卒，4：4年制大卒，5：大学院卒），都市規模（1：東京23区・政令市，2：人口30万人以上の市，3：人口10万〜30万人未満の市，4：町村）とする，多項プロビット推定を行った[17]。結果は図3.3に整理したとおりである。性別や年齢の影響を考慮しても，人民主義次元は自民党派性と負の相関関係にあるなど，図3.2で示した結果と近似する結果になっていることがわかる。性別などの変数の影響を統制しても，図3.2の結果は大きくは変わらない。

なお，共産党派性保持者について少し検討しておこう。図3.2によれば，共産党派性保持者は，エリート主義志向は強くないものの，人民主義志向と多元主義志向がともに強い人々として位置づけられる。図3.3の結果も，平均値の値が小さくて判別しにくいかもしれないが，上述した図3.2と傾向は同じである。ここから，相対的にみると，日本でもっとも「ポピュリスト態度をもつ人に支持されている政党」は共産党ということになる。ポピュリスト政党というと急進右翼政党を想起しがちであるため，この結果は一見すると不可解かもしれないが，スペインのポデモスのような左派ポピュリスト政党もあるので（中島 2016），不思議な結果というわけでは決してない。ただ，全体としてみるとポピュリスト態度と党派性の間には明確な関連があるとはいえず，この点では先行研究とは異なる結果である。

本節の分析は，維新党派性保持者はポピュリスト態度をもっているのか，という問いに答えることを目的とするものであったが，結果として明らかになったのは，党派性とポピュリスト態度には明確な関連がないということであった。

17　多項プロビット推定はRのMNPパッケージを利用して行った。方法論の詳細については Imai and van Dyk（2005）を参照のこと。モデルのパラメータや分散共分散行列の事前分布は宮脇（2017）にて詳しく解説されているのでそちらを参照されたい。特に筆者が独自の発想に基づき事前分布などを設定しているわけではない。

図 3.3 従属変数を党派性とする多項プロビット推定の結果

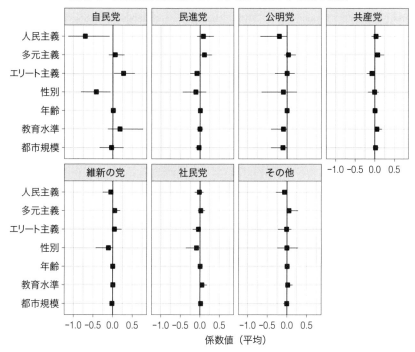

注：図中の印は事後分布の平均値，横線は 95% 信用区間。

部分的に共産党派性保持者についてのみ，ポピュリストを支持する態度をもっているといえる結果であったが，それ以外の政党，とりわけ維新に関しては，ポピュリスト態度をもつ人が支持者だとはいえないという結果である。本章の分析は，全国の有権者を対象とするものであり，大阪の有権者を対象とする調査ではないという点での限界を抱えるが，それでも維新支持とポピュリズムの関係を明らかにするうえでは，意義あるものだといえる。

4 ポピュリスト態度の規定要因

4.1 政治家不信・制度信頼・地元利益志向

一般的にポピュリズムは既成政治への強い不信や不満を背景に生じると説明

されることが多く，そのことを実証する研究もいくつか存在する（Bélanger and Aarts 2006；Rooduijn et al. 2016；Schumacher and Rooduijn 2013）。日本のポピュリズム批判とは異なり（藤井 2015a；藤井・適菜 2015），これらのすべてが大衆社会論に基づくものではないのだが，政治不信がポピュリズムを議論するうえでの重要なキーワードであることは確かだろう。ところが，政治不信がポピュリスト態度とどのような，そしてどの程度関係あるのかを実証的に明らかにする研究は多くない。日本に限定すると，せいぜい行われているのは公務員に対する不信感と橋下への投票ないし支持の相関関係の分析であり（伊藤 2014；松谷 2012b），政治的疎外意識と維新支持の関連性は，善教・坂本（2013）を除き十分に検証されていない。くわえて，ポピュリスト態度と政治信頼ないし不信の関係を明らかにする実証研究もほとんど存在しない。したがって以下では，政治不信などの政治的態度とポピュリスト態度の関係についても分析する。

　もっとも，政治的疎外あるいは政治不信といっても，そこには2つの異なる疎外感がある点には注意する必要がある（善教 2013）。具体的には，政治家や政党といった政治的アクターに対して抱く不信と，政治体制や政治制度に対して抱く抽象的な信頼の2つである。これらは質的にも明確に異なる態度であり，これらを区別せずにポピュリズムとの関係を分析することは避けるべきであろう。本章では，政治家不信と制度信頼を異なる態度として捉え，分析を進めていく[18]。

　さらに政治不信との関係にくわえて，地元利益志向とポピュリズムの関係についても分析する必要がある。地元利益志向とはその名が示すとおり，全国的な利益よりも自分の住む地域への利益還元を重視すべきだと考える志向性であ

18　政治不信・信頼を操作化するための質問は次の6つである。「政治家は一部の支持者や後援会の人たちのためにだけ行動している（DT1）」「政治家は一般有権者ではなく，大企業や大組織の事ばかり気にする（DT2）」「政治家は派閥争いばかりで一般有権者をなおざりにしている（DT3）」「政治家や政党は選挙で選ばれるから，有権者の声が政策に反映される（IT1）」「政党が多様な利害を調整したりしているから，有権者の声が政策に反映される（IT2）」「国会で議論がなされるから，有権者の声が政策に反映される（IT3）」。DT1～DT3が政治家不信，IT1からIT3が制度信頼の次元の観測変数である。この政治信頼の2次元構造は，1970年代から一貫してみられるものでもあり（善教 2013），本書のデータであっても，2次元構造だという結果が得られている。これら6つの質問を用いた探索的因子分析の結果に基づく因子得点を分析では用いる。なお，推定法は最尤法である。

る（品田 2001）。1990 年代にはこの態度が 1 つの日本の政治文化として有権者に定着していたとされるが（三宅 1987），調査 5 ではむしろ衰退傾向にあるという結果が得られている。具体的には，全体の利益を志向する人が約 68.5% であるのに対して，地元利益を志向する人は約 31.6% であった[19]。地元利益志向は都市規模と強く関連しており，市郡規模が小さくなるほど，地元利益志向が有意に強くなる傾向にあるという結果でもあった[20]。

　ポピュリスト態度と地元利益志向の関係を問う理由は，この態度は理論上，排他的な性質を帯びると考えられるからである。調査 5 には排外主義に関する質問が存在しないことにくわえて，そもそも日本は移民に対して厳しく，北欧諸国やアメリカで問題視されているところの排外主義的観点からポピュリスト態度を議論することが難しいという事情がある[21]。地元利益志向であれば，「他地域の利益を排除」するという意味で，間接的な形ではあるが排他的な態度との関係を議論できる。したがって，政治不信のみならず，排外主義とポピュリスト態度の関係についても分析する。

4.2　ポピュリスト態度の規定要因

　前項の議論に基づき，人民主義，多元主義，エリート主義を従属変数，政治家不信，制度信頼，地元利益志向および性別など人口統計学的要因を独立変数とする重回帰分析（OLS）を行った。その結果を整理したものが図 3.4 である。従属変数ごとに推定結果を整理している。図中の印は偏回帰係数の点推定値であり，横線は推定値の 95% 信頼区間である。この 95% 信頼区間が 0 の値に引

19　地元利益志向性の操作的定義は以下のとおり。「一般に政治家のなかには『国の代表者』として『全体の利益』を第一に考える人もいれば，逆に『地元の代表者』として『地元の利益』を第一に考える人もいます。あなたはこの 2 つのタイプの政治家のうち，どちらがより望ましい政治家だと思いますか。あなたのお考えに近い選択肢を 1 つ選んでください」。選択肢は「1：全体の利益を代表」から「4：地元の利益を代表」までの 4 件尺度である。

20　調査 5 を用いて，回答者の居住する市郡規模（政令市もしくは東京 23 区，人口 30 万人以上の市，人口 10 万〜30 万人未満の市，人口 10 万人未満の市，町村）と地元利益志向のクロス表分析を行ったところ，1% 水準で統計的に有意な関係があるという結果となった。

21　ポピュリスト政党への投票と強く相関するのは排外主義的態度である（Inglehart and Norris 2016）。

図3.4 ポピュリスト態度を従属変数とする回帰分析の結果

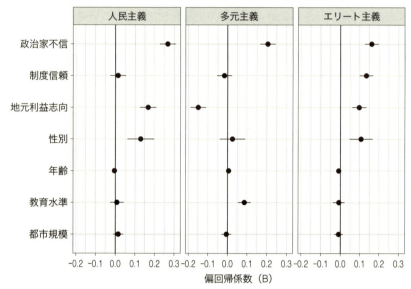

注：図中の印は偏回帰係数の点推定値。横線は偏回帰係数の推定値の95％信頼区間。

かれている縦線に重なっていない場合，その推定値は5％水準で統計的に有意だと判断できる。逆に0のラインと重複している場合は，その推定値が0，すなわち効果がない可能性があることになるので，独立変数と従属変数の間に有意な相関があるとはいえないことになる[22]。

　図3.4の推定結果を確認しよう。まず政治家不信は，すべてのポピュリスト態度と有意な正の相関関係にある。政治家への不信感が強いとより普通の人による統治を重視し，多様性を重視し，エリートによる統治を重視する傾向が強くなるという結果である。もう1つの制度信頼については，エリート主義とのみ正の相関関係にあった。制度への信頼が強いと，エリートを重視する傾向が強まるようである。地元利益志向については，これが強いほど普通の人による統治を重視し，多様性ないし多元性を軽視し，エリート重視傾向が強まるという結果である。地元利益志向は排他的志向性の代理指標だと仮定するならば，

---

[22] Nはいずれも2497。調整済R^2値はそれぞれ，0.112（人民主義），0.094（多元主義），0.091（エリート主義）。

排他的な志向性をもつ人がポピュリズムの支持基盤になることを示す結果だといえる。

　政治家への不信が強いと，普通の人びとを重視する傾向が強くなり，またエリートによる統治を重視する傾向も強くなるというのは，いわゆるイデオロギーとしてのポピュリズムに関する先行研究の主張とも整合的な結果だといえる。他方，多様性も尊重する傾向を強めるという結果ともなっており，この点は整合的ではない。なぜこのような結果となったのかを本章の分析結果から判断することはできないが，ポピュリスト態度の下位次元は相互に独立しており，それぞれがポピュリズムの理論どおりに関連しあっているわけではないということなのかもしれない。

　政治家不信と地元利益志向が多元主義を除きポピュリスト態度と関係をもつという図3.4の結果は，ポピュリズムの潜在的な脅威を，あらためて我々に知らしめるものといえる。代議制の中心的アクターである政治家に対する不信に基づくポピュリスト態度は，地元利益志向とも強く相関する。ポピュリズムは人民による統治という意味ではデモクラシーの「光」であるが，他方で排他的な志向性を強めるという「影」にもなりうることを，本章の分析結果は明らかにしているように思われる。

4.3　考　　察

　以上の結果を踏まえて，あらためてポピュリズムと維新支持の関係について検討する。まず図3.2や図3.3にて示されるとおり，ポピュリスト態度と維新党派性の相関関係は強くない。回帰分析の結果から因果関係を言及することは難しいが，相関関係にあるとはいえないのだから，ポピュリスト態度は維新党派性の規定要因でもなければ，逆に維新党派性がポピュリスト態度に影響を与えるわけでもないと解釈すべきだろう。大阪市民を対象とする調査だと異なる結果になる可能性もあるが，大阪であろうと全国であろうと維新党派性とポピュリスト態度の関係が変わらないのであれば，対象を大阪に限定しても本章と同様の結果が得られるように思われる。

　第2章で述べた「大阪」の代表者としての維新という本書の主張に即して考えるならば，維新は特定地域の代表者という意味で，排他性を帯びる政党だと

いえるかもしれない。しかし，地元利益志向と相関するポピュリスト態度と維新党派性は，強い関連をもたなかった。つまり維新は，たしかに特定の地域の代表者ではあるが，必ずしも地元という狭い範囲の利益に還元される利益の代表者というわけではないのである。言い換えれば維新の代表する「大阪」は，大阪市という行政区域に限定されない抽象的な都市空間としての「大阪」だと解釈できるわけである。当初の大阪都構想が，大阪市のみならず周辺の市も巻き込む構想であったことは，まさにこの本書の主張を裏づけるものではないだろうか。

　ここで重要となるのが，どのような有権者が地元利益志向を強くもつのかである。調査5の結果によれば，先に述べたように地元利益志向の強い有権者は農村部に集中しており，大阪市のような都市部の有権者の地元利益志向性は決して強くない。もちろん，社会的期待迎合バイアスの問題があるのでこの結果を額面どおりに受け取ることには慎重になるべきかもしれないが，維新が地元利益志向性の弱い有権者によって支えられている可能性は高いといえる。大阪を重視しつつも，それは必ずしも「内向き」ではない点に，抽象的な都市空間としての「大阪」の特徴があると考えられる。

　いずれにせよ維新というラベルに込められている価値が，単なる地元利益を集約するものではないことは明白である。「大阪」という特定地域への偏在性を有しながらも，維新ないし橋下は，自らがよってたつ大阪市を守る存在ではなく，むしろその解体をめざす。あくまで維新は，抽象的な都市空間としての「大阪」の代表者であろうとしているのである。本章の分析は，直接的にはポピュリスト態度と維新党派性の関係を分析するものだが，間接的には維新支持ないし党派性は地元利益志向とは強く関連しないという重要な含意を示すものでもある。

▍小　括

　本章の知見を要約しておこう。第1に日本でもアッカーマンらの実証研究と同じく，ポピュリスト態度の多次元性を確認することができた。第2に，平均的な傾向としての日本人のポピュリスト態度はそれほど強くないことが明らか

となった。第3に有権者の党派性とポピュリスト態度の間には明確な関係があるとはいえないことが明らかとなった。少なくとも維新党派性とポピュリスト態度の間に有意な相関関係があるとはいえない。第4にポピュリスト態度は政治家不信や地元利益志向と強く相関する。まとめれば，維新支持者はイデオロギーとしてのポピュリズムを支持する有権者集団ではないということである。

　以上の結果は，維新への支持をポピュリズム論の理論枠組みから議論することは困難だという，筆者の主張を裏づけるものだといえる。さらに筆者ら以外の，日本のポピュリズムに関する実証研究の知見とも整合する結果である（伊藤 2016b）。

　本章では，ポピュリスト態度を操作化し，党派性との関係や，ポピュリスト態度の規定要因を分析した。そのような実証研究は日本ではとんど蓄積されていない。この点にも本章の議論の意義があるといえる。ただ，残念ながら，欧米などで検討されている権威主義的態度とポピュリスト態度の関係については，本章では十分に検討できていない。今後の課題である[23]。

　第4節で筆者は，維新は地元の利益というよりも「大阪」の利益の代弁者だと述べた。繰り返し述べるように，それは必ずしも大阪市の地元利益には還元されない「大阪」の代表者だという価値が維新ラベルに付与されていることを含意する。次章では，維新支持の規定要因の分析を通じて，この維新ラベルに込められた意味について詳しく分析する。

---

[23]　東京都民を対象とする分析については補論Bを参照されたい。

第4章
なぜ維新は支持されるのか
維新 RFSE による検証

はじめに

　本章では，維新支持の規定要因を実証的に明らかにする[1]。なぜ維新は関西圏において，多数の有権者に支持されているのか。維新を支持する有権者の背景にはどのような論理があるのか。維新の地域偏重性と支持態度の間にはどのような関係があるのか。これらの問いに対して，本章では近畿圏の有権者を対象とするサーベイ実験，具体的には維新支持の規定要因を明らかにするための無作為化要因配置実験（Randomized Factorial Survey Experiment, 以下「維新RFSE」）の結果を分析することにより答える。

　第2章で論じたように，維新が支持される理由を説明する通説的見解はポピュリズム論であった。しかしながら第3章で明らかになったのは，ポピュリスト態度と党派性，とりわけ維新党派性との間には明確な関係があるとはいえないという事実であった。維新支持者は，少なくともイデオロギーとしてのポピュリスト態度を強くもつ人びとではない。ゆえに維新の台頭を，普通の人びとを重視したりするようなポピュリズム政治の台頭と同一視することは適切ではない。

　では，維新はなぜ支持されているのか。その解答として本書が主張するのは，第2章で論じたように，維新ラベルには「大阪」の代表者という価値が込められているから，というものであった。維新は，大阪市という行政区域にとらわれない抽象的な空間である「大阪」の代表者として認識されているからこそ，

1　本章の議論は善教（2017）に大幅な加筆修正を加えつつ，新たな分析結果を追加したものである。

支持されている。もちろん，先行研究の指摘にみられるような新自由主義的志向や公務員不信といった要因も（伊藤 2014；松谷 2012b），維新支持について議論する際，無視することのできない要因なのかもしれない。しかし，これらは高い維新支持率が大阪ないし関西圏の有権者に限定される理由を説明できないという点で限界を抱えるものでもある。本書は，維新というラベルに込められた「大阪」の代表者という地域偏重性に注目する点で，これら先行研究とは異なる見解に立つ。

　維新というラベルにどのような価値を込めるかは，ひとえに「政治」の側が決定する。しかし，ラベルに込められた価値を受容するかどうかは，有権者が主体となり決めることである。したがって本章における第1の課題は，有権者が維新にどのような認識を抱いているのかを明らかにするということになる。本章では政党の地域偏重度に着目し，これを実証的に明らかにすることで，維新がいかに特定の地域の代表として認識されているかを明らかにする。

　そのうえで本章では，さらに維新支持が「大阪」という地域性と密接に関連することを，表示されたヴィネット（仮想的な状況を想起させるようなシナリオやシチュエーション）の内容を無作為化する維新 RFSE により明らかにする。この実験的手法は，ハインミューラーらによるコンジョイント実験を（Hainmueller et al. 2014），既存の要因配置実験（Auspurg et al. 2015；Auspurg and Hinz 2015）に応用した，新しいサーベイ実験の手法である。社会的期待迎合バイアスを抑制しつつ，複数の規定要因の因果効果を推定可能なこの実験的手法により，本章では維新支持がどのような要因に規定されているのかを実証的に明らかにする。さらに本章では，サーベイ実験の結果が，有権者の属性により異なるかという因果効果の異質性（heterogeneity）を分析することで，維新支持態度の特徴や，社会階層と維新支持の関係など，先行研究で指摘されてきた論点の検証も行うことにする。

1 維新の地域偏重性

1.1 地域偏重性とは何か

　政党イメージの測定法はさまざまである。もっとも，政党は人とは異なりあくまで組織であるから，「臭い」「誠実そう」といった印象を抱く人は稀である[2]。そこでマスメディアによって実施された政党イメージの調査を確認すると，「改革」など特定のワードに近い政党はどこかを尋ねたり，「信頼」「秩序」といったワードのなかで，どれが近いかを尋ねたりすることで政党イメージを把握しているようだ[3]。しかし日本においては，政党のイデオロギー位置に関する研究や（遠藤・ウィリー 2016；蒲島・竹中 2012；谷口 2015），政党スキーマに関する研究は蓄積があるものの（池田 1997, 2007），政党イメージに関する学術研究は多くないように思われる。

　本書でいう政党ラベルに込められた価値としての地域偏重性は，政治行動研究の観点からいえば，ラベルとしての政党に対して抱かれる，主観的なイメージだといってよい。そして，大阪の有権者は，維新を「大阪」という特定地域の利益を代表する政党だと認識しているがゆえに，維新を支持していると考える。言い換えればこれは，維新は特定の地域に偏重している政党だという認識を有権者は抱いている，ということでもある。この特定の地域に偏っているという認識を本書では政党の地域偏重性と呼ぶ[4]。

　政党の地域偏重性とは，端的にいえばある政党が「国全体」ではなく「特定地域」の代表者になっているという認識である。政策やイデオロギー上の偏りではなく，あくまで地域的な偏りだという点にこの概念の特徴がある。「地域」の対概念は「世界」「グローバル」などいくつかありうるが，本章では「全国」を想定している。政党が代表する範囲の観点からいっても，地域の対は全国と

2　ただし「奇妙」「気持ち悪い」といった印象を抱くことはあるかもしれない。

3　たとえば『毎日新聞』の 2006 年 5 月 24 日付記事や，2007 年 7 月 30 日付記事で，政党イメージに関する世論調査の結果が紹介されている。

4　この概念は，選挙研究で頻繁に利用されている RS 指数より着想を得た（水崎 1982）。

するほうが妥当だろう。

政党はあくまで国政における政策課題を議論することを前提とする組織である。そのため，一見すると，政党に対する主観的認識としての地域偏重性を分析することには意味がないように思われるかもしれない。しかし，維新支持のメカニズムを明らかにするうえでは，この地域偏重性は重要である。たとえ国政政党であったとしても，維新は「大阪」に根ざした政党だという事実があり，そのことを多くの有権者が認識してもいる[5]。維新は自らの地域偏重性を価値として政党ラベルに付与し，また有権者もそれを受容している。それゆえに，大阪を中心とする関西圏の有権者は，維新を支持し続けているというのが本書の主張である。

1.2 維新の地域偏重度

政党の地域偏重性を明らかにするために，筆者は 2016 年参院選後に近畿圏の有権者を対象に実施した「調査 4」と，前章で分析に使用した「調査 5」で，政党の地域偏重度を測定した。以下ではその結果を概観しながら，維新が特定地域（大阪）に偏重した政党だと認識されているのかを分析する。

地域偏重度は，具体的には次に述べる質問文により測定した[6]。

> 政党は「地域的に偏りなく意見を代表」しようと活動する場合もあれば，「特定の地域の意見を代表」しようと活動する場合もあります。もちろん，これは考え方の違いであり，どちらが正しいかという問題とは関係ありません。あなたは，以下に示す政党について，それぞれどのように活動していると思いますか。

5　だからこそ維新は全国的には支持されない政党でもある。たとえば金井（2013）は，《地域における政党》であれ地域政党であれ，維新のような地域偏重的な政党は，さまざまな制約ゆえに全国的な支持を集める政党にはなりえないことを指摘する。

6　これは「調査 4」の質問である。「調査 5」の尋ね方（「政党は『地域に偏りなく』行動する場合もあれば，『特定の地域の代表』になろうとする場合もあります。あなたは，以下の政党について，それぞれどのような立場を代表しているとお考えでしょうか」）とやや異なるが，質問している内容はほとんど同じである。

図 4.1 主要政党の地域偏重度

注：図中の数値はそれぞれの選択肢の回答割合。

　対象とした政党は自民党，民進党，共産党，公明党，維新の5つの政党である[7]。選択肢は「わからない（DK）」を除き，「調査4」では「1：地域に関係なく代表」から「7：特定地域の代表」までの7件尺度，「調査5」では「1：地域に偏らない」から「5：特定の地域に偏っている」までの5件尺度である。

　図4.1は，上記の方法で測定した地域偏重度の質問の回答割合を，政党ごとに整理したものである。2016年近畿調査（「調査4」）と2017年全国調査（「調査5」）は，選択肢，調査対象，調査時期が異なるため，細かくみると多くの相違点があるのだが，維新は特定の地域に偏重した政党だと認識されている点は共通している。2016年近畿圏調査だと全体の約48％（5・6・7の合計）が，2017年全国調査では全体の約40％（4・5の合計）が，維新を特定の地域（大阪）に偏重した政党だと認識しているようである。全国調査のほうが，地域偏重度合いが約8％ポイント低いのは，維新を認識していない有権者が，近畿圏の有権者と比べて多いからだと考えられる。

　維新以外の政党の結果についても簡単に確認しておこう。まず2016年近畿

7　マトリクス形式の設問であり，項目（政党）の順序はランダマイズしている。

調査では，自民党が地域ではなく全国的な利益を代表する政党だと認識されている一方で，自民党以外の政党は，全体の利益と地域の利益を代表していると考える人が同程度となっている。他方，2017 年全国調査では，自民党と民進党については分布の偏りがほとんどみられないが，公明党と共産党については若干の偏りがみられる。公明党は維新ほどではないが地域の利益を，共産党は全国の利益を代表する政党だと相対的には認識されている。

この図 4.1 からいえることは，維新は明らかに特定の地域の代表者として認識されているという事実である。ここでいう特定の地域が「大阪」であることは，あらためて述べるまでもなく自明であろう。維新が「大阪」を代表する政党だという認識は全国的にみても定着していることを，この図 4.1 は明らかにしているのである。

1.3 政党帰属意識との関係

図 4.1 は，第 1 章で述べた全国レベルでの維新支持の低迷と整合的な結果であるように思われる。維新はあくまで「大阪」の代表者にしか過ぎないという認識は定着しており，だからこそ全国的には支持されない政党になっているのだろう。他方でこれは，大阪で維新が支持され続ける理由ともなっているように思われる。つまり維新は「大阪」の代表だと認識されているからこそ，大阪で強い政党であり続けているのである。

しかし，この仮説を検証することは容易ではない。なぜなら政党が地域的に偏重しているという認識は，公平ではないという意味で「規範的」には好ましくないと考えられるからである。政党は特定の地域ではなく，あくまで国全体の利害関係者，あるいは代表者たるべきだという規範は，表立って地域的に偏重する政党を好ましいとはいいにくい状況をつくり出す。このような問題があるために，地域偏重性に関しては，意識調査からみえる相関関係を分析しても，維新支持に与える効果を把握することが難しいと考えられる。

以上について，筆者の調査結果から簡単に確認することにしよう。筆者が「調査 5」において，地元利益志向性について尋ねたところ，第 3 章で述べたように半数以上の約 68.5 % が国の利益を代表すべきだと考えていることがわかった。しかし，筆者らがコンジョイント実験という手法によって地元利益志

向と全国的な利益のどちらを志向するのか分析したところ（宋・善教 2016），有権者は，実は地元利益の代表者を選好する実態があることが判明したのである。この実験結果は，特定地域に偏っている政党を「好ましい」といいにくい風潮が存在することを暗に示すものである。

　この風潮の存在は，党派性と地域偏重度の関係をみれば一目瞭然である。図4.2は，図4.1に示した地域偏重度と党派性の関係を，調査ごとに整理したものである。図中の丸印は各政党の地域偏重度平均値であり，エラーバーは平均値の95%信頼区間である。解釈を容易にするために，2016年近畿調査は値を−3から3まで，2017年全国調査は−2から2までにリコードしている。正に傾けば傾くほど，その政党に対する認識は地域偏重的であり，逆に負だと全国的な利益の代表者だと認識されているということになる。

　図4.2は，有権者は概して自身の支持する政党を全国的な利益の代表者とみなし，地域的な利益の代表者とはみなさない傾向があることをはっきりと示している。いずれの調査結果においても，自民党派性保持者においては自民党の地域偏重度がもっとも低く，また民進党派性保持者においては民進党の地域偏重度がもっとも低い結果となっている。公明党派性保持者や共産党派性保持者も同様の傾向を示す。しかし維新党派性保持者に関しては，維新以外の政党を全国的な利益を代表する政党だと認識している。その他政党を支持する人と無党派の認識は調査により異なるが，維新をもっとも地域偏重的な政党だとみなす点は維新以外の政党の党派性をもつ回答者と共通する。

　この図は，地域偏重性の影響を意識調査によって分析することがきわめて難しいことを明らかにするものでもある。維新が「大阪」という特定地域の利益を代表する政党だと認識されていることは自明だが，それにもかかわらず維新党派性保持者は，平均値がほぼ0である点から推察されるように，維新を特定の地域の代表者だとは回答していないのである。これは明らかに自身の支持政党を特定の地域代表と回答することは好ましくないという社会通念が存在することを示すものである。したがって維新支持態度と地域偏重性の関係を明らかにするには，この社会的期待迎合バイアスをいかに抑制するかが課題となる。

第 4 章 なぜ維新は支持されるのか 105

図 4.2 党派別の主要政党に対する地域偏重度

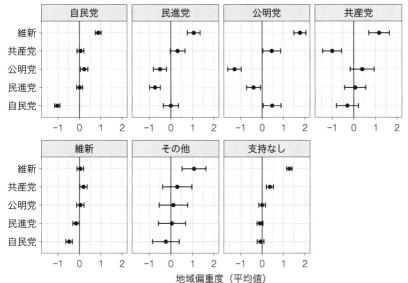

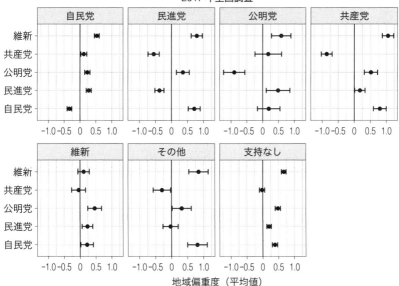

注：図中の丸印は地域偏重度の平均値，エラーバーは平均値の 95% 信頼区間。

2 社会的期待迎合バイアスとその解決法

2.1 社会的期待迎合バイアスとその問題点

　ここであらためて社会的期待迎合バイアス (Social Desirability Bias：SDB) の概略について説明しておこう。SDB とは一般的に，社会的に是認されている行動の過大報告や，社会的に是認されていない行動の過小報告，つまり回答者が体系的な嘘をつく傾向性を意味する概念だとされる（遠藤 2012）。SDB は違法ないし不法行為に対する質問，人種あるいは性差別への選好など，回答者が過敏に反応する質問 (sensitive questions) を尋ねる際に発生しやすい。そのほか，「ホンネ」ではなく「タテマエ」の回答をしやすいような質問にも，SDB が発生する余地はあると考えられる。

　前節で明らかにしたように，本章で議論する地域偏重性に関する質問は，SDB が生じやすい質問の 1 つだといえる。政党がおかれている文脈や客観的な状況如何にかかわらず，自身が党派性を有する政党に対しては，特定の地域の代表者ではないと有権者は答える。すなわち，「タテマエ」としては自身が党派性を有する政党に対して特定の地域代表だと回答することを避けるのである。

　そのようなバイアスは，地域偏重性の効果を正しく推定できないという問題を引き起こす。近年の政治学では，リスト実験など SDB を軽減するための分析手法が多数考案され，その有効性などが検証されている（Blair and Imai 2012；Höglinger and Diekmann 2017；Holbrook and Krosnick 2010；Imai et al. 2015；善教 2016a；土屋・平井 2017）。しかし，推定誤差が大きくなるなど，これらの方法を用いることの欠点も存在する。SDB に対処すべきか否かは，具体的に SDB がどのような推定ミスを生じさせるのかを考えたうえで判断すべきであるが，地域偏重性と維新支持の関係を明らかにするには，SDB の問題を解決する必要がある。

　具体的に例を示しながら説明しよう。たとえばここに 4 人の有権者がいるとする（A～D）。このうち 2 人（A, B）は維新を大阪の代表だと認識し，もう 2

人（C, D）は「わからない」とする。地域偏重度でいえば前の2人は正（＋），残りは中間（0）となる。仮に地域偏重性が維新支持の規定要因であるなら，この例だと維新支持者2名（A, B），残り（C, D）は維新非支持者となる。さてここでSDBによって維新支持者が「維新は地域的に偏重していない」と答えたらどうなるか。この場合，地域偏重度は負（－）となるので，地域偏重度が「低い」ほど維新を「支持する」ことになる。また，維新支持者が「わからない」と回答したらどうなるか。この場合，地域偏重性はA〜Dすべてにおいて一定となるので，地域偏重性と維新支持の間には「関連がない」ということになる。いずれにせよ，SDBゆえに真の関係とは異なる関係性が見出されてしまうのである。

2.2　社会的期待迎合バイアスの軽減法

SDBは維新支持と地域偏重性の関係を分析するにあたって誤った解釈をもたらす可能性がある。そのようなSDBを軽減する代表的な方法としては，調査モードの変更がある。早稲田大学によるComputer Assisted Self-Administered Interview（CASI）方式による調査などはSDBの軽減を目的とする方法の1つである（田中・日野 2013）[8]。しかし本書の調査はいずれも対面形式ではないオンライン上で実施されたものであり，それでもなおSDBが発生しているのだから，モードの変更以外の解決法が求められる。

調査モードの変更ではない解決法として近年注目を集めているのが，先に紹介した実験的手法である。Randomized Response Technique（RRT）や上述したリスト実験などがその代表例である。これらの方法論の特徴は，ある事柄に対する経験や賛否を尋ねる際，直接的にではなく間接的に尋ねる点にある。そのため，直接的ではない間接的質問（indirect question）などと呼ばれることもある。もちろん間接的に尋ねる方法であることから，妥当な結果を得るためには実験設計に細心の注意を払う必要がある（Krumpal et al. 2015）。さらにリスト実験に関していえば，そもそも因果効果を推定する手法ではないという問題もある[9]。

8　しかしCASIよりもオンライン上で実施する調査のほうがSDBが発生しにくいとされている（Kleck and Roberts 2012）。

多くの要因ないし水準の効果を推定する方法として考案された要因配置実験（FSE）は，SDB を軽減する形で因果関係を分析する実験的手法の1つである（Auspurg and Hinz 2015；Auspurg et al. 2015）。FSE はヴィネットに含まれる水準数が複数であるため，回答者は自身がどの要因に反応したのかが秘匿されていると感じ，「ホンネ」を回答しやすくなる。この特徴は，SDB の軽減を図りつつ，回答者の選好を推定するコンジョイント実験とも共通する（Hainmueller et al. 2014；宋・善教 2016）。さらに FSE で推定されるのは相関ではなく因果効果であり，逆の因果の可能性を排除することができるという利点もある。

本章ではこの FSE を，コンジョイント実験を参考に改良した維新 RFSE によって維新支持の規定要因を分析する。通常，FSE は複数の要因ないし水準より成るヴィネットを実験計画法に基づき作成し，その比較分析を通じて因果効果を推定する。ヴィネットの作成数は研究目的により異なるが 16 から 64，多くても 128 程度である。そのため，FSE には多くの要因ないし水準の効果を分析することが難しいという限界がある。しかし維新 RFSE は，ウェブ上のプログラムによって水準表記が無作為化されたヴィネットを利用し因果効果を推定する。そのため実験計画法により複数のヴィネットを作成する FSE よりも，多くの要因ないし水準の因果効果を推定できるという利点がある。実験の詳細は次節で説明する。

3 実 験 設 計

3.1 データ

本章の分析で用いるデータは，2016 年に近畿 7 府県在住の有権者に対しオンライン上で実施した「調査 4」である。次項で説明する維新 RFSE は，この調査の一部に含める形で実施した。なお，このデータは地域別の有権者数だけではなく，性別，年齢，投票参加率も国勢調査の値などと乖離がないように調整している。維新 RFSE は有効回答者である 2582 人に対して実施した。ここ

9　ただし相関を分析することはできる。詳しくは Imai et al.（2015）を参照のこと。

には，回答努力を最小化する Satisficer や，途中で回答を止めた者など，有効ではない回答者は含まれていない[10]。また先述のとおり性別などは母集団に一致するように調整しているため，推定結果を特に補正しない。

3.2 実験画面

維新支持の規定要因を明らかにするための維新 RFSE のヴィネットは，下記のとおりである[11]。仮想的な維新に関する政局変動のシチュエーションを提示したうえで，維新を支持するか否かを尋ねる実験となっている。仮想的な状況を説明するヴィネットに含まれる要因数は，【要因1】（F1）から【要因8】（F8）までの8つであり，それぞれ異なる水準数をもつ。実際の実験では，このF1からF8のスペースに，表4.1にある水準の1つが無作為に表示される。選択肢は「強く支持する」から「支持しないし好ましくもない」までの4件尺度であるが，分析の際は結果の解釈を容易にするため支持する（1），しない（0）へとリコードする[12]。

まず，おおさか維新の会が，以下のようになったと想像してください。

・党首は【要因1】です

・党本部の場所は【要因2】です

・関西圏出身議員の割合は【要因3】です

・もっとも重視する政策は【要因4】です

・国会議員数については【要因5】，公務員数については【要因6】を目標にしようとしています。

10　Satisficer や途中で回答をやめた者などを除外することにより，高い関心をもつ人に回答者が偏っているのではないかと疑義を呈する読者もいるかもしれないが，本文で述べているように，投票参加率を「調査4」では調整している。一般的な政治意識調査以上に政治関心が高くない棄権者を含めたうえでサーベイ実験を行っていることをここに記しておく。

11　2回目以降の調査画面では，冒頭の文言を「続いて，おおさか維新の会が」としている。

12　なお，わからない，あるいは答えられない場合，質問をスキップできるように設定しているので，全員が実験に参加しているわけではないが，その数は少数のため，欠損値補完などは特に行っていない。

また，日本の政治状況も大きく変化しており，以下のようになったとします。

・政権与党である自民党は，【要因7】
・維新を除く野党については，【要因8】

以上のような状況において，あなたは維新を支持しますか。

維新 RFSE は一般的な FSE と同じく，同一回答者に繰り返し回答してもらう実験となっている。繰り返し回数が少ないと推定結果の信頼性は低下するが，他方で多すぎると回答者に高い認知負荷をかけることになる。そのため本実験の繰り返し回数は4回とした。どの程度繰り返すかは研究目的に依存するが，コンジョイント実験の場合，水準の出現数が400以上であれば安定した推定結果になる（宋・善教 2016）。この基準に基づけば本実験の観測数は十分に信頼性の高いものとみなせる。また繰り返し回数も，4回程度であれば回答者にとっては大きな負担にはならないと考えられる[13]。

維新 RFSE では，事前の回答が事後の回答に影響を与えるキャリーオーバー効果が問題となる。なぜなら RFSE であれコンジョイント実験であれ，属性ないし水準の効果の推定にはキャリーオーバー効果がないことを仮定しなければならないからである（Hainmueller et al. 2014）。そこで維新 RFSE の結果を確認したところ，紙幅の都合上結果は省略するが，明確なキャリーオーバー効果は確認されなかった。したがって本章の分析ではこれら4回繰り返し行った実験結果のすべてを用いて分析する。

3.3 実験に含まれる要因と水準

維新 RFSE の要因と水準については表4.1に整理したとおりである。本章の仮説と直接的に関わりがあるのは党本部の場所（F2）と関西議員の割合（F3）である。前節で明らかにしたように維新の地域偏重性を直接的に尋ねると，た

---

13 FSE を用いた研究をいくつか確認すると，繰り返し回数は多くても10回以下となっている。それ以上繰り返しても推定上の問題は発生しないのかもしれないが，倫理的に許されるのが10回程度ということであろう。

表 4.1　維新 RFSE における要因と水準一覧

	要因（水準数）	表示される水準
F1	党首（6）	橋下徹／松井一郎／吉村洋文／馬場伸幸／片山虎之助／渡辺よしみ
F2	党本部の場所（7）	大阪市内／京都市内／神戸市内／名古屋市内／横浜市内／東京都内／東京 23 特別区内
F3	関西議員の割合（5）	1 割／3 割／5 割／7 割／9 割
F4	重視する政策（7）	統治機構改革／大阪副首都化の推進／社会保障制度改革／女性の社会参画支援／教育と就労の機会の平等／成長産業への人材移動支援／憲法改正
F5	議員定数（4）	定数を現状維持／定数を 1 割削減／定数を 3 割削減／定数を 5 割削減
F6	公務員数（5）	現状維持／1 割減／2 割減／3 割減／半減
F7	与党の状況（3）	現状と変わりません／複数の保守政党を吸収しさらに大きくなりました／内部の争いが起こり，複数の政党に分裂しました
F8	野党の状況（3）	現状と変わりません／合併し 1 つの大きな政党になりました／世代交代が起こり中堅や若手を中心とする新たな 1 つの政党へと再編されました／政党内部や政党間の争いが起こり，さらに分裂しました

とえ SDB を軽減可能な実験であっても，推定結果にバイアスが生じるおそれがある。そのためこれらのような間接的な形で地域偏重性の効果を推定すべきだと考えた。F2 は維新の政党本部の場所を尋ねるものであり，これが大阪，あるいは関西圏から離れることへの認識をもって，維新がもつ地域偏重性の影響を推定することを目的に設定した。F3 は関西圏の議員がどの程度いるのかを問うものであり，この割合の変動をもって，維新の地域偏重性の効果を推定することを目的に設定した要因である。F2 と F3 が地域偏重性を操作化したものかについては異論の余地があろうが，抽象的に尋ねるよりも具体的に尋ねたほうが，実験参加者は態度を表明しやすいし，推定結果の妥当性も増す。維新 RFSE はあくまで仮想的な状況を設定したうえで選好を尋ねる実験なのだから，なるべく具体的な水準表記としたほうがよい。その意味でも，本章の実験設計には妥当性があると考える。

　維新 RFSE は，地域偏重性に関わる要因だけではなく，政策など他の要因についても含める形で設計している。たとえば維新 RFSE には F1 にある党首要

因も含まれており，この要因の効果を分析することで，橋下や松井であること
が支持態度に与える因果効果を推定できる。何を水準とするかは難しいが，維
新 RFSE では橋下にくわえて松井一郎，吉村洋文，馬場伸幸，片山虎之助，渡
辺よしみとした。F4 は政策要因であり，2016 年参院選での維新を含むいくつ
かの政党の主張から設定した。ここでのポイントは「副首都化」や「統治機構
改革」といった「改革志向性」の強い政策を含めていることである。つまり維
新への支持が「改革志向」と関連するか否かを明らかにすることができる。
F5 と F6 は人びとの政治・行政に対する不満を操作化したものである。F5 は
政治不満であり F6 は行政（公務員）不満である。最後に F7 と F8 は「受け皿」
としての第 3 極説を念頭におき設定した。「現状維持，合併，分裂」という政
党の変化のなかで，維新支持がどう変化するのかを分析することを目的に設定
した。野党については「世代交代」も加えている。

　地域偏重性（F2, F3）を除くすべての要因は，いずれも先行研究などで維新
支持の規定要因として議論されてきたものである。改革志向の影響は維新をポ
ピュリズム政治だと指摘してきた多くの論稿などにおいて指摘されてきたもの
であるし，公務員への不信や不満は，松谷（2012b）や伊藤（2014）を念頭にお
き設定した。F7 と F8 はマスコミなどで主張されていたものであり[14]，特に
2012 年衆院選時，維新（やみんなの党）が与党と野党のどちらにも投票したく
ないと考える有権者の「受け皿」として機能していたから支持されていた，と
いった主張がみうけられたことを背景に設定した。

3.4　分析方法と視角

　各要因ないし水準の因果効果の推定方法は，線形回帰分析（OLS）である。
マルチレベル分析や条件つきロジットではなく OLS を用いることの方法論的
妥当性はすでに Hainmueller et al.（2014）で証明されているし，筆者らも確認
済みである（宋・善教 2016）。なお繰り返し実験であることから，標準誤差は
回答者でクラスタ化したロバスト標準誤差とした[15]。

14　たとえば『朝日新聞』2012 年 4 月 14 日付。
15　ロバスト標準誤差の推定には R のパッケージである multiwayvcov と lmtest を用いてい
　る。

本書の仮説の妥当性はF2とF3の因果効果を推定することで明らかとなる。仮にF2とF3により維新支持が変動しない場合，本書の仮説は維新支持とは関係がない要因ということになる。逆にこれらの要因の効果が統計的に有意である場合，維新の有する地域偏重性が，維新支持を規定する要因だと主張できる。

くわえて本章の実験設計は，本書の仮説の妥当性を検証するのみならず，先行研究の仮説の妥当性も検証可能なものとなっている。維新の新自由主義的志向や改革重視といった点が維新支持の規定要因ならば，F4は維新支持に有意な影響を与えるであろう。また公務員不信が重要な要因ならF6も有意な影響を与えることになろう。観測調査を用いた分析では政治不信と行政不信の効果を峻別することが困難だが[16]，維新RFSEでは可能である。すなわちF5のみが影響を与えていた場合，先行研究の知見は疑似相関の疑いが強いということになる。

具体的には次の2点についても本章では明らかにする。第1は維新台頭の「社会的基盤」として指摘されてきた，社会階層との関係である。社会階層が低い，疎外された状況という必要条件があったからこそ，維新は台頭したのか。この疑問は，社会階層ごとの因果効果の異質性を分析することで明らかにできる。第2は維新支持の不安定性についてである。筆者はこれまで，維新支持態度は，大阪での選挙結果の安定性とは裏腹に安定性に欠ける可能性が高いことを指摘してきた（善教・石橋・坂本 2012；善教・坂本 2013）。図2.7で示したように，維新支持態度はその強度に欠けるものであり，むしろ支持強度の観点からみると，支持者よりも不支持者のほうが安定的である。維新RFSEは本書の議論が仮定している維新支持態度の不安定性についても，維新支持態度別に各要因の効果を推定すること✓検証可能である。ゆえにこれら2点についても本章では検討していく。

---

16 世界価値観調査の結果などから推察されるように，高い相関関係にある変数の場合，多重共線性が生じる。政治への信頼と行政への信頼は強い相関関係にあり，両者の効果を観測調査の分析を通じて峻別することは困難である。

4 実験結果

4.1 全サンプルを対象とする分析結果

維新 RFSE に含まれる各要因が維新支持に与える因果効果を推定した結果を整理したものが図 4.3 である[17]。この図は回答者を分割せず，全サンプルを対象に推定した結果を整理したものである。そのため平均的に，それぞれの要因が支持態度にどのような影響を与えるのかを整理した図となる。それぞれの要因は因果効果を推定する際の基準となるカテゴリをもつ。ref という水準がそれに該当する。したがってこの図で推定されている因果効果は，基準カテゴリと比較した場合の支持確率の差分となる。図中の丸は因果効果の点推定値，横線は点推定値の 95% 信頼区間である。この横線が 0 に被っていない場合，基準カテゴリと統計的に有意な差があると解釈できる。なお推定に際しては，標準誤差を小さくするために，共変量として性別，年齢，教育水準，党派性も投入している[18]。

分析結果を検討する前に図 4.3 の読み方を簡単に説明しておく。先に述べたように，この図は基準カテゴリ（ref）と当該水準の間の支持確率の差分の推定値を整理したものである。たとえば党首（F1）でいうと吉村洋文が基準カテゴリなので，吉村と比較した場合の支持確率変動の推定値となる。維新 RFSE の推定結果によれば，橋下の効果は 0.1288（s.e. = 0.015）となっている。つまり吉村から橋下に党首が変わることによって，維新を支持する確率が約 13% ポイント増加する，という結果だと解釈する。

また信頼区間とは「母集団から一定規模の標本を抽出し点推定を 100 回程度繰り返したとき，95 回程度は真の推定値がその範囲に入るであろう区間」を意味する。このような厳密な説明だとわかりづらいように思うので，「誤差を

---

17 本章のいう因果効果は，厳密には Average Marginal Component Effects と定義されている推定値と同等だが（Hainmueller et al. 2014），ここではわかりやすさを重視し，単純に因果効果と呼んでいる。

18 水準表記は無作為化されているため，これらを投入してもしなくても水準の因果効果の点推定値に大きな変化は生じないが，標準誤差は少し小さくなる。

第 4 章 なぜ維新は支持されるのか 115

図 4.3 維新支持規定要因の分析結果（全サンプル）

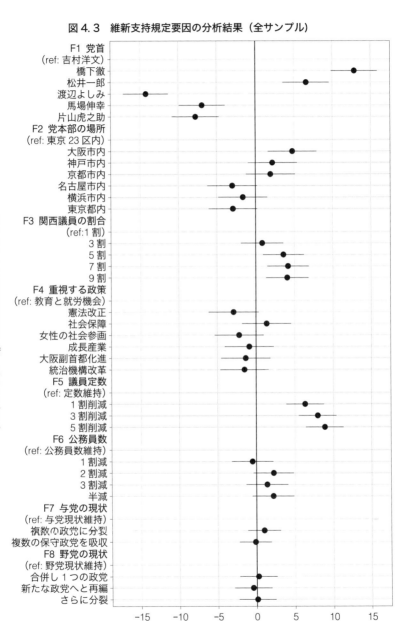

注：図中の丸は因果効果の推定値。横線は推定値の 95% 信頼区間。推定の際には共変量として性別，年齢，教育水準，党派性を投入。

含めた推定値の範囲」程度に理解しておけばよい。上述した例でいうと、吉村と比較した場合の橋下の因果効果は 13±3% ポイントだ、と理解すればよい。当該水準の効果の統計的有意性は、この 95% 信頼区間のラインが 0 のラインに被っているかどうかをみれば、視覚的に判断することができる。

　以上を理解したうえで図 4.3 に整理した推定結果をみていこう。まず維新支持に対して有意に影響を与えると判断できる要因と、そうではない要因の 2 つに大別可能である。後者の統計的に有意といえるほど明瞭な結果を得られなかった要因の推定結果を確認すると、政策（F4）、公務員数（F5）、与党の状況（F7）、野党の状況（F8）という 4 つがそれに該当する。もちろんまったく影響を与えていないというわけでないのだが、実質的にはほとんど影響を与えない要因だと判断してよいように思われる。

　これら 4 つを除く要因については、維新支持に有意な影響を与えているといえる結果である。第 1 に党首であるが、橋下と松井が有意な正の影響を、それ以外の人物が（吉村と比較して）負の影響を与えるようである。橋下の因果効果の点推定値がきわめて大きいのは容易に想定できることだが、大阪府知事である松井も好まれているようである。他方、渡辺、片山、馬場は吉村と比較すると支持を下げる効果をもつ。図 2.2 に整理したように、一般的に知事は好まれる傾向にあることがこのような結果となった理由かもしれない。第 2 に党本部の場所だが、東京 23 区と比較して、大阪だと明らかに支持確率が高くなる。神戸や京都も符号の向きは正であるが、誤差が大きく統計的に有意ではない。第 3 に関西議員の割合については、7 割を超えると有意に支持確率が高くなるようである。第 4 に議員定数は、この削減率が高くなるほど支持確率が有意に高くなる。

　これら有意な影響を与えている要因のうち、相対的に大きな影響を与えているのは党首（F1）と議員定数（F5）である。もっとも支持確率を下げる渡辺（約 −15% ポイント）と、もっとも支持確率を上げる橋下（約 13% ポイント）の差は、約 28% ポイントである。またもっとも支持確率を下げる現状維持と比較して、5 割削減は約 9% ポイント支持確率を上げるようである。これら 2 つの要因だけで、維新支持確率は最大にして 30% 近く変動する。

　本書が主張する維新の地域偏重性の効果は、これら 2 つの要因の効果ほど大

きくはないが，有意な影響を与える要因であることに相違はない。特に党本部の場所については，もっとも支持確率を下げる「東京都」と比較すると約10%ポイントの支持確率の変動がある点で，先に述べた2つの要因に比肩する重要な規定要因だといえる。これと比較すると関西議員の割合の効果は，支持確率の変動が最大にして約5%ポイントと大きくはないが，議員定数の削減でも約10%ポイントの変動のみである点を勘案すれば，無視できるほど小さい効果ではないといえる。

　図4.3に示す推定値は，維新RFSEにより得られたバイアスの存在しない因果効果の推定値である。すなわち党首の効果や議員の削減といった要因を考慮してもなお，「大阪」であることが維新支持確率を有意に高めるということを示す結果である。維新の地域偏重性が維新支持の規定要因として重要であるという，本書の仮説を支持する結果だといえるだろう。

4.2　社会階層と維新支持

　図4.3は，地域偏重性が維新支持を議論する際に重要であると同時に，実は，ポピュリズム論が部分的には妥当性に欠けることを示すものである。たしかに橋下効果は有意に支持確率を高めるが，他方でF4に含めている統治機構改革は維新支持に有意な影響を与えていないし，公務員数（F4）も維新支持に有意な影響を与えていなかった。特に後者は，松谷（2012b）や伊藤（2014）の知見が疑似相関である可能性を示す点で，重要である。

　もっとも，以上の結果のみをもってポピュリズム論の妥当性を判断することは早計である。なぜなら図4.3は，社会的疎外など，ある種の社会状況がポピュリズムを生む「基盤」であるという主張に対する反証例ではないからである。これを検証するためには，社会的に疎外されているような状況が維新RFSEに含められている各要因の効果をどの程度左右するかという，因果効果の異質性を分析する必要がある。

　そこで以下では，社会的疎外状況が図4.3に整理した因果効果をどの程度左右するのかを分析する。ここで疎外の指標として用いるのは，自身の属する社会階層への主観的認知である。本章で用いている「調査4」では，自身がどの社会階層に位置するかを7段階で尋ねている。この質問を用いて回答者を高階

層群（中の上～上の上），中階層群（中の中），低階層群（中の下～下の下）に分類し，あらためて各要因の因果効果を推定する。

　図4.4は，回答者を上記の方法で分類したうえで，それぞれの層ごとに各要因の効果を推定した結果を整理したものである。丸が高階層群，四角が中階層群，三角が低階層群の推定結果である。これらすべての結果を図4.3のような形で整理すると煩雑になることから，要因ごとにまとめたうえで，それぞれの層ごとの推定結果を比較できるように整理している。

　全体の結果を通していえることは，階層により各要因の効果が大きく異なることはないということである。もちろん，まったく同じというわけではなく，たとえば党首（F1）の効果は，低階層群よりも中および高階層群を対象とするほうが大きくなる傾向にある。また，政策要因についても，低階層群では社会保障を重視する傾向がやや強くなる。もっとも，差が見受けられるといっても大きな差ではなく，くわえてこれら以外の水準に関しては，階層ごとの相違があるとはいえない。図4.4は，仮に社会階層をポピュリズムの「必要条件」とみなすとしても，その見解は妥当性に欠けるものであることを明らかにするものだといえる。

　社会階層と公務員不信の関係については重要な論点であるため，詳しく検討しておきたい。統計的に有意かどうかはさておき，点推定値の変動傾向をみるならば，低階層群は公務員の削減に肯定的であり，逆に中および高階層群は肯定的ではないという推定結果だと解釈できる。この結果だけをみれば，低階層群は公務員へ不満を抱いており，ゆえに公務員（労組）を攻撃するような言説を支持する傾向にあるといえなくもない。しかし，これはあくまで推定誤差を考慮しない場合の解釈である。上述したように，階層間の異質性に明瞭な差はない。マスメディア，あるいは先行研究が主張してきたほどには，公務員不信の影響は大きくはないということだろう[19]。

　また橋下の因果効果についても，群間で因果効果に差があるとはいえない結果である。低階層群が，あるいは高階層群が橋下を支持するわけではない。また議員定数の削減については，1割減についてのみ高階層群で有意な影響を与

19　あるいは，あったとしても一時的なものに過ぎなかったということであろう。

第4章 なぜ維新は支持されるのか 119

図 4.4 維新支持規定要因の分析結果（階層別）

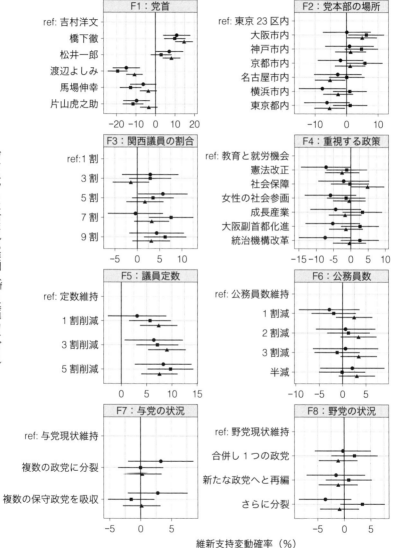

注：図中の丸・四角・三角は因果効果の推定値。横線は推定値の 95% 信頼区間。推定の際には共変量として性別，年齢，教育水準，党派性を投入。

えていないという結果が得られているものの，他の水準の因果効果はどの群に
おいても統計的に有意であり，かつ，群間で大きく変わるわけでもない。これ
らの結果もまた，社会階層による因果効果の異質性があるわけではないことを
明らかにするものである。

4.3 維新支持の不安定性

続いて維新支持群と不支持群に回答者を分割した実験の結果をみていく。筆
者らが 2011 年の大阪市長・府知事ダブル選に実施した意識調査の結果に鑑み
れば（図 2.7），維新への支持はそれほど強固ではなく，むしろ安定性に欠ける。
それは，維新支持には熱狂的といえるほどの強度がなく，むしろ強度の点から
いえば不支持者が熱狂的である実態からも推測可能である。維新支持者は，選
挙結果から窺えるほど強固ではなく，逆に不安定で流動的な人びとだといえる。
維新 RFSE は，上述した主張の妥当性を検証することもできる方法である。
維新支持者は穏健である一方で不支持者は強固な拒否態度をもっているのであ
れば，維新 RFSE の結果は，維新支持群と不支持群の間で異なるものとなるか
らである。この仮説が支持されるならば，各要因の因果効果を確認できるのは
支持者に限定されるだろう。

それでは分析結果を確認しよう。図 4.5 は維新支持者と不支持者に回答者を
分割したうえで，それぞれの要因の因果効果を推定した結果を整理したもので
ある[20]。維新を支持するかしないかで，各要因ないし水準の因果効果が異なる
ことをこの図は示している。全体的な傾向からいうと，維新を支持しない人は，
総じて要因の効果が統計的に有意ではない。ただし政策（F4）と与党と野党の
変動（F7, F8）の 3 つの要因に関しては，維新支持者であっても統計的に有意
とはいえない結果となっている。これら 3 つの要因は，維新支持を規定する要
因とはいえないということであろう。

その他の 5 つの要因の効果については，先に述べたとおり不支持者を対象と
する場合はほとんど統計的に有意ではなく，支持者を対象とする場合は有意に
なるという推定結果である。もっとも差が顕著なのは党首（F1）の効果であり，

---

20 ここでいう維新支持態度は，党派性ではなく，維新に対する支持・不支持を尋ねる質問
により測定した態度である点に注意されたい。

第4章 なぜ維新は支持されるのか 121

図4.5 維新支持規定要因の分析結果（支持態度別）

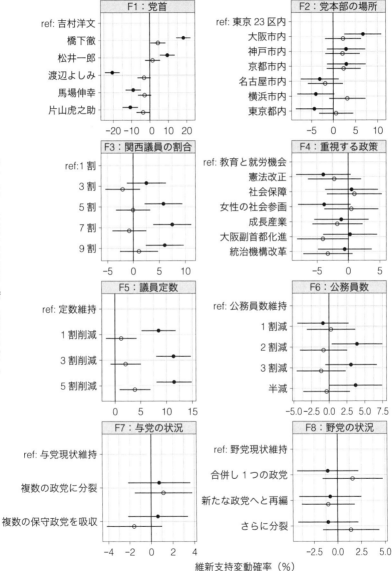

注：図中の黒丸・白丸は因果効果の推定値。横線は推定値の95%信頼区間。推定の際には共変量として性別，年齢，教育水準，党派性を投入。

不支持者においてはほとんど有意な影響を与えていない反面，支持者においては渡辺と橋下の支持確率の差が約 40% ポイントになる。党本部の場所（F2）や関西議員の割合（F3），議員定数の削減（F5）も，支持者と不支持者の間で，因果効果に明確な差がある。支持者がこれらの要因により支持態度を変化させる一方で，不支持者は，これらさまざまな条件が変化するにかかわらず，一貫して維新を支持しないという態度を貫いている。維新不支持者の態度がきわめて強固であることを示す結果であると同時に，維新支持者は，条件次第で維新を支持しなくなる可能性があることを示す結果でもある。第 2 章で示した図 2.7 から導き出される合意と，きわめて整合的な結果だといえるだろう。

4.4　考　　察

　第 2 章で述べたように，先行研究で維新支持の規定要因として主張されてきたのは，有権者の「改革への期待」（新自由主義的志向），橋下への評価，あるいは公務員不信などであった。本章の分析結果において，これらの主張を支持する結果が得られなかったことは，ポピュリズム論の妥当性を検討するにあたりきわめて重要である。公務員不信を含むこれらの要因が維新支持と関係するとの知見は必ずしも誤りではないのだろうが，それは存外大きな影響を与えるものではなかったということである。

　では，何が維新への支持を支える要因なのだろうか。因果効果の大きさという点からいうと党首要因が重要だが，本書の主張する地域偏重性，つまり維新が「大阪」を拠点に活動することもまた，維新支持の規定要因としては重要である。特に党本部が関西圏以外になることが維新支持に与える影響は大きい。もちろん関西議員の占める割合も無視できない要因である。維新は特定の地域に偏っている政党だからこそ，全国的には支持されないが，関西圏，とりわけ大阪で多数の支持者を獲得していることをこの結果は示す。

　ここで問題となるのは，本章の実験結果から，維新ラベルに「大阪」の代表者という価値が付与されていると主張できるのか，ということである。たしかに本章の調査および実験結果は，これを直接的に実証するものではない。しかし，維新というワードが大阪という特定の地域と密接に関連することは，次の 2 点から主張できる。第 1 に F2 に含む水準のうち，神戸や京都よりも，大阪

市の因果効果がもっとも強い影響を維新支持に与える。第2に大阪という特定の場所を含める F2 のほうが，「関西圏」という抽象的なワードを与えられている F3 よりも，維新支持に強い影響を与える。前者は，大阪という特定のワードが維新支持と強く関連することを，また後者は関西という抽象化されたワードだとそれほど大きく支持確率が変動しない点を明らかにするものである。本章の実験結果から，維新と大阪という言葉の間に，密接な関係があることは明らかであり，ここから維新ラベルには「大阪」の代表者というイメージが付与されているものと考えることができる。

▌ 小　　括

　本章の知見を要約しておこう。維新支持の規定要因を維新 RFSE により分析した結果，次の3点が明らかとなった。第1に維新が「大阪」を拠点とすること，また関西議員により占められているという認識は，維新への支持確率を高める。観察調査を用いた場合，図 4.2 に示すように維新の地域偏重度と維新支持の関係は明確ではない。しかし SDB を軽減可能な維新 RFSE により分析すると，地域偏重性が維新支持の重要な規定要因であることが明らかとなった。第2に維新 RFSE の結果は，維新支持者と不支持者の間で異なる。地域偏重性などが支持確率を高めるのは支持者に限定される。地域偏重性は支持しない理由ではなく支持する理由だということである。同時にこの結果は，維新支持者は態度変容の可能性を秘めることも明らかにしている。第3にポピュリズム論に基づく論者などが主張してきた要因の効果は，本章の実験結果からは確認できなかった。不信や不満の効果についていうと，確認できたのは「政治」に関するものであり公務員不信の効果は確認できなかった。

　以上の知見は，本書のいう，維新は「大阪」の代表だから支持されているという仮説ときわめて整合的である。無論，本章の知見は維新を地域政党だとみなす立場の論者から見れば当然かもしれない。しかし何度も述べるように，地域偏重度を直接尋ねると SDB が発生するため，これと維新支持の因果関係を実証することは観察調査では困難である。本章で維新 RFSE という SDB を軽減可能な実験的手法を用いたからこそ，地域偏重性と維新支持の関係を明らか

にすることができたのである。

　本章の分析結果から導き出されるもう1つの含意は，維新支持は「自己強化」の段階に入っている可能性があるということである。大阪の利益の代表者という価値を自らのラベルに付与することで，維新は多くの議員を結果として大阪市会や府議会に送り出すことに成功した。それがいまや原因となり，維新支持を形成していると考えられる。このように説明すると，やはり維新は盤石な体制を築き上げていることになるかもしれないが，維新支持態度は何度も述べるように安定性に欠ける。維新が「大阪」の代表者ではないと認識される可能性は十分にありうる。仮にそうなった場合，維新は支持者を減らすことになろう。

　いずれにせよ本章が明らかにしたのは，有権者，あるいは大阪市民・府民は，維新を自らの地域の集合的利益の代表者とみなしていること，それゆえに維新を支持しているという単純な事実である。大阪の有権者は，維新以外の政党が「大阪」の代表者にはなりえていないこと，あるいは，「大阪」の代表者としてふるまっているのは維新だけであると認識している。だからこそ多くの大阪の有権者は，維新を支持している。それはきわめて単純な，より集合的な利益を最大化してくれる代理人を選択するという合理的な意思決定の帰結なのである。

第5章
維新ラベルと投票選択
コンジョイント実験による検証

はじめに

　本章では，維新ラベルと投票選択の関係を分析する。第4章の分析で明らかにしたように，維新の地域偏重性は維新支持の重要な規定要因となっている。たしかに橋下への高い評価も維新支持の規定要因の1つだが，それだけではなく維新が「大阪」の代表者であるということも，維新支持者にとっては重要なのである。

　しかしながら，単純に支持者が多いという事実だけで，維新は大阪における一大政治勢力になったわけではない。支持はあくまで態度であり，行動とは異なる。さらに維新支持は，強固ではなくむしろ不安定な態度でもある。その意味でも，態度と行動を連結させるメカニズムについて，本書は明らかにする必要がある。

　維新が大阪における一大政治勢力となった理由は，維新が自らのラベルに「大阪」の代表者だという価値を付与したことにくわえて，維新を支持する人が意思決定の際に，政党ラベルに基づく投票を行う傾向を強めたからである。だからこそ，維新は大阪において強い政党になりえた。それは維新あるいは維新所属の議員が選挙の際に，自らの個性を打ち出さない形で選挙戦を戦っていたことの帰結でもある。いずれにせよ維新の躍進は，維新支持者が選挙の際に政党ラベルを利用する傾向によりもたらされたものだと本書では考えている。

　この支持態度と投票選択の関係を明らかにするために，筆者は近畿圏在住の有権者に対して，維新ラベルが候補者選択にどのような影響を与えるのかを明らかにするためのコンジョイント実験（Hainmueller et al. 2014）を実施した。本

章ではこの実験結果を分析することで，維新ラベルが政治選択を行う際にどのくらい重要なのか，また誰にとって重要なのかを明らかにする。

　もちろん，維新を支持する人が維新に投票することなど当然ではないか，と疑問をもたれる方はいるだろう。しかし，後に詳しく説明するように，日本人の政党支持と投票行動の関連はそれほど頑健ではない。さらにいうと日本の有権者は，政党ラベルを政治的な意思決定の際の手がかりとして常に用いるわけでもない。支持態度と政治行動の関連の強さは，維新支持者において特に強く見出される傾向なのであり，だからこそ維新は強いのである。

1 利用しにくい政党ラベル

1.1 党派性と政党ラベル

　政党ラベルは，有権者が政治的な意思決定を行う際に利用する手がかり (cues) の 1 つである。マニフェスト，選挙公報，TV ニュースのコメンテーターの解説，利益団体の動向など，政治や行政に関する詳細な知識を欠いていたとしても，これら簡便な手がかりを利用しながら，有権者は自身の選好に近い政治家や政党を選択する (Lupia and McCubbins 1998 = 2005)[1]。政党ラベルは，それらのなかでも幅広い有権者に頻繁に参照されるものとして，重要視されている手がかりである (Geys and Vermeir 2014；Boudreau and MacKenzie 2014；Merolla et al. 2008；Coan et al. 2008；Nicholson 2012)。

　もっとも，有権者が候補者の所属政党を参考に，政治的な意思決定を行っているかどうかは，有権者の党派性と，彼ら彼女らがおかれている文脈に依存する。まずは有権者の党派性について検討しよう。有権者が強い党派性をもっていない場合，政党ラベルの利用頻度はそれほど高くないと考えられるが，他方でそこには有権者の党派性とラベルの利用頻度の関係は，それほど自明なもの

1　本書では検討できていないが，ポピュリズムの実証研究では，何が急進右翼政党への支持を形成する手がかりなのかについての分析も進められており (Sheets et al. 2016)，そこでは移民に関する情報の重要性などが指摘されている。これも，ヒューリスティクスないし手がかりが意思決定に与える影響を分析する研究の 1 つである。

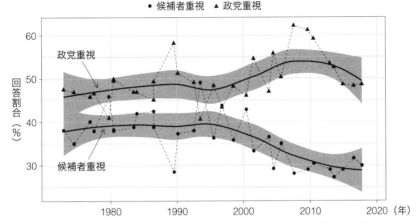

図 5.1　政党と候補者の相対的重要度

注：明るい選挙推進協会による意識調査の結果に基づき筆者作成。図中の破線は調査結果の実測値に基づく折れ線グラフ。黒い太線は Lowess 平滑化により平滑化した結果。網かけ部分は平滑化した値の 95% 信頼区間。

ではないという問題もある。なぜなら日本では 1990 年以降，無党派層が急増しているにもかかわらず，候補者より政党を重視し投票する人の数が増加しているからである。

　図 5.1 は，1972 年から 2017 年までの間に，政党を重視する人の割合がどのように推移しているのかを整理したものである[2]。この図をみれば明らかなように，1996 年前後から，候補者を重視し投票する人が減少し，政党を重視し投票する人が増加傾向にあることがわかる。よく知られているように，無党派層は 1990 年代を境に急増している（飯田・松林・大村 2015）。そうであるにもかかわらず，政党を重視する人が増加傾向にあるということは，有権者の党派性の有無が政党ラベルの利用頻度に与える影響はそれほど強くないことを示している。

　一般に，ある政党を支持する人は，選挙のときにその政党に投票する傾向が強いとされる。理論的には，この傾向は政党支持態度の規定性だと説明されるのだが（三宅 1985, 1998），支持態度が規定性を有するのであれば，党派性をも

2　調査結果をそのまま折れ線グラフにすると傾向を把握することが難しいことから，平滑化（smoosing）した。平滑化の方法は Lowess 平滑化法である。

つ人のラベルに対する反応は，そうではない人のそれとは異なるものになると予測される。ある政党に対して党派性をもつ人が，その政党のラベルを手がかりに投票先を選択したり，政治的な意思決定を行ったりするというのは，きわめて自然な発想であろう。したがって，党派性をもつ人ほど，政党ラベルの影響を強く受けると一般的には考えられる。政治行動論の教科書である飯田・松林・大村（2015）でも，政党支持と投票行動の相関はきわめて強いことが述べられている。

　しかしながら，いくつかの実験結果は，党派性とラベル利用の関係に疑問を投げかける。たとえば小林と横山は，日本人が政治的な判断を行う場合に，政党ラベルを手がかりとして用いるわけではないことをサーベイ実験により明らかにしている（Kobayashi and Yokoyama 2018）。彼らは意見表明が難しい争点に関する意見を尋ねる際，どの程度有権者は政党ラベルを手がかりとして用いるかを検証し，結果として，自民党支持者であっても自民党ラベルを利用し判断するわけではないことなどを明らかにしている[3]。

　他方，支持対象ではなく「不支持対象」を選択する際の手がかりという意味で，政党ラベルが利用されることはある。後述する筆者の実験結果によれば（善教 2016c），拒否すべき対象を選択する手がかりとして政党ラベルが用いられる傾向は強いようだ。三宅（1998）は，日本人の支持態度はしばしば支持ありとなしを往復するなど安定的ではないが[4]，その一方で多くの政党を往来するわけではなく，一定の支持の幅のなかで揺れ動くに過ぎないことを指摘する。そのような支持の幅の外に位置づけられる政党所属の候補者を選別する際に，政党ラベルを利用することは考えられなくはない[5]。特に田中（1998）のいう

3　小林と横山の別の実験結果によると（小林哲郎・横山智哉「政党キューとリーダーキュー——サーベイ実験による比較」2016 年度日本選挙学会報告），候補者あるいは政治家名だと，手がかりとして機能するようである。アメリカにおいても，大統領キューの影響は大きいことを示すサーベイ実験の結果が得られている（Cohen 2017）。

4　松本（2006, 2013）によれば，選挙ごとに支持政党を変える「その都度支持」者が増加傾向にあるとされる。ただし松本の議論は政党選択を含むものであり，この点では三宅のいう散発的支持とは異なる。

5　三宅（1998）は支持の幅を「感情構造」とし，三宅（1985）で論じた認知構造と区別されるものとして論じている。しかし政党ラベル論の観点からいえば，支持の幅は認知構造の観点からも議論可能である。

「政党拒否層」に，その傾向は強くみられるものと考えられる。実際に善教・秦（2017）は，政党ラベルの提示が政党拒否層において回答拒否傾向を強めることを明らかにしている。

　政党ラベルが拒否対象の選択に利用される傾向はあるものの，「支持対象」を選択する際にはあまり利用されないという現状は，結局のところ，支持態度ないし党派性と政党ラベルの関係が強くないことを明らかにするものだといえる。では，なぜ日本では，党派性と政党ラベルの結びつきが強くないのだろうか。これを理解するには，日本の地方レベルの選挙制度の特徴について議論する必要がある。

1.2　選挙制度と政党ラベル

　なぜ日本では政党支持態度をもつ人が，必ず自らの支持政党のラベルに反応するわけではないのか。その理由としては，政党ラベルの利用頻度は，有権者の態度以外の要因，つまり彼ら彼女らを取り巻く文脈にも依存するから，というものがあげられる。たとえば小林らが指摘するように（Kobayashi and Yokoyama 2018），政党間の差が明確ではない場合，政党ラベルの効果はきわめて小さなものとなる[6]。そのほか，政策争点など，政党ラベル以外の重要な手がかりが提示されていたり，郵政選挙のときのような「党内分裂選挙」が行われていたりする場合も，政党ラベルを手がかりに投票する人は少なくなると考えられる。

　そのような文脈のなかで，筆者が重視すべきだと考えるのは選挙制度である。特に図5.1に示すように，1990年代初頭まで日本の衆院選において採用されてきた中選挙区制が小選挙区比例代表並立制へと変わったタイミングで，候補者以上に政党を重視して投票先を選択する有権者が増えている点が重要である。中選挙区制は候補者に対して，所属政党よりも候補者個人をアピールさせる誘因を政治家に与える制度である。1990年代以前は，国政選挙であっても無所

　6　ただし谷口（2015）は，政党間のイデオロギー距離は，近年離れつつあることを指摘する。その意味で政党間のイデオロギー距離が不明瞭だという説明は説得的ではない。有権者レベルでのイデオロギー的分極化は生じていないという知見に鑑みれば（竹中・遠藤・ウィリー 2015），政治と有権者の間の認識の乖離が重要なのかもしれない。

属として立候補する候補者が多く存在していた事実は，まさに候補者が政党に頼らず選挙戦を戦っていたことを示す。そのような状況においては，有権者は政党ラベルを手がかりに投票することが困難となる。だからこそ選挙制度改革により，政党を重視する有権者が増えたのだと考えられる。

国政ではなく市区町村の議会においては，政党に所属せず，自らの信念をもって行動する議員がいまもなお数多く存在する（砂原 2015）。いわゆる大選挙区制のもとでは，当選に必要な票数が少なくなるので，候補者に政党に所属するインセンティブがないことが，無所属議員が多い主な理由だろう。くわえて政党に所属するとしても，大選挙区制だと同じ政党所属の候補者が複数人擁立されるため，基本的には政党ではなく自身の魅力をアピールする戦略を採用せざるをえない。政党所属の有無にかかわらず，候補者が政党としての一体性などをアピールすることが難しいのだから，ここでも有権者が政党ラベルを利用する傾向は弱まることになる。

地方レベルの議員の自律性の高さは，市区町村議会議員のみならず，政党化が相対的に進んでいる都道府県議会議員においてもみられる傾向だとされる。近年におけるマルチレベルの政党組織の議論によれば（建林編 2013），政党組織は一枚岩では決してなく，選挙制度のあり方によって政党の凝集性や議員の自律性などが異なるとされる。日本の場合，上述したように都道府県議会議員は政党に所属することが専らだが，彼ら彼女らのすべてが政党に依存するわけではなく，むしろ一定の自律性をもつ存在だとされている（砂原 2012a）。いわゆる支部組織と執行部の乖離が生じる理由の1つは，この議員の自律性の高さにある。砂原の議論は都道府県議会議員を対象とするものだが，議員の自律性の高さという点は，政党化が進展している政令市などの地方議会議員についてもあてはまるように思われる。

さらに重要なのは，中・大選挙区制のもとでは，仮に同一政党から複数の候補者が擁立されていなくても，各党の候補者は選挙区全体の利益の代表者となることを志向しない点である。日本の場合，主要政党が複数存在するため，仮に定数4の選挙区であったとしても，複数の候補者が同じ政党から擁立されることは稀である。したがって定数1の選挙区ではなくても，各政党から1人ずつ候補者が擁立されるのだから，外形的には政党間対立が行われると想像され

る方も多いだろう。しかし当確ラインとの関係で，やはり中選挙区制のもとでは，各候補者は個別利益を追求しがちになる。

具体的に説明すると，まず定数4の場合，候補者の当確ラインはどれほど高く見積もっても20%となる。20%より多い得票はほかの候補者に移譲されないので，実質的には死票となる。言い換えれば，候補者には20%以上の票をとるインセンティブが存在しない。さらに実際の当確ラインは，当然20%より下であることがほとんどであり，候補者はこのラインを超えるために何をすべきかを考える。つまり中選挙区制は，議員が選挙区全体の利益でなく個別利益の追求者として振る舞うことを「正当化」する制度なのである。

まとめると，地方選挙の選挙制度がもつ特徴ゆえに，多くの地方レベルの候補者ないし政治家は，仮に有権者の側に政党を基準とする政治的選択を行う素地があったとしても，政党「以外」の要素をアピールする。そうすることが，中・大選挙区制というルールのもとで，彼ら彼女らがとりうる合理的な行動だからである。さらに，たとえ選挙区内で外形的な政党間対立が成立するとしても，候補者が地域代表として振る舞おうとする以上，そこでの政党には，集合利益の代表者とは別の意味が付与されるか，もしくは選択基準としては考慮されないかのどちらかとなる。いずれにせよ地方議会の選挙では制度的要因により政党ラベルがきわめて機能しにくい状況がつくり出されているのである[7]。

▎2 維新支持と維新ラベルの関係

2.1 例外としての維新ラベル

前節で述べたように，日本の地方議会の選挙では，政党所属の候補者であっても，政党ではなく個人としていかに地元に貢献できるか，といった点などがアピールされることのほうが多い。そのために有権者の政党ラベルの利用頻度が低下し，国政以上に，政党ではなく候補者を基準に投票先を選択する傾向が

7　本書では詳しく議論しないが，無党派首長や与野党相乗り選挙が常態化している首長選挙においても，地方議会選挙ほどではないにせよ，政党ラベルを有権者が利用しにくい状況はあるように思われる。

強くなる[8]。しかし第2章で述べたように，維新に関してはその傾向がそれほどあてはまらず，維新支持者は政党ラベル参考に，維新所属の候補者に投票する傾向が強い。維新の候補者は，中選挙区制のもとでも維新に所属している候補者であることをアピールし，有権者が政党ラベルを利用しやすい環境をつくり上げているからである。

維新の候補者が選挙において自らの個性をアピールしない理由は，党首ないし橋下効果の強さと，当選・再選確率が高くない候補者が多いからという2点に求められる。第4章の実験結果で示したように，維新の代表であった橋下への評価は，時期にもよるが決して低くない。いわゆるコートテール効果をねらう形で，維新所属の候補者は維新ラベルを強調する戦略を採用するということである。さらに維新の候補者，特に2011年の大阪市議および府議選における候補者に占める新人議員の多さも重要である。自らの力量や経験に頼れないなかで当選するには，維新ラベルを積極的に利用する必要がある。これらの理由から維新所属の候補者は，他党の候補者以上に所属政党を積極的にアピールするものと考えられる。

有権者が維新ラベルを利用する傾向は，実際の選挙結果からも確認することができる。その一例として，筆者が勤務する関西学院大学がある兵庫県西宮市の選挙を紹介しよう[9]。兵庫県西宮市は，人口がおよそ48万人の中核都市である。号泣県議事件や市長暴言退職事件などで話題になることの多い西宮だが，大規模なショッピングモールがあることや梅田や三宮などへのアクセスのよさなど，住みよいまちとして実は評判である。そのような西宮市の議会議員選（2015年）の結果は，興味深いことに，有権者が維新ラベルを手がかりに投票したとしか考えられない結果となっている。具体的に説明すると，西宮市議選は定数41の大選挙区制であり得票数1位がわたなべ謙二朗（5607票），2位が福井浄（5035票），3位が岸利之（4453票）であり，彼らはいずれも維新（当時）

8　上神（2012）は中選挙区制のもとであっても，有権者は認知負荷の軽減を目的に政党ラベルを利用する可能性を指摘している。この主張の妥当性については本章のコンジョイント実験の結果から判断するが，本書は，政治家の側が政党ラベルをアピールしない以上，ラベルによる選択は難しいと考えている。

9　関西学院大学は「かんせいがくいんだいがく」と読む。「かんさいがくいんだいがく」ではないので注意されたい。

の候補者であった。さらにいうと，得票1位であったわたなべと3位である福井は新人候補でもあった。有権者が政治家個人ではなく維新に投票したからこのような結果になったと考えられるが[10]，いずれにせよ，たとえ地方議会の選挙であっても，政党ラベルに基づく投票を行う人は一定数存在するということである。

2.2　維新ラベルの効果──シナリオ実験による検証

　筆者は，2015年5月の特別区設置住民投票後に実施した「調査1」で，橋下と松井の擁立が得票率にどのような影響を与えるのかを明らかにするシナリオ実験を実施し，またその約1カ月後に実施した「調査2」でも，候補者ラベルと政党ラベルの効果を検証するシナリオ実験を実施した。その成果はすでに学術論文としてまとめ公刊しているのだが（善教 2016c），本章の議論と関わりがあるものであることから，結果について簡単に紹介しよう。

　シナリオ実験の調査対象者や実験デザインの詳細などは善教（2016c）に詳述しているため割愛するが，「調査1」で実施した実験デザインを簡単に説明すれば，大阪市民を4つのグループ（A〜D）に無作為に配分すると同時に，それぞれのグループに異なる文章を提示し，その相違が与える影響を分析する，というサーベイ実験である。各群に提示した文章は下記に整理したとおりであり，A群には維新ラベル，B群には維新と橋下，C群には自民ラベル，そしてD群には自民と柳本を提示した。選択肢は「先のことなのでわからない」を除き，「1：投票する」から「4：投票しない」までの4件尺度であるが，分析の際は投票する，投票しないへとリコードしたものを用いている。

　　今年の11月に，大阪市長選が行われる予定です。仮に【A：大阪維新の会，あるいは維新の党が候補者を擁立した場合／B：大阪維新の会，あるいは維新の党が橋下徹氏を候補者として擁立した場合／C：仮に自民党が

10　筆者の妻は「候補者名は投票したあと確認するものだ」といっていたので，少なくとも1人は政党ラベルで投票する人が存在する（ただしN=1）。それが維新であれば筆者の仮説は支持されたといえるが，どこの政党かは教えてくれなかったので，コンジョイント実験により検証する必要がある。

図5.2 政党ラベル効果の検証結果

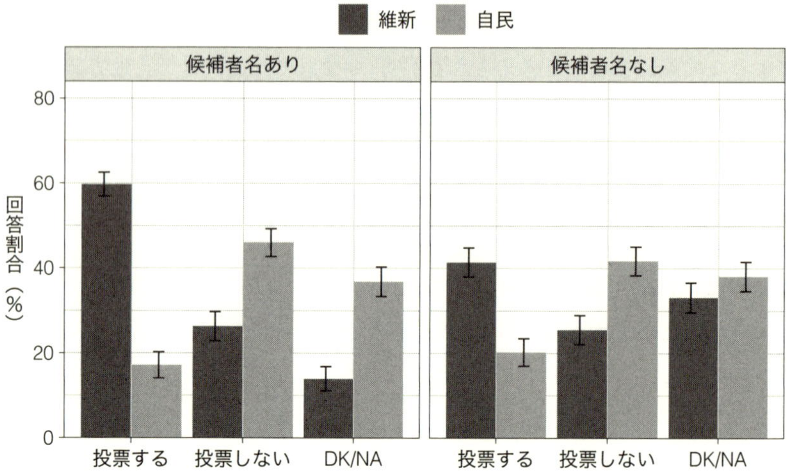

■ 維新　■ 自民

候補者名あり　候補者名なし

（回答割合のグラフ）

注：図中のエラーバーは回答割合の95％信頼区間。善教（2016c）より作成。

候補者を擁立した場合／D：自民党が柳本顕氏を候補者として擁立した場合】，あなたはその人に投票しますか。

　実験の結果を整理したのが図5.2である。左図の「候補者名あり」がB群とD群の結果であり，右図の「候補者名なし」がA群とC群の調査結果である。本章で検討するのは純粋な政党ラベルの効果であるから，A群とC群を比較している右図の結果を確認する。この右図の結果によると，政党ラベルが自民から維新に変化すると，投票すると回答する人の割合が約20％ポイント増加する。95％信頼区間をみるまでもなく，これは統計的に有意な差だと判断できる。政党ラベルが投票行動に与える影響はかなり大きいことがこの結果からはわかる。

　政党ラベルの影響力の強さは，候補者名（橋下・柳本）を加えて分析した左図の結果と右図の比較分析からも窺い知ることができる。左図は候補者名をくわえた群間の比較であり，橋下という候補者名をくわえると「投票する」の回答割合が約60％になる。「自民・柳本」が表示されたD群との回答割合の差は約40％ポイントである。橋下という名称をくわえることで「わからない

（DK）」と回答する人が激減し「投票する」と回答する人が増えるために，この結果となったようだ。先の結果を踏まえると，維新ラベルのみの効果とは別に橋下効果は，維新への投票確率を約20%ポイント高めるということになる。

善教（2016c）で分析しているように，図5.2の維新ラベルの因果効果は有権者の党派性により異なる。維新党派性保持者においては，自民から維新へと政党ラベルが変わると（A群vs. C群）60%ポイント近く投票確率が変化する。これに対して自民党派性保持者の場合は約15%ポイント投票確率が変化するだけであり，かつこの差分は統計的にも有意ではない。これは自民党派性の規定性は決して強くないという結果だと解釈できる。

2.3 党派性と維新ラベル——さらなる実験による検証

図5.2に整理した実験結果は，あくまで2名の候補者ないし2つの政党を提示し，政党ラベル等の因果効果を推定するというものであった。善教（2016c）では，さらにこれを複数の候補者および政党に拡張したサーベイ実験の結果についても分析している。具体的には近畿圏在住の有権者に対して，以下に記すヴィネットを繰り返し提示し，回答者に投票したいかどうかを尋ねるという実験の結果を分析した。この実験は，第4章のそれと同じく繰り返し尋ねる実験なので十分な観測数を確保できる。そのため党派性と政党ラベルなどの関係も分析可能な実験となっている[11]。繰り返し回数は3回である。ヴィネットに含まれる要因数は，政党ラベルに関する要因と候補者ラベルに関する要因の2つである。前者の水準数は6，後者は7であり，第4章で説明した実験と同様に，これらの水準表記はウェブ上のプログラムにより無作為化されている。

これから，仮想的な選挙におけるあなたの意向をおうかがいします。あなたのまちで，【政党ラベル：自民党／公明党／日本のこころを大切にする党／おおさか維新の会／新しく設立された政党／無】所属の候補者として，【候補者ラベル：橋下徹／松井一郎／片山虎之助／吉村洋文／安倍晋三／田中康夫／渡辺よしみ】氏が擁立された場合，あなたは【候補者名（候補

11　選択肢は「投票する」「投票しない」の2値である。ただしスキップ可能な質問なので，全員が回答しているわけではない。

図 5.3 党派性ごとの政党ラベルと候補者ラベル効果の推定結果

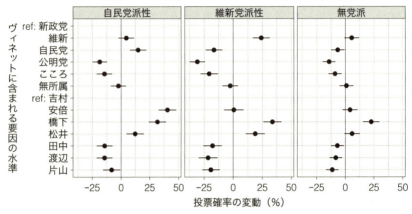

注：図中の印は因果効果の点推定値，横線は因果効果の推定値の 95% 信頼区間。善教（2016c）より作成。

者ラベルと同一の候補者)】氏に投票したいと思いますか。

　上記の実験設計に基づき，有権者の党派性ごとに各ラベルの因果効果を推定した結果を整理したものが，図 5.3 である[12]。政党ラベルの基準（ref）は「新政党」，候補者は「吉村洋文」なので，図中の推定値は，これらの基準と比較した場合の，投票確率の変動の推定値である。自民党派性保持者を対象とする推定結果をみると，新しい政党から自民党へと政党ラベルが変わると約 13% ポイント，投票確率が有意に高くなる。他方，維新党派性保持者の結果をみると，新政党から維新へと変わると約 25% ポイント，投票確率が有意に高くなる。自民党も維新も，ともに自党のラベルの投票意向に対する効果は認められるが，維新のほうが相対的に強い影響力をもつようである。

　以上の 2 つの実験の結果は，維新ラベルが政治的意思決定に与える影響が大きいこと，とりわけ維新への支持態度をもつ有権者において，その傾向が顕著であることを明らかにしている。たしかに自民党派性保持者も政党ラベルに反

12　図 5.2 と同じく，図 5.3 も著者の公刊済みの論文に掲載している実験結果の一部をわかりやすく図示化し直したものであるため，より詳細な結果については善教（2016c）を参照されたい。

応するが維新ほどではない。これら2つの実験は維新党派性保持者が維新ラベルに敏感に反応することを明確に示すものである。

　維新党派性保持者は意思決定を行う際に維新ラベルを利用するものと推察されるが，他方で上述の実験にはいくらか問題がある。我々は通常，実際にある選挙区のなかで候補者を選択する際，複数の候補者のなかから1人を選ぶ。しかし上述した2つのサーベイ実験は，いずれもある政党ラベルを付された候補者「1人」に対して，投票するか否かを尋ねるものである。より実際の選挙における政治的選択に近いサーベイ実験によって，維新ラベルの効果を分析する必要がある。

2.4　コンジョイント実験による検証の必要性

　前項で述べた問題は，複数の対象のなかから1つを選択するコンジョイント実験により解決できる（Hainmueller et al. 2014）。コンジョイント実験とは，回答者の選好を推定するための実験的手法の1つである。コンジョイント実験と一口にいっても，そこにはいくつかのバリエーションが存在するのだが，本章で念頭においているのは，基本的には「一対一」の比較に基づくコンジョイント実験である[13]。

　コンジョイント実験について，表5.1の例を用いて簡単に説明しよう。コンジョイント実験とは，少し難しい言い方をすると，無作為に変化するさまざまな属性ないし水準をもつ複数の「プロファイル」を実験参加者に提示し，自身にとって好ましいプロファイルの選択を繰り返してもらうことで，どのような属性や水準が好まれているのかを分析する方法である。表5.1でいうところの太字になっている「最終学歴」や「年齢」が属性であり，その属性のなかの「高卒」や「38歳」などの情報が水準である。このように複数の水準をもつ属性（要因）の効果を分析するという点は，第4章の維新RFSEと同じである。維新RFSEとコンジョイント実験の相違は，提示された1つのヴィネットについて評価するか，それとも複数のなかから好ましいものを選ぶのかという点に

13　コンジョイント実験には，多くのプロファイル（4～64程度）を提示したうえで，それらのすべてに，望ましい順に順位をつけてもらったり，点数をつけてもらったりするものもある。

138　第Ⅱ部　維新支持と投票行動

表5.1　コンジョイント実験の提示プロファイル例

	A氏	B氏
最終学歴	高卒	大卒
年齢	25歳	38歳
職業	タレント	弁護士
身長	180 cm	165 cm
年収	500万円	1200万円

あなたにとって好ましいのは
どちらですか？

ある[14]。より詳細な説明は宋・善教（2016）を参照されたい。

　コンジョイント実験は，複数のプロファイルのなかから1つを選ぶ作業を繰り返すという実験的手法であるところから明らかなように，筆者が前項までの議論のなかで紹介したサーベイ実験よりも，実際の選挙における意思決定に近い実験だという利点をもつ。さらにいくつのプロファイルを提示するかは実験主体が操作できるので，2人が争うような定数1の選挙区における政党ラベルの効果と，複数定数区における効果について比較検討できるというメリットもある。本書は，第2章で論じたように，たとえ中選挙区制下であっても維新ラベルは機能する余地があることを主張するものでもあるから，これを直接的に検証可能な点でも，コンジョイント実験には大きな利点がある。

3　実験設計

3.1　データと無作為配分法

　本章の分析で用いるデータは，2016年に近畿7府県在住の有権者に対しオ

14　コンジョイント実験は複数のプロファイルを提示するため，比較の際に場合によっては同一のプロファイルが同時に実験参加者に提示されることもあるという欠点を有する。ただし，属性数と水準数が一定水準以上であれば，特に問題なく分析できる。たとえば本章のコンジョイント実験（2名）だと，表5.2に記しているように $2 \times 6 \times 6 \times 4 \times 9 \times 8 \times 8 = 165888$ とおりの組み合わせが考えられるので，一対一比較の場合，その中から同一のプロファイルが提示される確率は $1/165888^2$ となる。

ンライン上で実施した「調査 4」である。この調査の概略についてはすでに第
4 章などで説明しているため割愛する。維新ラベルの効果を検証するためのコ
ンジョイント実験（維新コンジョイント実験）にはプロファイル（候補者）が 2 名
提示されるパターンと，6 名提示されるパターンの 2 つがあり，回答者がこれ
ら 2 群のうち，どちらに割り当てられるかは Qualtrics のシステムを利用する
形で無作為に決められる。有効回答者数は 2572 人であり，うち 1287 人を 2 名
提示群，1285 人を 6 名提示群に無作為に割り当てた。

　プロファイルは，以下のリード文に目を通してもらったあとに提示した。こ
れは 2 つのプロファイルが提示される実験群のリード文であり，6 つ提示され
る場合は，「以下の 2 人〜」が「以下の 6 人〜」となる。選択肢は，もっとも
投票したいと考える候補者を 1 人選ぶ形式である。「あえていえば」という注
をつけているが，強制選択ではなく難しい場合は質問をスキップ可能な質問と
している。なお，繰り返し回数は 4 に設定した。

　　あなたのまちの選挙で，以下の 2 人の候補者が争っていると想定してくだ
　　さい。もし投票するとしたら，あなたは，どちらの候補者に投票しますか。
　　投票したいと感じた候補者を 1 人，選んでください。
　　＊はっきりとどちらか選べない場合は，あえていえばという方を選択して
　　　ください

　提示するプロファイル数が異なる 2 群を設定した理由は，擬似的な形ではあ
るものの，選挙区定数の相違が政治的選択に与える影響を分析するためである。
提示されるプロファイル数が 2 の実験群において想定される意思決定は，有力
な 2 名の候補者が争う小選挙区制でのそれである。他方，提示されるプロファ
イル数が 6 の群では，定数 3 から 5 の中選挙区制下の意思決定が行われるもの
と想定している。本書の主張は，政党間争いがある小選挙区制だけではなく，
中選挙区制のような，時には同一政党から複数の候補者が擁立される場合でさ
え維新ラベルは機能していたというものであるから，プロファイル数を変える
ことの影響についても，議論する必要があると考えた。

140   第Ⅱ部　維新支持と投票行動

表5.2　維新コンジョイント実験の属性と水準一覧

属性名（水準数）		表示される水準
F1	性別（2）	男性／女性
F2	年齢（6）	38歳／45歳／52歳／59歳／67歳／75歳
F3	学歴（6）	ハーバード大学卒／東京大学卒／慶應義塾大学卒／早稲田大学卒／京都大学卒／関西学院大学卒
F4	当選回数（4）	当選0回／当選1回／当選2回／当選3回
F5	所属政党（9）	自民党所属／民進党所属／公明党所属／共産党所属／社民党所属／おおさか維新の会所属／幸福実現党所属／日本のこころを大切にする党所属／無所属
F6	政策目標（8）	インフラ整備を重視／安心・安全を重視／医療・福祉を重視／教育・文化を重視／景観・環境を重視／子育て支援を重視／地域活性化を重視／農林水産を重視
F7	元職（8）	元タレント／元医者／元外資系勤務／元政治家秘書／元大学教授／元中央官僚／元弁護士／元民間企業経営者

3.2　実験に含まれる属性と水準

　維新コンジョイント実験に含まれる属性と水準は，表5.2に整理したとおりである。通常，日本では候補者について説明がなされるとき，年齢，最終学歴，新人か現職か（当選回数含む），候補者の所属政党，元職に言及されることが多い。また，顔写真と一緒にこれらの情報が与えられることも多いので，性別についても有権者の判断材料になると考えられる。これらに選挙公報などを通じて言及される政策目標をくわえ，合計7つの属性から成るプロファイルを作成することにした。

　各属性の水準について簡単に説明すると，まず年齢は，30代から70代の間でなるべく分散するよう，7ないし8歳刻みとした。学歴は，いわゆる「上位国立・私立大学」に，世界的に有名なハーバード大学をくわえた6水準とした[15]。当選回数は0回から3回までとし，所属政党は無所属と8つの国政政党とした。維新については，厳密には「地方政党」だが，ここで議論しているのはあくまで有権者の認識なので，他の政党と同列に扱うことにした。政策目標

15　「上位国立・私立大学」なのだから，質の高い教育が行われ，優秀な学生が多数集う関西学院大学も，当然ここに含まれる。

は選挙の際，公約として掲げやすい8つとし，元職は国会議員や地方議会議員の元職を参考に，元タレントから民間企業経営者までの8つの水準とした。

各属性を構成する水準のうち，どれが回答者に提示されるかは無作為に決められる。そのため，2名提示群であっても同一の性別や政党名がプロファイルとして提示されることもある。しかし，政党の水準数は9なので，同じ政党名が表示される確率は高くない[16]。2プロファイル提示群は，実質的には異なる政党ラベルが提示されるものと考えてよい。他方，6プロファイル群においては，維新にかかわらず，同一の政党ラベルが提示されるケースが多く，6名の候補者全員が異なる政党となるほうがむしろ稀である。ただし，3名以上同じ政党ラベルとなるケースは多くなく，同一政党が表示される数の多くは2名であった。

3.3 キャリーオーバー効果の確認

コンジョイント実験から各属性ないし水準の因果効果を推定する際に，いくつかの条件を仮定する必要があるのだが，そのなかの1つに，キャリーオーバー効果が存在しないことがある（Hainmueller et al. 2014）。キャリーオーバー効果とは，前の回答が後の回答に影響を与える効果のことをいい，これがコンジョイント実験においてみられる場合，推定結果にはバイアスが生じているとされる。

そこで維新コンジョイント実験にキャリーオーバー効果が発生しているか否かを確かめるために，プロファイルを2つ提示した群について，繰り返し回数ごとに各属性の効果がどの程度変動するのかを分析した。その結果を整理したものが図5.4である[17]。水準数が多く，一部わかりにくい属性もあるが，1回目から4回目まで，ほとんど推定結果は変わらない。もちろん，すべての因果効果の推定値が近似するわけではなく，元職の「医者」など，前後の回答間で因果効果の推定値が異なるケースもある。しかしそのようなケースは少なく，多くの水準において因果効果の推定値は近似する。維新コンジョイント実験に

16　実際に同一政党名が提示された割合を調べたが1割程度であった。
17　因果効果の推定法は，維新 RFSE の推定時と同様に OLS である。ただし標準誤差は回答者でクラスタ化したロバスト標準誤差を用いている。以降の分析でもこれは同様である。

142　第Ⅱ部　維新支持と投票行動

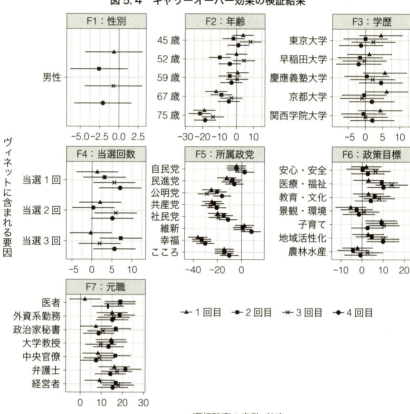

図5.4　キャリーオーバー効果の検証結果

注：図中の横線は因果効果の推定値の95%信頼区間。基準カテゴリの表記は省略。

は一定の妥当性があることを示す結果だといえる[18]。

18　なお，図5.4に整理しているのは2つのプロファイルが提示される群に割り当てられたデータを用いた推定結果であるが，6つのプロファイルが提示される群のデータであってもキャリーオーバー効果は確認されなかった。

4 実験結果

4.1 選挙区定数の効果——中選挙区で維新ラベルは機能するのか

候補者の性別や年齢といった属性を，有権者はどのくらい，またどの程度気にしながら投票するのか。言い換えるならばこれら属性ないし水準の変化は，有権者の政治的選択にいかなる影響を与えるのか。さらにこれらの影響は，候補者数が変わることで，どのように変化するのか。本節では，前節で説明した維新コンジョイント実験から，これらの点を明らかにする。

図5.5は，2つのプロファイルが提示された群と，6つのプロファイルが提示された群のそれぞれについて，各属性ないし水準がどのような影響を回答者に与えているのかを整理したものである。「ref:」とついているのが属性ごとの基準カテゴリである。つまり，この図の推定結果はいずれもこの「ref:」とついているカテゴリとの差分となる。たとえば「2プロファイル群」の「75歳」の水準をみると，およそ−18という値が示されている。これは2つのプロファイルが示されている実験群において，38歳から75歳に年齢が変わったとき，候補者の選択確率が約18%ポイント低下する結果であることを意味する。言い換えれば2名のなかから1人を選ぶような意思決定を行うとき，高齢の候補者よりも若・中年の候補者のほうが好まれやすいということである。

この図5.5をみると，明らかにプロファイル数が多いと，各属性ないし水準の効果が低下することがわかる。2つのプロファイルを提示した群では，年齢，当選回数，所属政党，政策目標，元職といった多くの属性の因果効果が統計的に有意だという結果になっている。その一方，6つのプロファイルを提示した群では，所属政党以外の属性は政治選択にほとんど影響を与えないという結果になっている。候補者数が増えると，自身の好ましい候補者を探すことが難しくなってしまう。そのため各属性ないし水準の因果効果が小さくなってしまったのだと考えられる。どのくらいの候補者数であれば有権者は選択可能なのかは定かではないが，少なくとも6名は「多すぎる」ということであろう。水準数を増やしたとしても，結果が変わるわけではないように思われる。

144 第Ⅱ部 維新支持と投票行動

図5.5 コンジョイント実験による政党ラベル効果の推定結果

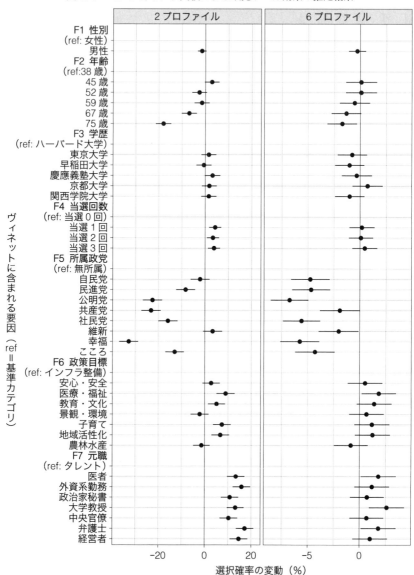

注：図中の横線は因果効果の推定値の95%信頼区間。

もっとも，そのような状況においてもなお，政党ラベルが政治選択に与える影響が統計的に有意となっていることは注目に値する。ただ，どちらの実験群においても無所属候補と比較した場合の所属政党の因果効果は負となっている。このことから，政党ラベルはどちらかというと「投票すべき対象」を選択する場合ではなく「投票を避けるべき対象」を選択する際の手がかりとして利用されていると解釈できる。維新および自民以外の政党に，この傾向は特にあてはまる。善教（2016c）の知見と整合的な結果だといえる。

　提示プロファイル数が 2 の結果に焦点を絞り，所属政党以外の結果についても簡単に確認しよう。まず性別の違いはほとんど政治選択に影響を与えない。年齢は，30 代から 50 代までと 60 代以降で評価が異なる。高齢層より若・中年層のほうが好まれやすいようである。学歴も政治選択に影響を与えない。当選回数は 0 回と 1 回以上で評価が異なるようだ。当選 0 回は実績がないからなのか，やや選択確率を低下させる要因となっている。政策目標は，医療・福祉，教育・文化，子育て支援，地域活性化などを重視する姿勢が，特に好まれるようである。最後に元職は，タレントかそれ以外かで評価が異なり，タレントに対しては評価が低くなる傾向にある。「お笑い 100 万票」の大阪を含む近畿圏における調査だけに，この結果はやや意外であった。

4.2 「小選挙区」のもとでの維新支持と政党ラベル

　図 5.5 に示した実験結果から，2 プロファイル提示群においては，6 プロファイル提示群よりも各属性ないし水準の因果効果が大きくなることを確認できた。これは上述したように候補者数が多すぎると，有権者は候補者の属性などを参照することが難しくなってしまうということであろう。逆にいえばこの結果は，候補者数が少ないと，有権者はそれぞれの候補者の属性を吟味し，自身の選好に近い候補者を選択しやすくなるということでもある。選択肢は，少なくとも 6 より少ないほうが，自身の選好に近い候補者を選ぶ点ではよいということなのだろう。

　本章の課題は党派性ないし支持態度と政党ラベルの関係を，維新コンジョイント実験から明らかにすることであるため，全体の傾向を把握するだけではなく，有権者の支持態度ごとに推定結果がどのように変化するのかも分析する必

図5.6 維新支持態度別のコンジョイント実験の結果（2プロファイル）

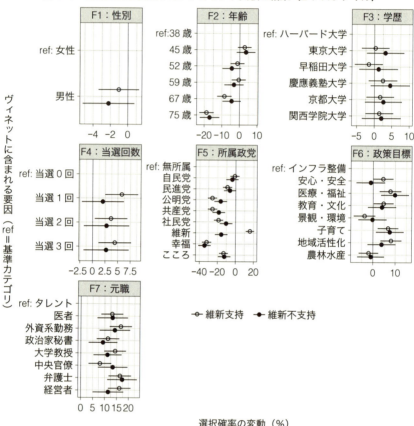

注：図中の横線は因果効果の推定値の95%信頼区間。

要がある。そこで維新支持態度（支持or不支持）で回答者を分割したうえで，各属性ないし水準の効果を分析した。その結果を整理したものが，図5.6である。推定結果が多く結果が煩雑になってしまうことから，属性ごとに因果効果の推定結果を整理している。性別，年齢，学歴，政策目標，元職の因果効果は，維新支持態度によってほとんど変化しない一方，当選回数と所属政党は維新支持か不支持かで大きく異なる。しかしはっきりと因果効果の違いが示されているのは所属政党だけである。

まず当選回数の効果をみると，維新支持層は総じて「新人」に厳しく，他方

の不支持層は当選回数をそれほど気にしない，という結果となっている。2011年の大阪市議選や府議選で，維新所属の新人候補が大量に当選したが，それは「新人だから」ではないことを示唆する結果だといえる。ただし，統計的に有意といえるほどの差が見出されているわけではない。

次に所属政党の効果を確認しよう。自民，民進，幸福，こころが政治選択に与える影響は支持態度によりほとんど変化しないが，公明，共産，社民，そして維新については，支持者か不支持者で異なるようだ。まず公明，共産，社民ラベルの因果効果については，維新支持層ほどネガティブに反応するようである。これは，維新支持層がこれらの政党にネガティブであることと，維新不支持層のいくらかはこれらの政党を支持する人だからであろう。しかし，効果の大きさの違いはいずれも 10% ポイント程度である。くわえて支持態度で因果効果の符号の正負が逆転するわけでもない。

維新ラベルの効果は，これら 3 つのラベルとは異なり，維新支持態度によって明確に異なる。維新支持層だと約 17% ポイント，候補者の選択確率を向上させるのに対して，維新不支持層の場合は約 18% ポイント選択確率が低下する。図 5.3 と同様に，維新支持者は維新ラベルに強く反応するという結果だと解釈できる。他の政党ラベルの因果効果がそれほど変化していないことから，維新以外の政党に対する支持態度や党派性は，維新ほどに政党ラベルへの反応を強くするものではないと考えられる。本書の仮説と整合的な結果だといえる。

4.3 「中選挙区」のもとでの維新支持と政党ラベル

前項では，各属性ないし水準の因果効果が検出されやすい実験群における推定結果を検討した。以下では，候補者数が多いために各属性の効果がはっきりと示されなかった 6 プロファイル提示群を対象に，維新支持態度と政党ラベルの関係を分析する。

6 プロファイル提示群の実験群を対象に，維新支持態度で回答者を分割したうえで，各要因の効果を分析した結果を整理したものが図 5.7 である。性別，年齢，学歴，当選回数，政策目標の 5 つの属性については，支持層と不支持層で結果が異なるわけではない。残る所属政党と元職の 2 つについては，支持か不支持かで，一部について効果の差が認められる。ただ，元職については，支

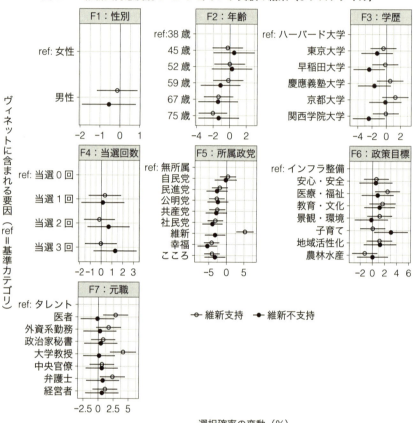

図 5.7 維新支持態度別のコンジョイント実験の結果（6 プロファイル）

注：図中の横線は因果効果の推定値の 95% 信頼区間。

持だと大学教授を好むという不可解な結果であることから，偶然このような差が生成されてしまったものと解釈するほうがよい。少なくともそれほど意味がある結果だとはいえないので，支持層と不支持層で顕著に効果が異なるといえるのは，所属政党の水準のみと考えるべきであろう。

政党所属の各水準の効果をみると，維新以外の政党ラベルについては，維新支持者と不支持者の差はなく，ほとんど同じだという結果になっている。他方の維新ラベルについては，図 5.6 と同様に，支持者において正に有意，また不支持者において負に有意となっている。候補者数が多く，さらにこの実験群で

は維新所属候補者が2名以上提示される場合もあるので，効果量の大きさは図5.6と比較するとかなり小さくなっている。しかしそれでも，維新支持者が維新ラベルに反応するという傾向については確認できる。維新支持態度と維新ラベルの関係は頑健であることを示す結果である。

　維新コンジョイント実験の結果をまとめよう。第1に，候補者数が少ない（2名）か，それとも多い（6名）かで，有権者の意思決定過程，あるいは候補者がもつ属性の効果は変化する。選択肢があまりにも多い場合，有権者は手がかりとしての属性情報を利用することが困難となる。第2に，各属性ないし水準の効果がはっきりと示される場合も，そうではない場合も，ともに維新を支持する有権者は維新ラベルに反応する。つまり維新支持者には維新だから投票する強い傾向がある。第3に，維新以外の政党ラベルについては，維新支持態度によって大きく異なる傾向があるとはいえない。維新以外の政党に対する支持態度ないし党派性には，維新支持態度にみられるような機能が十分に備わっていないか，もしくは維新ほど候補者の特徴が均質的ではないからわからないと判断されているかの，いずれかであるように思われる。本章の実験結果は，維新支持と維新への投票傾向が，きわめて密接に関連することを明確に示すものである。

▌小　括

　本章の知見を要約すれば，維新ラベルは維新支持者の投票行動に対して，強い規定力をもつということになる。他の政党ラベルに規定性がないというわけでは決してないが，維新は群を抜いて，支持態度とラベルの間に強い関係が認められる。維新が選挙に強い背景には，「大阪」という特定地域の代表者だとみなされていることにくわえて，支持態度と維新ラベルの連関がきわめて強いという事情もある。本章の実験結果は，この後者の点を明らかにするものである。

　維新を支持する人は，維新が「大阪」の利益を代表する政党だと認識するからこそ支持している。維新は，その選好を選挙結果に反映させるために，政党ラベルの効用を高める戦略を採用した。維新支持者にとって維新ラベルは，自

身の選好に近い対象を選ぶための有益な手がかりである。それゆえにたとえ中選挙区制のもとでも，維新支持者は維新ラベルを手がかりに投票先を選択する。このようなメカニズムに基づき，維新は大阪での「常勝体制」を築くことに成功した。

　維新が大阪で強いことを説明する本書は，言い換えれば，自民党など既成政党がなぜ大阪で維新に勝てないのかを説明するものでもある。大阪の代表という集合的な利益の代表者ではなく，地元利益の代表者として振る舞う限り，維新との対比を通じては既存の利益の擁護者としてしか有権者の目には映らない。さらに政党に強く依存せず，自律した個人として振る舞うことが，支持態度ないし党派性と政党ラベルの結合を弱化させ「離反者」の増加をもたらす。つまり維新の台頭は，地方レベルの政治における政党の機能不全に根ざすものであったことを，これまでの分析結果は明らかにしているのである。

　もちろん，このような簡便な手がかりを利用する投票行動に対しては，それこそがポピュリズム政治なのだと批判する論者がいるかもしれない。たしかに政党ラベルに基づく投票行動は，多くの政治に関する情報を得ることなく，簡便な手がかりに基づきながら行われるものであり，時間をかけて熟考したうえでの行動とは異なるものだろう。効率的な意思決定がよいのか，それとも熟慮すべきかは価値判断の問題であり，これは本書の議論の範囲を超えるものである。しかしながら，実際に政党が直接あるいは間接的に選択肢として有権者に提示されている以上，政党ラベルを用いた投票が行われるのは当たり前のことであって，それを非難するようなことは慎むべきであろう。あくまで政党ラベルの利用は，代議制のもとで自らの選好に近い政党や候補者を選ぶための有権者の合理性に基づく行動なのである。

第Ⅲ部

特別区設置住民投票

第6章
都構想知識の分析

第7章
投票用紙は投票行動を変えるのか
── 投票用紙フレーミング実験による検証

第8章
特別区設置住民投票下の投票行動

第6章
都構想知識の分析

はじめに

　本章では，特別区設置住民投票下における大阪市民の都構想知識を分析する。有権者は政治や行政について膨大な知識量をもたない代わりに，自身にとって判断の材料となる手がかり（cues）を頻繁に利用するとされる（飯田 2009；Lupia and McCubbins 1998＝2005）。その1つが政党ラベルであることは，すでに第5章で明らかにしたとおりである。この住民投票で争点となっていた都構想（特別区の設置）は，全容を理解することが困難な政策パッケージであり，この点でも大阪市民が簡便な手がかりを利用する余地はあったと考えられる。換言すればそのような特徴をもつ住民投票であったからこそ，大阪市民が実際に都構想についてどの程度理解していたのかを明らかにする必要がある。

　もっとも本章の目的は，大阪市民の都構想に関する知識量を把握するところにだけあるわけではない。それだけではなく都構想知識の分析を通じて，特別区設置住民投票下の情報環境の特徴を析出することも本章の目的である。第2章で述べたように，この住民投票は，多くの情報が有権者に提供されたという点で，一般的な国政・地方選挙とは異なるものであった。維新を支持する人でもそうではなくても，多くの大阪市民は都構想に関するメリットとデメリットとして広報されていた情報を認識していたと考える。

　まとめれば本書の都構想知識に関する主張は，大きくは次の2点となる。第1は，特別区設置住民投票の期間中，大阪市民の都構想に関する知識は決して低い水準にはなかったということである。都構想賛成派も反対派も，ともにこの住民投票では活発な政治活動を行っていた。また大阪市（選管）も，積極的

に都構想の理解を促進させるための広報活動を展開した。大阪市民の都構想への理解と関心は，これらの運動などを通じて急速に高まった。これらから多くの大阪市民は住民投票期間中，都構想について一定水準以上の理解を示していたと考える。

　くわえて第2に，特別区設置住民投票の期間中，都構想に関する知識への理解は，大きく偏ってもいなかった。もちろん賛成派と反対派の広報活動量には歴然たる差があったが，住民投票で配布された『投票公報』など（図2.5），大阪市民の都構想に関する理解が著しく偏ったものとならないための情報提供も行われていた。たとえ維新を支持する人であっても，都構想のメリットだけではなくデメリットについても認識していたと考える。

　これらの本書の主張は，特別区設置住民投票下では，維新支持態度による情報のフィルタリング機能が弱まっていたことを含意する。いわゆる選択的接触（selective exposure）は，党派性をもつことにより生じる傾向であり[1]，維新支持者にも不支持者にも同様にあてはまるものだと考えられるが，先に述べたようにこの住民投票は通常の選挙とは異なる特徴を有するものであった。そのため，維新支持態度がもたらす情報の歪みや確証バイアスは軽微なものとなり，その結果，賛成あるいは反対派の情報ばかりを大阪市民が認識するといったことはなかった。本章では維新支持態度と都構想知識の関係を分析することで，この点についても明らかにする。

1 都構想知識をめぐる問い

1.1 都構想知識はなぜ重要なのか

　代議制は，本人（principal）である有権者が，政治的な決定権限を代理人（agent）である政治家や政党に，選挙を通じて委任するシステムだという見方がある。これを一般に本人–代理人（principal-agent）関係という。我々有権者

1　選択的接触とは，自らの選好に近い情報ばかりに能動的に接触するような傾向をいう。一般的には党派性がそのような接触の傾向を強めるとされるが，実証的な観点からいうと，この見解は必ずしも支持されない（稲増・三浦 2016）。

が政治家などに政策決定権限を委任する理由は単純である。政治家は政治の専門家であるのに対して，我々一般の有権者は素人である。素人たる我々は，政策決定にかかる十分な資源や技能を有していない。だからその権限を代理人に委任するというわけである。

　ここに有権者が一般に政治や行政に関心を寄せない構造的誘因が存在することになる。つまり有権者は，直接的に政策決定に関わらず代理人に委任するために，政治に関心を寄せにくくなる。しかし他方で，すべての有権者が無関心である場合，政治家や政党は有権者の利益ではなく私益を追求する誘因を強くもつことになる。それを防ぐための1つの方法が，騙されないための知識を有権者が身につけ，本人と代理人の間の情報ギャップ（情報の非対称性）を埋めることである。そのために有権者は，意思決定の際に利用可能な手がかりを知る必要がある。

　この点において特別区設置住民投票は，一般的な国政選挙などと比較すると大きく異なる特徴を有するものであった。住民投票期間中に行われるのは選挙運動ではなく政治活動であるために，賛成派，反対派ともに積極的な運動を展開した。特に維新は，都構想の成否が自党の存続可能性に直結する問題であったことから，多くの金銭的資源を政治活動に投入していた。また大阪市も，全世帯に『投票公報』や都構想に関する冊子を配布するなど，通常の選挙以上の広報活動を行った。これらは，住民投票時の大阪市民の都構想に関する知識を高めることに貢献した。

　メリットとデメリットの両者を知る状況は，大阪市民の，とりわけ維新支持者に迷いを生じさせることとなる。それゆえに，大阪市民がどの程度都構想について理解していたのかを把握することは重要な課題となる。しかし，大阪市民の都構想への理解については否定的な見解を示す論者が一定数存在する。次項では，田中らの研究を概観しながら，この点を検討する。

1.2　先行研究の測定法と課題

　特別区設置住民投票は，政令市を解体するという大阪都構想の是非を問うものであることから，一般の選挙以上に，争点となる政策に対する知識をもつ必要がある[2]。しかし，そのような問題意識に基づき，大阪市民の都構想知識を

明らかにする実証研究が十分に行われてきたわけではない。マスメディアにおいても，有権者が都構想について十分に理解しているとはいえない実態に言及するものは多いが，具体的に何を，どのくらい理解しているのかを明らかにするものは図2.6に整理した調査結果など，少数にとどまる。

そのような現状において，大阪都構想に関する大阪市民の認識を調査した田中らの結果が公表された（田中・宮川・藤井 2016）。管見の限り，都構想に関する認知の正確さを明らかにする実証研究は，この研究以外には見当たらない。したがって以下では，この研究について詳しく検討していく。

田中らの研究では，都構想が実現した際の大阪府と大阪市の変化を尋ねる2つの質問により，都構想への認識の正確さを測定している。前者は「大阪都構想が実現すると，大阪府はどうなると思いますか」という質問であり，後者は「大阪都構想が実現すると，大阪市はどうなると思いますか」である。選択肢は，前者は「1：東京と同じく「都」になる，2：大阪「府」のままだが，副首都扱いを受ける，3：「大阪「府」のままで地位も上がらない，4：その他，5：分からない」であり，後者は「1：政令指定都市のまま残る，2：政令指定都市ではなくなるが，今のまま残る，3：廃止されるが，大阪市と同じ力をもつ5つの特別区が設置される，4：廃止されて消滅する，5：その他（自由記述），6：分からない」である[3]。

これらの質問の正答率を見ると，大阪府については約32%（「大阪「府」のままで地位も上がらない」），大阪市の質問が約9%（「廃止されて消滅する」）となっている[4]。都構想に対して正確に認識している大阪市民はかなり少ないという推定結果である。なお，大阪府の質問は，もっとも選択率が高いのが正答であ

2　広域行政に対する有権者の選好を調査する先行研究のなかには，有権者の多くが都構想について理解していないことを前提に，都構想の概略をあらかじめ調査主体が明示したうえで，都構想への賛否を尋ねているものもある。

3　もう1点，この研究では「橋下行政の実態調査」に関する質問も設けられており，これもある意味では知識を問う質問として位置づけることもできるが，その内容は端的に橋下へのネガティブキャンペーンとなっている。本書は，あくまで学術研究は「運動」と切り離して行われるべきだと考える立場にあるため，この質問については検討の対象外とした。

4　もっとも地位の定義次第では，「大阪「府」のままで地位も上がらない」は誤答となる。たとえば地位を「大阪市域の都市計画の権限およびそのための予算をもつか」という点から定義すると，特別区の設置により大阪府の「地位」が上がるということになる。

るが，大阪市は「廃止されるが，大阪市と同じ力をもつ5つの特別区が設置される」の選択率がもっとも高く約36%となっている。これらの結果から田中らは，結論として多くの大阪市民は大阪都構想について正確に理解していないと指摘している。

　もっとも，田中らの測定法は，その設計に重大な問題を抱える。特に大阪市に関する質問の選択肢が「廃止されるが，大阪市と同じ力をもつ5つの特別区が設置される」など，誤答選択を誘発させるものとなっており，ゆえにこれのみをもって大阪市民が都構想について理解できていないと結論づけることは早計である[5]。そのほか，この研究で用いられているデータにはサンプルの代表性に関する問題点もある。この研究に代わる，都構想知識を測定するための新たな質問を考案し，大阪市民の都構想知識量をより妥当な形で測定する必要がある。

　この点にくわえて，都構想への理解が大阪市民の政治的態度ないし先有傾向により歪められているのか，という点も明らかにする必要があるだろう。有権者の態度にかかわらず，都構想に関する正確な知識をもっているかどうかは，大阪市民がポピュリズム論でいうような「大衆」なのか否かを判断するうえでのメルクマールの1つとなる。都構想知識と維新支持態度の関係を分析し，選択的接触が行われていたのか，それとも偏ることなく多角的な視点から都構想は理解されていたのかについても本章では分析していく。

2 都構想知識の測定

2.1 都構想知識の測定に向けて

　特別区設置住民投票下における都構想に関する知識ないし情報は，政治制度や政治家などに関する知識とは大きく異なる。そのためこれを把握するには，政治知識に関する従来の測定法（横山 2014；森川・遠藤 2005；山﨑 2012）とは異なる，独自の測定法について考案する必要がある[6]。

5　そもそも1割程度しか正答者がいない質問に妥当性があるとは思えない。難関大学の入学試験であるならばともかく，政治知識の測定尺度としては明らかに適切ではない。

そこで本書では，次の2つの指針に基づき都構想に関する知識を測定するための尺度を作成することにした。第1は，なるべく多くの都構想に関する事項について尋ねるということである。項目数が少なすぎると，その項目の独自性が強く反映された測定尺度となるからである。もっとも，多すぎると今度は認知負荷が高くなり，正確な知識量を測定できなくなる点には注意する必要がある。第2は，メリットとデメリットのバランスを保つということである。住民投票において，賛成派は特別区設置のメリットを強調していたし，反対派はデメリットについて主張していた。どの立場にあるかで異なる情報が発せられる以上，都構想知識の測定に際しては，両者のバランスにも配慮しなければならない。

　以上を踏まえたうえで筆者は，合計8つの項目から，都構想に関する知識量を測定した。具体的には賛成派がアピールしていた都構想のメリットに関する4つの項目と，反対派がアピールしていたデメリットに関する4つの項目のそれぞれについて，2択ないし3択で尋ねた。この方法により，大阪市民が都構想についてどの程度理解していたのかを，本章では分析していく。

　都構想知識を測定するための項目は，原則として『投票公報』に記載されている内容とした。図2.5に示したとおり，『投票公報』の1-2頁には特別区を設置することのデメリットが，3頁にはメリットについて説明されている。この『投票公報』に掲載された情報は，賛成派と反対派の主張を，わかりやすくコンパクトにまとめたものであり，よって理解することが著しく困難な項目とはいえないと考えられる[7]。さらに『投票公報』は，大阪市の全世帯に配布されたものでもある。もちろん配布がなされたからといって，実際に大阪市民のすべてが目を通すわけではないが，その機会が担保されていることの意味は大

6　政治制度などの理解を問う測定法への批判を行うものとしては Lupia（2006）がある。なお，近年の政治知識に関する研究によれば（Barabas et al. 2014），政治知識は時間（static or surveillance）とトピック（general or specific）の2つの次元により4つの知識群に分類可能だとされている。この議論にしたがえば，本章で明らかにするのは特定政策に特化した一時的な知識を明らかにするものとして位置づけられる。

7　さらにいえば「この公報は……（中略）……市議会議員からの原稿を原文のまま掲載したもの」と記されているように，この『投票公報』は賛成派と反対派の議員のそれぞれが，どのような情報を伝えるべきかを精査したうえで作成されたものである。ここから『投票公報』には都構想の賛否を判断する際の重要な情報が記載されているものとも考えられる。

158　第Ⅲ部　特別区設置住民投票

表 6.1　都構想知識の測定法（調査 2）

賛成派		
A1	設問	特別区を設置した場合の，医療，福祉，教育など
	選択肢	1：特別区が行う（＊）／2：大阪府が行う
A2	設問	特別区を設置した場合の，特別区の区長
	選択肢	1：大阪府から派遣される／2：選挙で選ばれる（＊）
A3	設問	特別区を設置した場合の，特別区議会議員の給料
	選択肢	1：大阪市の時と変わらない／2：大阪市の時より減額される（＊）
A4	設問	りんくうゲートタワービルとワールドトレードセンタービル
	選択肢	1：両方とも破たんした（＊）／2：両方とも破たんしていない
反対派		
DA1	設問	住民投票で賛成多数だった場合
	選択肢	1：大阪市はなくなっていた（＊）／2：大阪市はなくなっていない
DA2	設問	大阪市と大阪府の二重行政による無駄
	選択肢	1：4000 億円以上ある／2：4000 億円もない（＊）
DA3	設問	特別区へ変わることのコスト
	選択肢	1：ほとんどない／2：600 億円ほどかかる（＊）
DA4	設問	特別区から大阪市に戻ること
	選択肢	1：現在の法律で可能／2：現在の法律では困難（＊）

注：＊印をつけている選択肢が正答。DK は省略。

きい。この点でも，本書の項目選択には妥当性があると考える。

2.2　2 つの測定法

　筆者は特別区設置住民投票後に実施した「調査 2」で，表 6.1 に整理した都構想に関する 8 つの設問から，都構想知識の測定を試みた[8]。前項で述べたように，賛成派の主張していたメリットの項目数が 4（A1〜A4），デメリットも 4 項目である（DA1〜DA4）。A1，A2，A4 はいずれも『投票公報』に記載されている事項について尋ねるものである。A3 は『投票公報』に記載されていないが「特別区設置協定書」に記載されている情報である。他方の反対派が主張し

8　住民投票直後に実施した調査 1 にも都構想知識に関する設問があるが，設計上の不備があり，結果として表 6.1 および表 6.2 でいうところの A2 と DA1 しか尋ねることができなかった。これらの設問は第 8 章の分析で利用するものの，項目数の問題があるため本章では利用しない。

ていた情報はすべて『投票公報』に記載されていたものだが，DA4 のみ，「大
阪市が廃止され，特別区が設置されると，二度と元には戻れません」としか説
明されておらず，現行法で可能か否かという説明にはなっていない。したがっ
て厳密には，DA1，DA2，DA3 が『投票公報』に記載されていた項目という
ことになる。

　選択肢について説明する。「調査2」ではわからない（DK）を除き，2つの
選択肢のうち，正しいと思うほうを選択してもらう形式とした。50% の確率
で正答を選択できるという意味で，知識量を測定するには難易度が低いが，無
作為に回答を選択した際の期待値である 50% と正答率の間にはどのくらい差
があるのかという点を確認すればよいので，この点は特に大きな問題とはなら
ないように思われる[9]。

　とはいえ，2択問題は正答率が高くなってしまうという問題があるとの批判
は必ずしも誤りではない。そこで筆者は，2015 年 11 月の大阪ダブル選後に実
施した「調査3」で，都構想知識を測定する際，選択肢の数を1つ増やすこと
にした。その詳細は表 6.2 に整理したとおりである。賛成，反対それぞれの設
問項目は「調査2」と共通するが，選択肢の数は異なる。

　なお，都構想知識に関する項目の順序はランダム化しているが，選択肢の順
序についてはランダム化せず固定した。そのため，1の選択肢が選ばれやすい
といった初頭効果バイアスが存在する可能性がある点には留意されたい（日
野・山崎・遠藤 2014）。もっとも次節の結果に示すとおり（図 6.1，図 6.2），1の
選択肢が正答である項目の正答率が極端に高くなっているわけではないことか
ら，可能性としては指摘できるものの，この調査結果に初頭効果バイアスがあ
るとはいえないと考える。

9　なお，オンライン調査における政治知識質問の正答率は面接調査などよりも高く出るこ
　とが知られている（Clifford and Jerit 2016）。その原因はいくつかあり，特に学生サンプ
　ルの場合は不正行為が原因だとされるが，本書の調査に関していえば，正答することのイ
　ンセンティブがほとんどないことから，そのような不正行為に基づく過大評価バイアスの
　問題はないと考える。

160 第Ⅲ部 特別区設置住民投票

表 6.2 都構想知識の測定法（調査 3）

賛成派		
A1	設問	特別区を設置した場合の，医療，福祉，教育など
	選択肢	1：特別区が方針を決定（＊）／2：大阪府が方針を決定， 3：一部事務組合が方針を決定
A2	設問	特別区を設置した場合の，特別区の区長
	選択肢	1：大阪府の職員から選ばれる／2：特別区の職員から選ばれる， 3：特別区の住民が選挙で選ぶ（＊）
A3	設問	特別区を設置した場合の，特別区議会議員の給料
	選択肢	1：大阪市の時と変わらない／2：大阪市の時より減額される（＊）， 3：大阪市の時より増額される
A4	設問	りんくうゲートタワービルとワールドトレードセンタービル
	選択肢	1：両方とも破たんした（＊）／2：両方とも破たんしていない， 3：一方だけ破たんした
反対派		
DA1	設問	住民投票で賛成多数だった場合
	選択肢	1：議会の可決が必要だが大阪市は廃止， 2：議会の可決なく大阪市は廃止（＊）／3：大阪市は存続
DA2	設問	大阪市と大阪府の二重行政による無駄
	選択肢	1：4000 億円以上ある／2：4000 億円未満である（＊）， 3：1 円も無駄はない
DA3	設問	特別区へ変わることのコスト
	選択肢	1：ほとんどない／2：10 億円ほどかかる， 3：600 億円ほどかかる（＊）
DA4	設問	特別区から大阪市に戻ること
	選択肢	1：現在の法律では市に戻すことも特別区の境界も変更不可， 2：現在の法律では特別区の境界のみ変更可能（＊）， 3：法律で市に戻すことも特別区の境界も変更可能

注：＊印をつけている選択肢が正答。DK は省略。

3 都構想知識量の分布

3.1 住民投票後の都構想知識調査の結果

　図 6.1 は，大阪市民を対象に，住民投票から約 1 カ月後，都構想に関する知

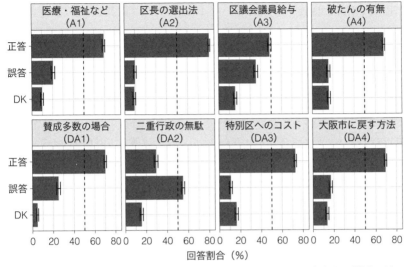

図 6.1　大阪市民の都構想知識（調査 2）

注：図中のエラーバーは回答割合の 95% 信頼区間。破線はランダムに回答を選んだ場合の正答率。

識を調査した「調査 2」の結果を整理したものである。具体的には A1 から DA4 までの 8 項目それぞれの，正答，誤答，DK 選択割合を整理した。前節で説明したように選択肢の数は 2 つなので，仮にランダムに選択肢を選んでいる場合，正答率の期待値は 50% となる。図中の破線は，正答率がこの期待値より高いかどうかを把握しやすくするためのものである[10]。

図 6.1 上段の A1 から A4 は，主に賛成派が主張していたメリット項目に関して尋ねた結果を整理したものである。そこで，これらの正答率を確認すると，区議会議員の給与について尋ねた A3 を除き，いずれの項目も 7 割から 8 割の正答率となっていることがわかる。明らかに 50% より高く，さらに絶対値の水準からいっても決して低い正答率ではない。これらの結果から，特別区設置住民投票の際に主張されていた都構想のメリットについては，多くの大阪市民が理解していたと考えられる。もちろん A3 の正答率は高くないのだが，これは『投票公報』に記されていない，回答することがやや困難な設問であること

10　DK 選択者が一定数いることを踏まえるなら，本来は 50% より低い値を設定すべきだが，本章ではあえて「最大値」である 50% に破線を引いている。

が，その原因だと考えられる。

　図 6.1 下段の DA1 から DA4 は，主に都構想の反対派が主張していたデメリット項目に関して尋ねた結果を整理したものである。正答率をみると，メリット項目のそれと同じく多くの項目が 7 割程度の正答率となっている。ただし二重行政の無駄を尋ねた DA2 のみ，正答率よりも誤答率のほうが高い。維新などによる政治活動の影響だと考えられるが，この点に関してのみ大阪市民は誤解していたようである。しかし全体としては先に述べたとおり反対派のいう都構想のデメリットについても，多くの大阪市民が理解していたといえる結果である。

　図 6.1 の結果は，住民投票の期間中，大阪市民が都構想のメリットとデメリットの両者について，どちらか一方に偏ることなく理解していた可能性が高いことを示す[11]。もちろん次節で明らかにするように，維新支持態度の違いによってどの設問に正答するかはやや異なる。しかし図 6.1 は，そのような態度による影響はそれほど大きくはないことを示唆する結果だといえる。

3.2　2015 年大阪ダブル選後の都構想知識調査の結果

　2015 年 11 月 22 日に投開票が行われた大阪市長・府知事ダブル選において，維新の擁立した候補者である吉村洋文と松井一郎がともに当選し，同年 5 月に否決された大阪都構想の実現に向けて，再び舵を切ることとなる。もっとも，公明党が反旗を翻したことにより，制度設計を担う法定協議会の設置は大阪府・市ともに延期された。今後の展開次第では住民投票の実施が困難になる可能性もあるが[12]，ともあれ以下で確認するのは，前項で明らかにした都構想知識の分布が，2015 年大阪ダブル選が行われた時期のそれとどのように異なるのかという点である。そのために以下では，2015 年大阪ダブル選後に実施し

　11　調査 1 の結果についても簡単に説明しておく。調査 1 では表 6.1 でいうところの A2 と DA1 について，大阪市民を対象に尋ねている。結果を述べると A2 の正答率は約 77.3%，DA1 の正答率は約 74.4% であった。調査 2 のほうが，A2 が 3.4% ポイント，DA1 は 4.2% ポイント高いという結果であるが，実質的にはほとんど同じ結果である。

　12　公明党所属議員の数名が，自民議員を外し調整する維新の姿勢に異論を唱えているということである（『毎日新聞』2017 年 3 月 28 日付）。2018 年秋頃に再び住民投票を実施するという当初の予定は，すでに延期が確定している（『朝日新聞』2018 年 4 月 5 日付）。

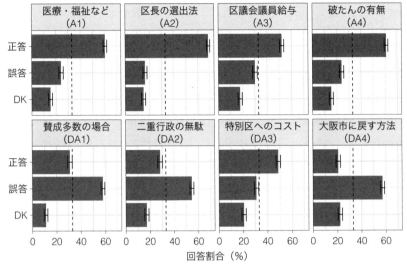

図 6.2 大阪市民の都構想知識（2015 年ダブル選後）

注：図中のエラーバーは回答割合の 95% 信頼区間。破線はランダムに回答を選んだ場合の正答率。

た「調査 3」における都構想知識の結果を確認する。

図 6.2 は，2015 年大阪市長・府知事ダブル選後の，都構想に関する知識を調査した「調査 3」の結果を整理したものである。「調査 3」の選択肢は，表 6.2 に示したとおり A1 から DA4 まで，正答 1 つ，誤答 2 つという 3 択だが，この図では誤答を 1 つにまとめたうえで，それぞれの回答割合を示している。選択肢の数も調査 2 とは異なり 3 なので，仮にランダムに選択肢を選んだとしたら，正答率の期待値は 33.3% となる[13]。図中の破線は，正答率がこの期待値より高いかどうかを把握しやすくするためのものである。50% ではない点に注意されたい。

図 6.2 上段の A1 から A4 は，都構想のメリットに関するものだが，多くの大阪市民が誤答ではなく正答を選んでおり，この点は図 6.1 の結果と共通している。正答率は平均して 6 割程度であり，調査 2 の結果と比較するとやや低くなっているが，これは選択肢が 3 つに増えているためだろう。むしろランダム

---

[13] これも図 6.1 と同じく，DK 率を踏まえて考えるならもう少し低いラインに設定すべきだが，「最大値」である 33.3% に設定している。

164　第 III 部　特別区設置住民投票

に選択肢を選んだ場合の期待値と正答率の差分は，調査 2 のそれよりも大き
い[14]。住民投票からおよそ半年が経過したあとも，賛成派の主張していた内容
に関する理解の水準は，大きくは変化していないようである。

　他方で図 6.2 下段に整理したデメリット項目の正答率は，調査 2 のそれと比
較すると明らかに低くなっている。正答率が 33.3% を超えるのは特別区へ移
行する際のコストのみであり（DA3），それ以外の 3 項目の正答率はいずれも
誤答を選択する割合より低い。大阪市に戻す方法を尋ねる DA4 は，やや難易
度が高い設問であり，正答率が低いという結果は仕方ないように思われるが，
賛成多数の場合どうなっていたかを尋ねる DA1 も誤答選択率のほうが高いと
いう結果となった。ただしこの DA1 の結果は，回答者が都構想について忘れ
てしまったというよりも，「調査 3」の選択肢のつくり方の問題なのかもしれ
ない。要するに，大阪市民は「大阪市が廃止されること」は理解していたが，
議会の議決が必要かという点については理解しておらず，このため正答率が下
がってしまった可能性がある。

　実際に DA1 のもとの回答割合を確認すると，「議決が必要だが廃止」が約
41.8%，「議決必要なく廃止」が約 31.1%，「大阪市は存続」が約 17.3% とな
っている。大阪市が解体されることは，2015 年大阪ダブル選後であっても 7
割近くが理解しており，存続するものと回答していたのは 2 割未満に過ぎない。
DA1 に関しては，選択肢が細かな違いを尋ねる，やや不適切なものとなって
いた可能性が高いということであろう。ただしこれはあくまで DA1 に関する
問題点であり，他の項目については概ね都構想知識を正確に測定できていると
判断してよいだろう。

3.3　正答率の比較

　さらに，特別区設置住民投票後の調査結果と 2015 年大阪ダブル選の調査結
果を比較し，正答率がどのように推移しているのかを分析する。図 6.3 は都構

14　ただし A3 については，他の項目と比較すると正答率が低下しておらず逆に増加してい
る。もっとも増分は約 3% ポイントであり大きな差といえるほどのものではない。なぜ正
答率が下がらなかったのかは不明だが，そもそも難易度が高く正答率が相対的に低かった
ことがその原因の 1 つではないかと考えている。

図6.3 正答率の比較（住民投票→大阪ダブル選）

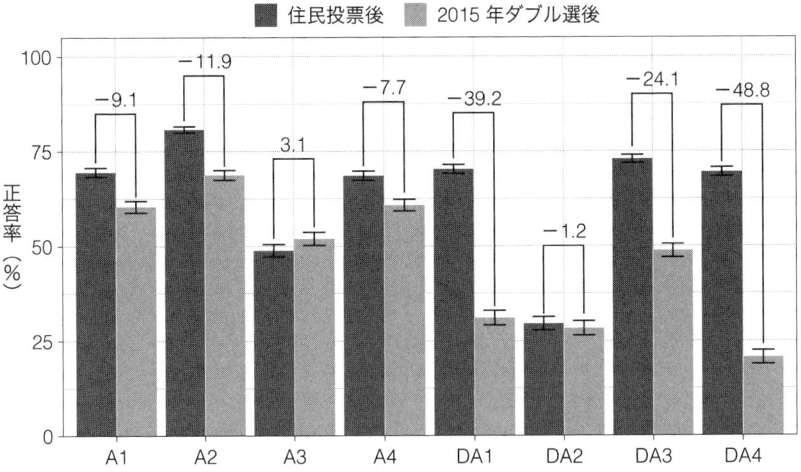

■ 住民投票後　■ 2015年ダブル選後

注：図中のエラーバーは回答割合の95%信頼区間。数値は回答割合の差分。

想に関する設問の正答率を，調査ごとに整理したものである。図中の数値は，正答率の差分であり，これがマイナスだと，住民投票直後と比較して2015年ダブル選後調査の正答率は低下しているということになる。左列の棒グラフが住民投票後の「調査2」の正答率であり，右列が2015年大阪ダブル選後に実施した「調査3」の正答率である。

　正答率の推移は，賛成派（A1〜A4）の正答率も，反対派（DA1〜DA4）のそれも，一部を除きほとんどが低下している。「調査3」の実施時期を考慮すればこれは当然の結果であるが，その一方で低下の幅は大きく異なる。図中の数値をみれば明らかであるが，デメリット項目の正答率はメリットに関する正答率より低下している。もっとも低下しているのは大阪市に戻す方法を尋ねるDA4であり，これは正答率が約49%ポイント低下している。もともと正答率が低いDA2はほとんど低下していないが，他の項目はいずれも20%ポイント以上，正答率が低下するという結果であった。なお，メリットの正答率はそれほど低下していないことから，デメリットの正答率が低下した理由は，選択肢が増えたこと以外の要因だと考えられる。

　ここで重要な点としてあらためて指摘したいのは，反対派が主張していたデメリット項目の正答率のみが，大幅に低下している点である。時間経過と設問

の難易度により正答率が低下するならば，デメリット項目だけではなくメリット項目の正答率も大幅に下がるはずである。しかし図6.3をみると，大きく正答率が低下したのはデメリット項目のみであり，ここから，先に述べたようにデメリット項目の正答率の低下は時間経過と設問の難易度向上だけでは説明できない，別の要因によるものと考えられる。それが維新支持とは異なる維新以外の政党への否定的認識なのか，あるいは大阪会議の失敗に対する評価なのかはわからない。ここで事実として指摘できるのは，都構想のデメリットに関する正答率は容易に低下するものであることと，そうであるにもかかわらず住民投票のときのデメリット項目の正答率は高かったという2点である。

　換言すればこの結果は，維新支持態度という大阪市民の先有傾向ないし政治的態度による選択的接触がそれほど行われていなかったことを示唆するものでもある。つまり住民投票下では，維新を支持している人がより賛成派の主張する情報を取得するというような傾向がなかったか，あるいはあったとしても比較的軽微なものであった可能性が高い。次節では維新支持態度と都構想知識の関係を分析することにより，この点を詳しく分析する。

▌4　維新支持と都構想知識

4.1　特別区設置住民投票後の維新支持と都構想知識

　前節では，特別区設置住民投票期間中に行われた活発な政治活動や広報活動の帰結として，都構想に賛成，反対を問わず，大阪市民は総じて都構想に一定水準以上の理解を示していたことを明らかにした。2015年大阪ダブル選後に実施した「調査3」では，賛成派が主張していたメリットに関する設問の正答率は高い一方で，デメリットのそれはきわめて低く，さらに正答よりも誤答を選択する回答者が多いという結果が示された。しかし住民投票の直後に実施した「調査2」の結果は，多くの大阪市民は都構想のメリットとデメリットの両者について理解していることを示すものであった。たとえ維新支持者であってもこのとき，都構想のメリットだけではなくデメリットについても理解していたのである。以下では維新支持態度と都構想知識の相関関係を分析することに

より，この点を明らかにする。

　分析モデルは以下のとおりである。独立変数は維新支持態度であり，これは支持，不支持，DK という 3 つのカテゴリにより構成される変数である。分析の際の基準変数は DK とし，これと比較した場合の支持および不支持カテゴリの影響を推定する。従属変数は都構想知識である。カテゴリは正答，誤答，DK である。従属変数がこのように多項選択型の変数となっているため，多項プロビット推定により維新支持態度との関係を分析する[15]。従属変数の基準カテゴリは誤答である。その他，性別，年齢，学歴，居住年数という人口統計学的要因も統制変数として分析モデルに含める[16]。

　以上の分析モデルに基づき，維新支持態度と都構想知識の関係を分析した結果を整理したものが図 6.4 である。図中の「正答」「DK」は，何を従属変数とする場合の推定結果なのかを示したものである。また図中の「医療・福祉など (A1)」は，どの項目の推定結果なのかを示すものである。たとえば最上段左列の結果は，A1 の項目における正答選択と維新支持態度がいかなる関係にあるのかを分析した結果となる。ベイズ推定に基づく方法であるため，この図に示しているのは，事後分布の平均値とその 95% 信用区間である。ベイズ推定は仮説検定を行うわけではないので，図中の縦線に信用区間が重なっていたとしても，それをもって「この推定結果は統計的に有意ではない」というような解釈にはならない。しかし 95% 信用区間内に 0 値が含まれていない場合，その係数値が 0 である確率はかなり小さいと判断できるので「0 を含まないから有意」のような解釈をしても，それほど大きな問題は生じない。

　それでは推定結果を確認しよう[17]。まず賛成派の項目の推定結果をみると，

15　都構想知識変数は，どのような項目を選択肢に追加するかで正答率が変わるため，無関係な選択肢からの独立（IIA）の仮定が満たされず，ゆえに多項ロジットだと不適切な推定結果が示される。そのため本章では多項プロビットにより，維新支持と都構想知識の関係を分析した。推定に際しては R の MNP パッケージを利用した。事前分布など方法論の詳細については Imai and van Dyk（2005）や宮脇（2017）を参照されたい。

16　性別は男性＝1，女性＝2 とするダミー変数。年齢は実年齢。学歴は中卒・高卒＝1〜大学院卒＝5 とする 5 件尺度の変数，居住年数は 3 年未満＝1〜生まれてからずっと＝5 とする 5 件尺度の変数。

17　図 6.4 および 6.5 では DK 選択に関する推定結果も掲載しているが，これは本章の議論と関わりがないため検討は行わない。

図6.4 都構想知識を従属変数とする多項プロビット推定の結果（住民投票後）

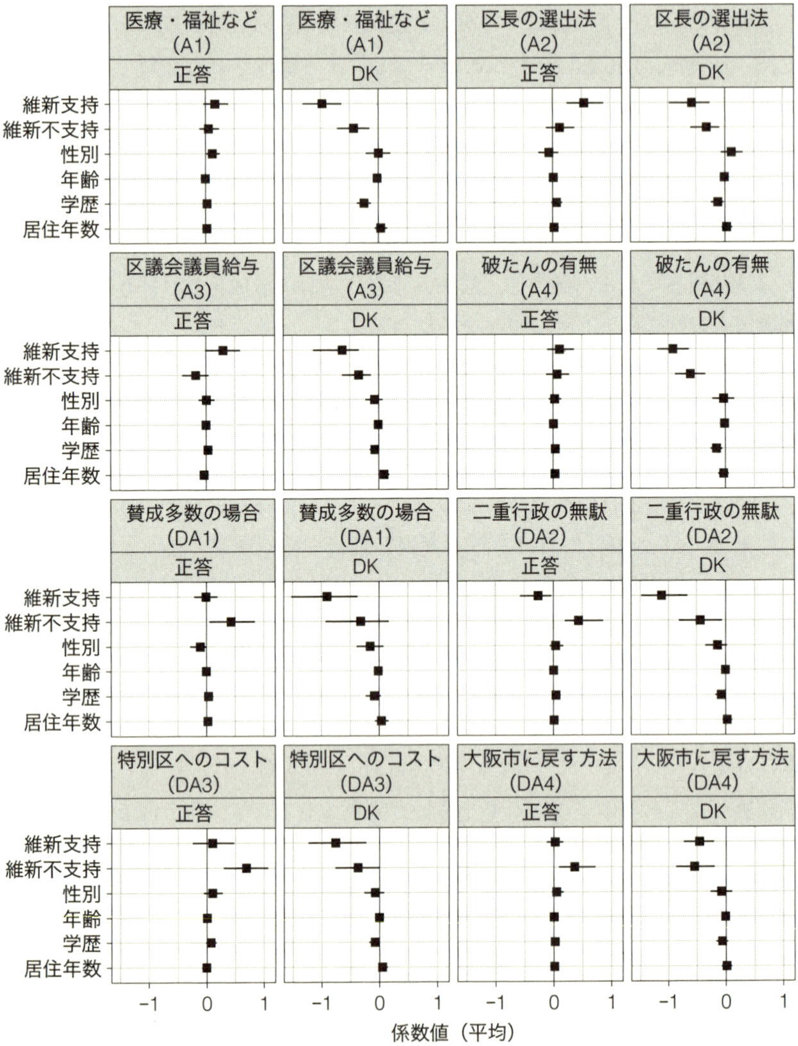

注：図中の印は事後分布の平均値，横線は事後分布の95％信用区間。従属変数の基準カテゴリは誤答。維新支持態度の基準カテゴリはDK。

いずれにおいても維新支持態度と正答選択が正の相関関係にあるが，A1とA4は強い関係あるとはいえず，A2とA3でのみ弱い関係にあるという結果となっている。くわえて意外な結果ではあるが，維新不支持態度も，程度の差はあ

るにせよ賛成派の設問項目の正答選択と正の相関関係にあるとの結果が得られている。

　この結果は次のように解釈できる。まず，維新支持態度には支持方向だけではなく強度も含まれており（善教・石橋・坂本 2012），ゆえに維新支持態度には政治関心が内包されている。次に賛成派はメリットに関する情報を積極的に広報していたので，関心が高い大阪市民は，維新支持態度にかかわらず，正しい情報に触れる機会が多かった。したがって維新支持者も不支持者も，正答を選択する傾向にあったと考えられる。

　では，デメリットの項目に関する推定結果はどうだろうか。図 6.4 をみると維新不支持と正答選択が，どの項目でも正の相関関係にあるとの結果が得られている。特に，特別区のコストに関する項目（DA3）の正答選択と強く相関する。ただ，先に述べたメリットに関する項目を対象とする推定結果と同様に，維新支持であっても正答選択と微弱ながらも正の相関関係にある場合が見受けられる。DA3 と DA4 の結果がそれに該当する。維新支持態度が正答選択と負の相関関係にあるといえるのは，二重行政に関する DA2 のみである。ただし負の相関関係にあるものの，その程度は決して強いわけではない。

　以上の結果は，維新支持態度の正答選択への影響は強くないこと，言い換えれば維新を支持しているからメリットに関する情報を，逆に維新を支持しないからデメリットに関する情報ばかりを取得するという情報の取捨選択が行われていたわけではなかったことを明らかにしている。もちろん，維新を支持している場合はメリット項目の正答に，また支持していない場合はデメリット項目の正答に正解する確率は高くなる。しかし維新を支持している場合であっても，デメリット項目の正答確率が高くなる場合もある。維新支持態度に基づく選択的接触はほとんど行われていなかったことを，これらの結果は示している。

4.2　2015 年大阪ダブル選後の維新支持と都構想知識

　図 6.4 の傾向は，2015 年大阪ダブル選後においてもみられるのだろうか。それとも，特別区設置住民投票に限定されるものなのか。以下では 2015 年大阪ダブル選後に実施した「調査 3」を用いて，この点を確認する。

　「調査 3」を用いて維新支持態度と都構想知識の関係について分析した結果

図 6.5 都構想知識を従属変数とする多項プロビット推定の結果（2015年大阪ダブル選後）

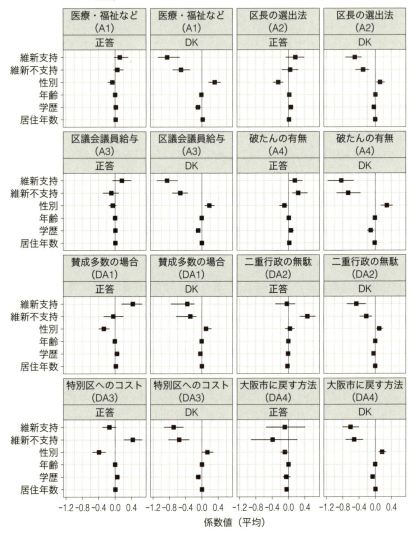

注：図中の印は事後分布の平均値，横線は事後分布の95%信用区間。従属変数の基準カテゴリは誤答。維新支持態度の基準カテゴリはDK。

を整理したものが図 6.5 である。分析モデルや分析手法は図 6.4 と同じであるため省略する。メリットに関する項目の推定結果は，図 6.4 と概ね一致するものである。性別と正答選択の関係の一部は図 6.4 と異なる結果となっているが，維新支持態度との関係についてはほとんど同じだといってよい。他方，デメリットに関する項目の推定結果は，図 6.4 のそれと異なる。特に DA1 については，維新支持者が正答選択と正の相関関係にあるなど，住民投票後の調査 2 を用いた推定結果とは逆の結果になっている。

　詳細に確認しよう。まず賛成多数の場合どうなるかを尋ねる DA1 は，先に述べたとおり，維新不支持とはほぼ関係なく，維新支持と正答選択が正の相関関係にあるという結果になっている。維新不支持者が大阪市を廃止することは理解していたものの，議会の議決の部分については不確かであったために，誤答を選択した人が多かったからこのような結果となったのだろう。また，大阪市に戻す方法を尋ねた DA4 も，図 6.4 とは異なっており，維新支持，不支持ともに正答選択と強い関係にあるとはいえないという結果である。これは設問の難易度が上がったことに起因するものと考えられる。残る二重行政に関するDA2 と特別区へのコストに関する DA3 は，程度の差はあるが，図 6.4 とそれほど変わらない結果である。

　まとめれば図 6.5 は，一部の項目については選択肢の設計に不備があったためか図 6.4 とは異なるが，それ以外については概ね図 6.4 と同様の結果だといえる。維新支持態度は，特別区設置住民投票下だけではなく，2015 年の大阪ダブル選のときにも，選択的接触を促すような機能を果たしていない。2015年の大阪ダブル選においては，メリットに関する情報がより正確に認識されていたようであるが，それは有権者の側の問題ではなく，選挙運動量，あるいは広報量の差に起因するものであるように思われる。維新支持態度によるフィルタリング機能は，都構想知識に関していえばほとんどないことは，ここでの分析からも明らかだといえる。

4.3 考　　察

　本章の主張は，住民投票における政治活動や行政による広報活動により，都構想のメリットのみならずデメリットについても認知されていたということ，

また維新支持態度に基づく選択的接触は行われなかったというものであった。前項までの分析結果は，以下の2点の事実を明らかにするものだといえる。第1は，特別区設置住民投票が行われていた期間，大阪市民は都構想のメリットのみならずデメリットも認知していたという事実である。第2は，維新支持態度に基づく選択的接触が行われていなかったという事実である。

さらに，選択的接触が行われなかったのは住民投票下の情報環境が原因ではないことも，本章の分析結果は示している。特別区設置住民投票だけではなく，2015年大阪ダブル選においても，維新支持態度による情報のフィルタリングは行われていなかった。情報環境の如何にかかわらず，有権者は維新支持態度に基づき，情報を取捨選択するわけではないということなのかもしれない。これは本書の仮説の妥当性と直接的な関わりがある問題というわけではないが，党派性に基づく選択的接触の問題を検討するうえでは有用な知見であろう。

では，本書の想定する住民投票下の情報環境の特異性については，どのように判断すべきだろうか。図6.4と6.5の推定結果は，本書の想定に否定的なものではなく，むしろ肯定的な結果だと解釈できる。それは具体的には，党派性以外の要因が賛否とどのような関係にあるのか，という点から判断することができる。

性別と都構想知識の相関関係の変化は，それを示す例の1つである。図6.4ではほとんど正答選択との間に関係がないという結果であるのに対して，図6.5では性別との相関が強くなっているという変化を確認することができる。ここから，住民投票下では知識量の性差がほとんどなかったと解釈できる。この推定結果は本書の想定と整合的であり，特別区設置住民投票がいかに特殊なものであったかを示すものであるように思われる。

▌ 小　括

本章では，大阪市民は大阪都構想についてどの程度理解していたのかという問いに答えるために，都構想知識を測定し，その分布などについて分析した。必ずしも本書の想定どおりの結果となっているわけではないが，概ね次の2点については明らかにできたと考える。第1は，特別区設置住民投票の期間中，

大阪市民は都構想について一定水準以上の理解を示していた点である。第2は，都構想をどの程度理解しているかという知識量と，大阪市民の維新支持態度の間には強い相関関係がないということである。大阪市民は自身の政治的態度とは関係なく，都構想に関するメリットもデメリットも認識していたことを，本章の分析結果は示している。

　ここまで何度も述べてきたように，特別区設置住民投票下の政治活動に費やした金銭的および人的資源の量は，明らかに反対派よりも賛成派のほうが多かった。しかし，政治活動量の多寡が大阪市民の都構想理解に直結するわけではなかった。政治活動のなかで発せられるメッセージや情報は，あくまで数あるうちの1つに過ぎない。大阪市民はさまざまな情報が提示されるなか，我々が想定していた以上に，多角的な視点から情報を収集し，吟味していたのである。図6.1の結果などは，そのような本書の想定を裏づけるものである。

　くわえて本章の分析結果は，特別区設置住民投票下の情報環境が，その他の選挙のそれとは異なるものであったことを示すものでもある。この住民投票では，賛成派，反対派ともに多くの情報を提供しており，行政も活発な広報活動を行った。その結果として大阪市民の都構想知識量は飛躍的に向上した。維新を支持するから都構想のメリットにばかり注目するという現象は，少なくとも本章の分析結果からは確認できなかった。むしろ，政治的態度にかかわらず，都構想を理解しようとしていた大阪市民の実態を，本章は明らかにしたのである。

第 III 部　特別区設置住民投票

第7章
投票用紙は投票行動を変えるのか
投票用紙フレーミング実験による検証

はじめに

　本章の目的は，特別区設置住民投票で用いられた投票用紙が，投票行動に与える影響を明らかにすることである。特別区設置住民投票にはさまざまな問題点があると指摘されているが，そのなかの1つに投票用紙によるフレーミング効果への疑義がある。本章ではこの投票用紙が有権者の意思や行動を変える効果を有するのかという点について，サーベイ実験により検証する。

　YouTube で「都構想　投票用紙」で検索すると，検索結果の上部に「大阪都構想⑦　「住民投票の投票用紙がやばいってマジっすか？」という動画が表示される[1]。この動画の内容を簡単に説明すると，犬と猫が対話形式で，特別区設置住民投票で使用される投票用紙には問題があることを説明するというものである。そこで問題として指摘されているのが，投票用紙に記されている表題であり，これが都構想賛成派に有利なものになっているとされている。この投票用紙の問題については，都構想反対派の論者などを中心に住民投票後も批判されており（高橋 2015；村上 2016），住民投票の歴史に汚点を残すほどの不祥事だと揶揄する声さえある。

　しかしながら，この主張にはいくつかの疑問もある。もちろん投票用紙の設計次第で投票行動が変わる可能性を本書は否定しないし，後に述べるように多くの実証研究の結果も，投票用紙が有権者の意思決定に影響を与える可能性があることを示している。しかし，投票用紙の表題の違いで意思を変えるほど，

1　2018 年 4 月 10 日時点での検索結果である。なお動画投稿者は Ani Paro 氏，動画の長さは 1 分 47 秒，動画公開日は 2015 年 5 月 11 日である。

大阪市民は何も考えずに投票所に足を運ぶのか。さらにいえば，第6章の分析結果から明らかなように特別区設置住民投票下の大阪市民は，都構想について一定水準の知識を有していた。投票用紙の表題を手がかりとして利用する大阪市民など，ほとんどいなかった可能性のほうが高いだろう。賛成側に有利な投票用紙という見解は，大阪市民を「大衆」とみなす誤った認識に起因する杞憂に過ぎないと本書では考える。

とはいえ，投票用紙の設計が投票行動にどのような影響を与えるのかは，実際に検証してみないとわからない。少なくとも日本の投票行動の研究で投票用紙の因果効果を検証する研究はほとんどない[2]。投票用紙の設計が投票行動に与える影響を分析する本章は，選挙管理に関する実証研究として位置づけられるものでもある（大西編 2013, 2017, 2018）。本章では，以上の問題意識に基づき，投票用紙が投票行動に与える影響をサーベイ実験により明らかにする。

1 投票用紙問題とは何か

1.1 不正確な表題への批判

本書の読者の多くは，衆院選や参院選，あるいは地方の選挙で投票に行ったことが一度くらいはあるのではないかと思う。しかし，どのような投票用紙で投票したのか，その紙質はどのようなものだったかを鮮明に記憶している人は少ないだろう[3]。図7.1に示すのは特別区設置住民投票で用いられた投票用紙である[4]。「はじめに」で述べたように，この投票用紙に対しては多くの識者が

---

2 本章のように日本の投票用紙のフレーミング効果に着目する研究は，管見の限り存在しないが，自書式投票用紙の効果に関する研究は築山宏樹が行っている（「自書式投票用紙の効果」2017年日本政治学会報告論文）。

3 一般に選挙で用いられる投票用紙の素材は，紙ではなくポリプロピレンという樹脂である。投票用紙は投票箱に入れるとすぐに開く仕様となっているのだが，それは紙ではなくフィルムに近い素材だからである。株式会社ムサシによって，この投票用紙が販売され始めたのは1989年頃であるが，開発がスタートしたのは1980年頃なので，完成までに10年近くかかったことになる。労作である。

4 この図は『投票公報』に記載されていたものを，筆者が部分的に加工したものである。実際の投票用紙は，右下部に大阪市選挙管理委員会の公印が押印されていたり，漢字にふりがなが振られていたりと，図7.1とは異なる点に注意されたい。

図 7.1 特別区設置住民投票で使用された投票用紙

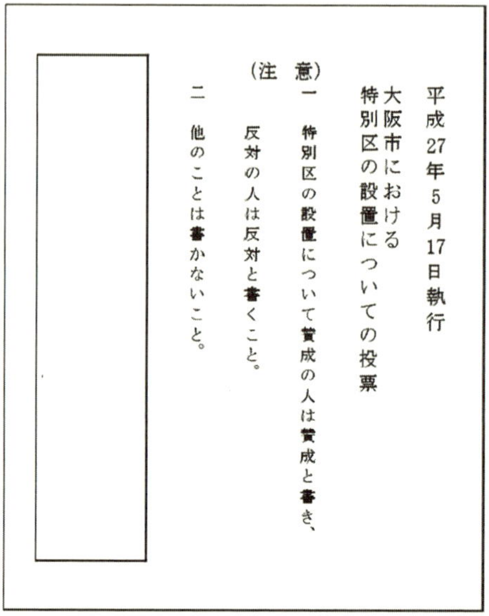

平成27年5月17日執行

大阪市における
特別区の設置についての投票

特別区の設置について賛成の人は賛成と書き、
反対の人は反対と書くこと。

（注　意）
一　特別区の設置について賛成の人は賛成と書き、
　　反対の人は反対と書くこと。
二　他のことは書かないこと。

注：大阪市選挙管理委員会による『投票公報』掲
　　載資料から賛成（反対）を消去した画像。

問題を提起している。それは，この投票用紙が，大阪市民を賛成側に誘導しかねない不適切な用紙だというものである。

　投票用紙による誘導といわれてもピンと来ない人は多いように思われる。実際に使用された投票用紙を確認しながら，どこに問題があるとされているのかを説明する。図7.1にあるように，投票用紙の構成は，賛否の記載方法などの注意書きを記したあとに，記入欄に自書で賛成か反対を記入するものとなっている。一見すると問題のない投票用紙であるように思われるかもしれないが，投票用紙の表題に注目されたい。「大阪市における特別区の設置についての投票」と記されていることがわかる。この表題が問題だと指摘されているのである。

　なぜこの表題が問題となるのか。特別区設置住民投票の実施の根拠法である大都市地域特別区設置法では，第1条に「この法律は，道府県の区域内において関係市町村を廃止し，特別区を設けるための」と記されている。つまり，「大阪市を廃止し，特別区を設置すること」についての賛否を問う住民投票で

あるにもかかわらず，この表題では大阪市の存続を前提とするような書き方になっていることが問題視されているのである。

投票用紙については，大阪市選挙管理委員会内でどのようなデザインにするかに関する議論があったとされ，特に自書式とするか記号式とするかについて検討が行われていたようであるが[5]，表題については十分な検討が行われていたわけではなかったとされる（村上 2016）。しかし，大都市地域特別区設置法7条2項には「関係市町村の長は，前項の規定による投票に際し，選挙人の理解を促進するよう，特別区設置協定書の内容について分かりやすい説明をしなければならない」とあり，その意味で誤解を招くような表題は，避けるべきであったことは確かだろう。

1.2 藤井による投票用紙の効果実験

投票用紙の表題は，大阪市民に対して，特別区設置住民投票が何を問うものなのかをわかりやすく伝えるものであることが望ましい。筆者は必ずしも「正確」に記すことがわかりやすくなることを保証するものではないと考えるが[6]，他方でわかりやすさは個人の主観によるものであり，正解など存在しない。しかしこの表題の文言によって賛否の比率が異なるのであれば，それは問題だといえるだろう。とりわけ住民投票の結果は事前段階で拮抗することが予想されていたわけであるから，微々たる効果であっても，賛否のどちらかに有意に偏ってしまう投票用紙であれば，そこには問題があると判断せざるをえない。

驚くべきことに，投票用紙の表題の違いによって賛否の比率が変化するという実験結果が，都構想に反対する論者の1人である藤井により公表されている。具体的に実験の内容と結果を確認してみよう。藤井は，2015年のゴールデンウィーク期間中（5月2〜7日）に，ある実験を行ったと述べている[7]。具体的に

5　実際にどのような協議が行われたのかは不明だが，かわさきひろし氏のブログ（http://blog.hiroki-k.net/?p=767〔2017年3月22日〕）に「住民投票の投票用紙と方法が決まりました！「反対」か「賛成」と自著で書くことになりました。非常に良かったと思っています。○×でなくてよかった。選挙管理委員会の良識に感謝致します」と記されており，ここから，記号式とするか否かに関する協議が行われていたことがわかる。ただ，なぜ無効票が記号式よりも生じやすい自書式にしたのかについては，筆者としては理解しかねる。

6　正確さを追求し，提示する情報量（文字数）を増やしすぎると認知負荷が高まり，有権者のsatisfice傾向を強化させることになるからである。

は 754 人の被験者のうち，半数（377 人）に「大阪市における，特別区の設置……」と記された投票用紙で賛否を問い，もう半数については「大阪市を廃止し，特別区を設置……」とした投票用紙で賛否を尋ねるという実験である。この実験の結果，「大阪市を廃止し」という文言の場合，賛否の差が 5.2% も変化することが判明した，ということであった。

　藤井の報告には検定結果に関する詳細が記されていないので，上述した情報を手がかりに，実験内容に関する検討を行うことにしよう。まず賛否を問う実験なので，選択肢は賛成・反対のいずれかであり DK はないものと仮定する。次に「賛否の差が 5.2% も変化する」とあるが，実際の賛成ないし反対比率の差は約 2.6% と推測される。つまり，仮に実際の投票用紙を用いた群の賛否割合が約 50%（賛成：188 人，反対 189 人）だとすると，「廃止し……」という文言を加えた場合，賛成が 179 人（約 47.48%），反対が 198 人（約 52.52%）になるという結果になったものだと考える。実際の結果は公表されていないのであくまで推測だが，おそらくはこのような結果になったと考えられる。

　藤井は以上の結果に基づき，投票用紙によるフレーミング効果，具体的には投票用紙には賛成へと大阪市民を誘導する効果があり，さらにそれは 5% ポイント以上という，きわめて大きなものであることを主張する。特別区設置住民投票の結果は賛否が拮抗することが事前に予測されていたので，この約 5% ポイントの変動は，たしかに大きな効果である。投票用紙の問題点を指摘する論者が，この実験結果を根拠に，投票用紙が公正なものであればもっと反対票が増えていたはずだと主張するのも（村上 2015a），無理からぬところであろう。

1.3　投票用紙は大阪市民を動かしたのか

　もっとも，上記の実験結果とそれに付随する主張には多くの疑問点がある。首肯できるのはせいぜい「正確に書くべき」との主張であり，それ以外のフレーミング効果や反対票が増えていただろうとの推論は，疑わしいものだといわざるをえない。

7　藤井による「大阪都構想・橋下市長の 2 つの秘策？『フライング敗北宣言』&『ラストメッセージ』作戦」より（http://satoshi-fujii.com/150516-10/〔2017 年 3 月 23 日〕）。なおこの原稿は，オピニオンサイト iRONNA に掲載予定の記事だったとのことである。

そのように考える理由は，藤井の実験結果の信頼性の低さにある。端的に，藤井の実験は，①いつ，②どこで，③誰を対象に，④どのような設計で，⑤どのような形で行われたものかがわからない。大阪市民への含意となることを企図するのであれば，大阪市民の母集団に近似するように被験者を収集する必要があるし，また投票用紙の因果効果を推定するならば，被験者を統制群と処置群に無作為に配分しなければならない。そのような処置が講じられていたかどうかについて，藤井はまったく説明していない。

これらの方法論上の問題点をおいておくとしても，藤井のいう約5％ポイントの差は，統計的に有意な差といえるか判断しにくい。そもそも藤井は「反対を基準とした場合」と説明するが，比率の差について議論するうえで，これは誤解を招く表現である。比率の差分は，統制群における賛成ないし反対比率と処置群におけるそれを比較しなければならないのであり，処置群のなかでの賛否比率を議論すべきではない。なお，前項に述べた本書の推定（統制群 188/377，処置群 179/377）に基づき比率の差を検定すれば明らかだが，藤井のいう差は，統計的に有意な差なのか，大いに疑問である[8]。

さらにいえば，理論的な観点からも，上記主張には説得力がない。第1に，有権者が投票用紙の表題を注視し投票するという前提が疑わしい。言い換えれば表題については読み飛ばされる可能性のほうが高く[9]，フレーミング論が前提とするような表題への認知を仮定する点に疑問がある。第2に，有権者は投票に行くときにはすでに賛否を決定している可能性が高い。投票所に行くまで何も決めず，投票所で用紙の表題を手がかりに賛否を決める大阪市民が多数いるとの想定は明らかに不自然である。まとめれば「表題を読んで」「その場で判断する」という大阪市民が多数いることを仮定しない限り，投票用紙のフレーミング効果があると主張することは難しい。

8　実際に有意確率を計算すると 0.4663 となる。なお，これらはあくまで藤井の記述に基づく筆者の「推論」である。実験結果の詳細についてはあくまで「未知」であることを申し添えておく。

9　いわゆる「努力の最小化（satisfice）」行動と同義である。Satisfice については三浦・小林（2015a, 2015b）などを参照されたい。いわゆる表題の「読み飛ばし」が行われるものと解釈すればよい。

1.4 投票用紙問題をめぐる課題

　筆者は投票用紙に問題がないと主張しているわけではない。正確に書くべき表題を不正確に書いていたという，いわゆる選挙管理上の問題があったという問題提起ならば，それは正鵠を得たものだろう。問題だと指摘しているのは，そのような「操作」に大阪市民が動員されるとの想定に疑念をもたない認識についてであり，また明らかに信頼性に劣る実験結果を精査することなく「エビデンス」として使用する研究者の態度についてである。

　ただし，投票用紙により投票結果が変わることはあるし，それを実証する研究も多数蓄積されている。とりわけ投票用紙の順序効果（ballot order effect）については，欧米の政治学を中心に膨大な実証研究の蓄積がある（Chen et al. 2014；Ho and Imai 2008；Kim et al. 2015；Meredith and Salant 2013；Miller and Krosnick 1998；Pasek et al. 2014）。これはフレーミングとは異なるものだが，投票用紙の設計によって投票行動が異なるのは確かであり，ゆえに問題提起そのものを棄却すべきではない。日本でも砂原（2015）が，投票用紙に記載されている順序が選挙の結果に影響を与えた可能性を指摘している。

　投票用紙の設計に関する研究の多くは上述した順序効果の検証であり，先に述べたフレーミング効果の研究は十分に蓄積されていない。近年においては，投票用紙の表題に対する主観的認識の規定要因を分析する研究や（Elmendorf and Spencer 2013），同性婚などセンシティブな話題に対する投票において，用紙の文言などを変化させることの効果を検証する研究などが行われているが（Burnett and Kogan 2015；Hastings and Cann 2014），これらは表題に関するフレーミング効果を明らかにする研究ではない。「大阪市における」という表現が，大阪市民の意思決定にどのような影響を与えたのかを，実験的手法により明らかにする必要がある。

2 実 験 設 計

2.1 投票用紙フレーミング実験の概略

　筆者は2015年大阪市長・府知事ダブル選後に実施した「調査3」において，投票用紙の表題が投票行動に与える効果を推定するための実験を実施した[10]。以下ではこのサーベイ実験を，投票用紙フレーミング実験と呼ぶ。

　投票用紙フレーミング実験の概略は以下のとおりである。まず回答者（総計3675名）を，Qualtrics のシステムを利用して3つの群，すなわち統制群，処置群1，処置群2に無作為に割り当てる。統制群には特に処置を講じることなく，「仮に今，再び都構想に関する住民投票が行われた場合，あなたは賛成と反対のどちらに票を投じますか。あなたのお考えにもっとも近い選択肢を選んでください」と尋ねる。処置群1には，実際に住民投票で使用された画像を提示したうえで，統制群と同じ質問を尋ねる。処置群2には，表題の文言に変更を加えた画像を提示したうえで，統制群と同じ質問を尋ねる。処置群1および2に対しては投票用紙の画像を提示しているので，質問の前に「以下の住民投票の際に用いられた用紙を参考に作成された画像を見ながら」という文言を，「あなたのお考えにもっとも近い選択肢を」という文章の前に追記している。選択肢は賛成，反対，わからないの3択であるが，スキップすることが可能な設定としているので，僅かだが無回答者も存在する。どのような画像を提示したかは，次項で具体的に説明する。

　ところで筆者は，前節で投票用紙の表題に多くの有権者が目を通すことはないと指摘した。賛否の意思がすでに固まっている場合，表題の文言など気にならないからである。この点を確認するために，都構想への賛否を尋ねたあと，「都構想住民投票の際に用いられていた投票用紙について質問させていただき

10　住民投票における投票結果が文言の如何を問わず調査結果に反映される可能性が高いために，住民投票直後に実施した「調査1」でこの実験を行うことに意味はない。したがって実験を実施するのであれば「調査2」以降となるが，予算上の制約により調査2に組み込むことができなかったため，「調査3」で実施することにした。

182　第Ⅲ部　特別区設置住民投票

表 7.1　投票用紙の表題の確認に用いた質問と選択肢

	統制群	処置群
質問文	都構想住民投票の際に用いられていた投票用紙について質問させていただきます。投票用紙に書かれていた表題は，次のうち，どれだと思いますか。1つだけ選択肢を選んでください。	先ほど提示されていた投票用紙の画像について質問させていただきます。提示されていた画像に書かれていた表題は，次のうち，どれだと思いますか。1つだけ選択肢を選んでください。
選択肢	大阪市における特別区の設置についての投票 大阪市における大阪都にすることについての投票 大阪市を廃止し，特別区を設置することについての投票 大阪市を廃止し，大阪都にすることについての投票 わからない／覚えていない	

注1：選択肢の順序は「わからない／覚えていない」を除き無作為化した。
　2：大阪府民の場合，処置群の選択肢の文言が「大阪府下市区町村」となる。

ます。投票用紙に書かれていた表題は，次のうち，どれだと思いますか」という質問で，表題の文言について尋ねることにした。ただし処置群は画像を提示しているので「先ほど提示されていた投票用紙の画像について質問させていただきます。提示されていた画像に書かれていた表題は，次のうち，どれだと思いますか」と尋ねている。選択肢はわからないを除き，4つのなかから1つを選択する形式としている。質問の概略は表7.1に整理したとおりである。これらの選択肢の順序は無作為化されているので，はじめの項目がより多く選ばれると行った初頭効果バイアスはないと考えられる（日野・山崎・遠藤 2014）。

2.2　提示した画像

図7.2が，投票用紙フレーミング実験で提示した画像である。いずれも左側の用紙画像が大阪市民に提示したもので，右側が大阪市民を除く大阪府民に提示したものとなっている。これらはすべて，図7.1に示した投票用紙を参考に筆者が作成したものである。画像ファイル形式をJPEGではなくGIFとしたため，やや荒い画像となっている[11]。

画像を提示する場所は質問と選択肢の間にしている。したがって処置群に割

11　画像のファイルサイズが大きいと実験の際，表示に時間がかかる。GIF形式だと質問画面が表示されてすぐに画像が表示される。特にスマートフォンで回答するモニタの負担が大きくなってしまう。

図 7.2　処置群に提示した投票用紙画像

平成二十七年十一月二十二日執行
大阪市における
特別区の設置についての投票
（注　意）
一　特別区の設置について賛成の人は賛成と書き、反対の人は反対と書くこと。
二　他のことは書かないこと。

平成二十七年十一月二十二日執行
大阪府下市区町村における
特別区の設置についての投票
（注　意）
一　特別区の設置について賛成の人は賛成と書き、反対の人は反対と書くこと。
二　他のことは書かないこと。

平成二十七年十一月二十二日執行
大阪市を廃止し、特別区を設置することについての投票
（注　意）
一　大阪市を廃止し、特別区を設置することについて賛成の人は賛成と書き、反対の人は反対と書くこと。
二　他のことは書かないこと。

平成二十七年十一月二十二日執行
大阪府下の市区町村を廃止し
特別区を設置することについての投票
（注　意）
一　大阪府下の市区町村を廃止し、特別区を設置することについて賛成の人は賛成と書き、反対の人は反対と書くこと。
二　他のことは書かないこと。

注：画像は筆者作成。上段が処置群 1，下段が処置群 2 に提示した画像。なお，左側が
　　大阪市民，右側が大阪府民（市民除く）に提示した画像である。

り当てられた回答者は強制的にこの画像を目にしたうえで，賛否の選択をすることになる。さらに画像の大きさについても，画像が小さくて文字が読めなかったという可能性を排除するために，意図的に大きな画像とした。調査画面（ブラウザ）の大きさなどによって実際に表示される画像の大きさは異なるが，質問票画面の半分以上を占める大きさにしている[12]。

_____

12　具体的には幅 429 ピクセル，高さ 486 ピクセルの画像を提示した。

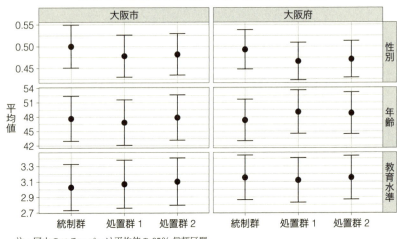

図7.3 実験群ごとの性別・年齢・教育水準の平均値

注：図中のエラーバーは平均値の95%信頼区間。

2.3 バランスチェック

　投票用紙フレーミング実験における回答者の割り当ては Qualtrics を利用して行ったものであり，また，各群のサンプルサイズも十分なものであるため[13]，実験群間の等価性は担保されていると考えられるが，実験群間で偶然，差が生じてしまっている可能性は否定できない。そのため，分析を始める前に，実験群間の等価性が担保されているかを確認しておく。

　図7.3は，性別，年齢，教育水準という3つの人口統計学変数の平均値に実験群間で差がないかを分析した結果を整理したものである。性別は，離散変数であるため平均値の差の検定を行うことは適切ではないが，ここでは男性を1，女性を0としたうえで，平均値の差を分析している[14]。この図をみれば明らかであるが，性別，年齢，教育水準に関しては，実験群間に統計的に有意といえる差はない。実験群間の等価性は，少なくともこれら3つの変数に関しては担

13　サンプルサイズは以下のとおりである。大阪市在住の回答者については統制群が412，処置群1が391，処置群2が410。大阪府在住の回答者については，統制群が478，処置群1が467，処置群2が501である。これらの値は，若干名の非有効サンプルを除いたあとの値である。

14　なお，独立性の検定でも関係があるとはいえないという結果は変わらなかった。

保されていると考えてよい。バランスチェックの方法としてはやや不十分かもしれないが，この結果に基づき，各群の等価性は担保されていることを前提に，以下では分析を進めていく。

3 実験結果

3.1 投票用紙の違いは賛否に影響を与えるのか

それでは，投票用紙のフレーミング効果の分析に移ろう。図7.4は，画像を提示しない統制群，住民投票のときに使用された用紙の画像を提示した処置群1，「大阪市を廃止し」という文言の用紙画像を提示した処置群2における，都構想への賛否について尋ねた結果を整理したものである。オンライン調査の場合，維新支持者の割合がやや多くなる傾向にある。年齢や性別などを調整しても，このバイアスは十分に抑制されず，そのため大阪市，大阪府ともに，どの実験群においても都構想に賛成が6割程度，反対が3割程度という結果になっている。ただし2015年大阪ダブル選の前に行われた『朝日新聞』や『読売新聞』の調査結果をみても[15]，賛成率のほうが反対より10％ポイント以上高い結果となっていることから，賛成が多いという傾向にモード間の相違はない。もっとも本章は実験によって用紙の効果を検討するものであるから，維新支持者が多く含まれることの問題はあまりない。

投票用紙フレーミング実験の結果を確認していこう。まず大阪市在住の回答者を対象とする実験結果をみると，統制群と比較して，処置群1の賛成比率がわずかに低く，逆に反対比率が高いという結果になっている。処置群2については，画像を提示しない統制群と差がないという結果である。処置群間での賛

15　2015年10月27日付の『朝日新聞』に掲載された調査結果によると，都構想に賛成が47％，反対が33％であった。また2015年10月19日付の『読売新聞』に掲載された調査結果では，都構想への賛成が45％，反対が35％であった。さらにいうと，その約1カ月後に『読売新聞』が実施した調査結果をみると（11月16日），賛成が51％，反対が34％であった。大阪ダブル選の実施日に近い，読売の11月の調査結果は図7.4の結果に近い。オンライン調査だからといって，適切な調整を行えば極端に偏ったサンプルとはならないことを示す証左だといえる。

186　第Ⅲ部　特別区設置住民投票

図 7.4　投票用紙実験の結果（全サンプル）

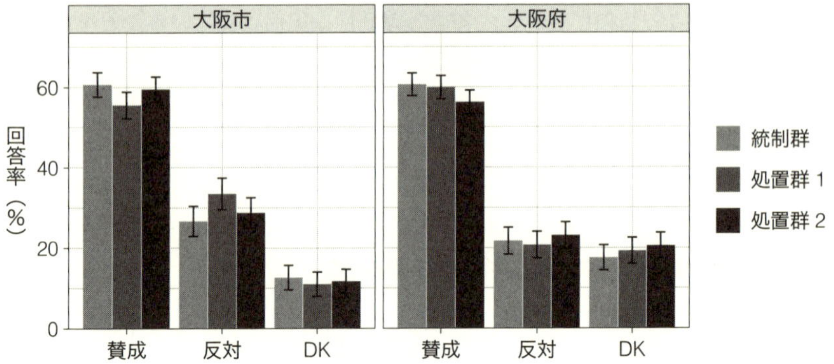

注：図中のエラーバーは回答割合の 95% 信頼区間。

否比率は，処置群 2 のほうが処置群 1 と比較して，わずかに賛成比率が高いという結果になっている。これら 3 つの群と賛否比率の関係を独立性の検定により確認したところ，統計的に有意ではないという結果が得られた（$\chi^2 = 4.734, p = 0.316$）。

　次に大阪市在住者を除く大阪府民を対象とする実験結果を確認する。統制群と比較して，処置群 1 の賛否比率はほとんど変わらない。処置群 2 については，画像を提示しない統制群と比較して賛成がやや多く，逆に反対が少ないという結果である。しかしながら，これについても独立性の検定により関係を分析したところ，統計的に有意ではないという結果となった（$\chi^2 = 2.701, p = 0.609$）。したがって大阪府民を対象とする場合においても，投票用紙の表題が賛否の結果を左右すると結論づけることは難しい。

　そもそも図 7.4 の結果は，フレーミング論が想定する傾向とは異なる点も重要である。すなわち投票用紙の表題が賛否の比率に影響を与えるならば，統制群および処置群 1 と比較して処置群 2 の反対比率は高くなるはずである。しかし大阪市民を対象とする実験結果はこれとは逆に，処置群 1 の反対比率のほうが処置群 2 のそれより高い。また投票用紙が賛成比率を高める効果をもつならば，統制群および処置群 2 と比較して，処置群 1 の賛成比率は高くなるはずである。しかし大阪市民の実験結果をみると処置群 1 の賛成比率がもっとも低い。大阪府民を対象とする結果も，同様にフレーミング論が想定するような結果は

得られていない。

3.2 有権者は投票用紙の表題を確認するのか

　前項では，すべてのサンプルを対象とする実験から，投票用紙の表題の違いには，都構想への賛否を明確に変えるほどの効果があるとはいえない点を明らかにした。このような結果となった理由としては次の2つが考えられる。第1は，投票用紙の表題以外の要因による規定力が強いために，用紙の効果がほとんどみられないというものである。第2は，第1の理由などにより，投票用紙の表題を確認するような有権者は少ないから，というものである。以下ではこの後者の可能性について検討する。

　図7.5は，投票用紙フレーミング実験実施後に，投票用紙に記されていた表題について尋ねた結果を整理したものである。選択肢の詳細は表7.1を参照されたい。選択肢は4択であるため，ランダムに選択肢を選んだ場合の回答率である25%に破線を引いている。

　まず，DK/NA率から確認しよう。画像を提示しない統制群と比較して，画像を提示する処置群はいずれもDK/NA率が統制群と比較して有意に低い。この傾向は大阪市民と府民両者においてみられ，ともにおよそ15から20%ポイント，DK/NA率が低下するようである。しかしこれは言い換えると，用紙画像を直前にみたにもかかわらず，1割から2割程度の人が「わからない」と回答しているということでもある。また統制群における正答率は約20%であり，およそ半数が正確な表題を知らないという結果でもある。

　続いて処置群における正答率を確認しよう。まず大阪市民の結果に関しては，「おける＋特別区」画像を提示しているにもかかわらず，正答率は3割にも満たない結果となっている。統制群と比較するとわずかに正答率は向上するものの，その差は8%ポイント程度に過ぎない。さらに「おける＋特別区」の回答率は「廃止＋特別区」のそれとほとんど差がない。次に「廃止＋特別区」という画像を提示した処置群2の分布をみると，正答率（「廃止＋特別区」）は約47%であり，処置群1のそれと比較して明らかに大きな値となっている。ただし「おける＋特別区」の回答割合が統制群のそれと大差なく，ここから有権者の先有的な態度や経験が，投票用紙の表題に対する記憶を形成している可能

188　第 III 部　特別区設置住民投票

図 7.5　表題確認質問の結果

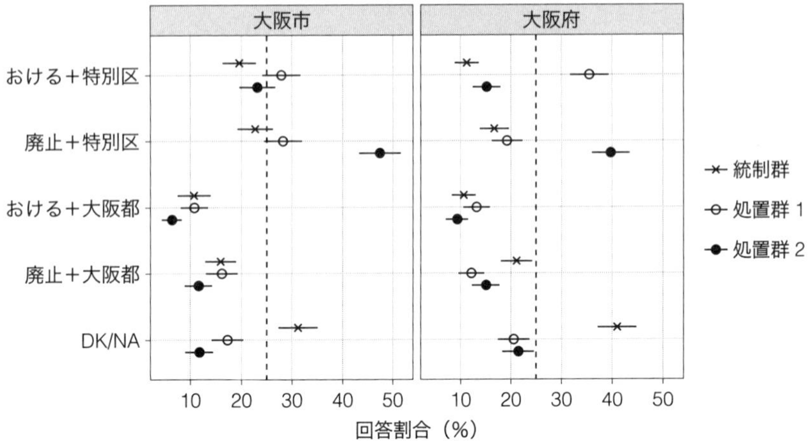

注：図中の横線は回答割合の 95% 信頼区間。破線はランダムに選択肢を選んだ場合の回答割合。

性を指摘できる。

　このことは，大阪市民を除く府民を対象とする実験結果からも明らかである。大阪府民を対象とする実験結果は，処置群 1 だと「おける＋特別区」が，処置群 2 だと「廃止＋特別区」がもっとも高い回答割合となっている。いずれも統制群と比較して，25% ポイント程度回答率が増加している。画像提示による効果だと解釈できるが，正答以外の選択肢を選択する有権者もそれなりにいる[16]。誤答の回答割合がほとんど同じであることを勘案すれば，何が正解かわからず無作為に選択肢を選んだために，このような結果になってしまった可能性がある。

　大阪府民を対象とする実験結果とは異なり，なぜ大阪市民を対象とする場合においては，投票用紙の表題を正確に記憶していない有権者が一定数いるのか。まず大阪市民と大阪府民の間には，実際に特別区設置住民投票で投票したかどうかという点で，大きな違いがある。前章で議論したように，大阪市民は活発な政治活動が展開されたことで，大阪市を廃止することについて，多くの人びとが理解していたと考えられる。それゆえに「おける＋設置」という住民投票

16　なお，本章のデータは，Satisficer を除外したものであることを付言しておく。

時に使用されていた用紙の画像が提示されても，大阪市が廃止されるという，多くの人びとの記憶とは異なるために「誤答」を選択することになったのではないだろうか。他方の大阪府民にはそのような情報が住民投票下の政治活動を通じて提供されていたわけではないために，上述したような傾向がみられなかったのだろう。「廃止＋設置」という用紙画像の表題については，多くの大阪市民の理解と整合的であったために，記憶として残りやすかったか，もしくは記憶を引き出しやすかったために処置群 1 とは異なる結果になったと考えられる。

3.3 「正答者」を対象とする分析

　図 7.4 に整理した処置群 1 と処置群 2 の結果は，図 7.5 で明らかにしたように，投票用紙の表題について，正確な認識をもっていない回答者を含めたものであった。そこで，投票用紙の表題について正確な認識をもっている回答者に限定したうえで，再度，投票用紙のフレーミング効果について検証を試みる。具体的には，処置群 1 に関しては「おける＋特別区」を選択した回答者のみ，処置群 2 に関しては「廃止＋特別区」を選択した回答者のみを分析対象とし，画像を提示していない統制群と賛否の分布がどのように異なるのかを分析する。

　表題を正確に認識していたと考えられる回答者に限定したうえで，賛否の割合を整理した結果が図 7.6 である。まずは処置群 1 に提示した，「大阪市における特別区の」という表題が記された用紙の効果について確認しよう。この図をみると，表題を正確に把握していると考えられる層に限定してもなお，大阪市民，府民ともに賛否の分布は統制群のそれと大きくは変わらないことがわかる。ただし，大阪市民を対象とする結果は統制群とやや異なっており，反対の回答割合が統制群よりも処置群のほうが高い。ただしこの結果は反対派の論者が主張するような投票用紙のフレーミング効果があることを明らかにするものではない。なぜならこの表題は，いわゆる反対派の問題提起に従えば賛成派にとって有利なものだと考えられるからである。何かしらのフレーミング効果がこの用紙には認められるとしても，それは賛成比率を高くするようなものではないということである。

　続いて「大阪市を廃止し，特別区を設置」の効果を確認しよう。この用紙に

図7.6 「正答者」における賛否の比率

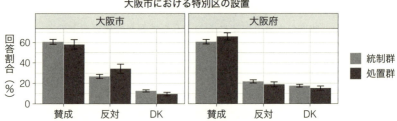

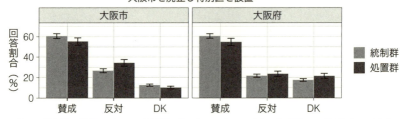

注1：統制群の結果は図7.5の統制群の結果と同じものであり，処置群のみ「正答者」に限定している。
2：図中のエラーバーは回答割合の95%信頼区間。

ついてもはっきりとした傾向を確認することはできないが，大阪市民を対象とする結果をみると，先に述べた傾向と同じく，統制群と比較して処置群のほうが，反対回答割合が大きいという結果である。「大阪市を廃止し」という表題は都構想に対して否定的な認識や感情を想起させると考えれば，この結果は自然なものであるように思われる。

処置群2に提示した用紙の表題は，図7.5に示しているように処置群1のそれよりも有権者が敏感に反応する表題である。このことも考慮し図7.6の結果を解釈するなら，フレーミング効果があるといえるのは，「大阪市における特別区の設置」といった文言ではなく，むしろ「大阪市を廃止し，特別区を設置」という文言ということになる。正確さという意味では廃止という表現を用いたほうが適切なのかもしれないが，有権者の意思決定への影響という観点からいえば，実際の投票用紙は不適切なものではなかったということである。

3.4 考　　察

　投票用紙フレーミング実験から少し離れ，筆者が特別区設置住民投票直後に
実施した「調査 1」の結果の一部を紹介しよう。この調査には「住民投票の選
挙管理のあり方についておうかがいさせていただきます。今回の住民投票にお
いて，投票用紙に記されていた表現が不適切だという指摘が一部でなされてい
ました。あなたは，このような指摘があることを知っていましたか」という質
問を設けていた。選択肢は「どのような問題かも含めて知っていた」「どのよ
うな問題かは知らないが，指摘されていたことは知っていた」「確証はもてな
いが，そのような指摘があったような記憶はあった」「まったく知らなかった」
の 4 択としたのだが，「どのような問題かも含めて知っていた」と回答した人
は 1 割未満であった。ここから，この投票用紙の問題への認知はかなり低かっ
たものと考えられる[17]。多くの大阪市民がこの問題に気づかなかったことは，
不幸中の幸いといったところであろう。

　筆者は，繰り返し述べているように特別区設置住民投票で用いられた投票用
紙に問題がないと主張するものではない[18]。しかし，賛成派に有利であった投
票用紙という主張は，妥当性に欠ける，不適切な批判であったように思われる。
本章の実験結果は，投票用紙の操作に基づく動員があったという主張を肯定す
るものではなかった。投票用紙のフレーミング効果に関してはない，あるいは
あったとしても限りなく小さなものであったと考えるべきである。

　もちろん，本章の実験はあくまで 2015 年大阪市長・府知事ダブル選後に実
施したものであり，住民投票時とは有権者の心理状況などが異なるとの批判は
ある。しかし，ここでの知見を十分に適用可能だと筆者は考えている。なぜな
ら都構想に関する知識をはっきりと記憶している住民投票時ではなく，忘却し
ている 2015 年大阪ダブル選時のほうが，相対的にはフレーミングにかかりや
すいと考えられるからである。「調査 3」の結果において効果がみられないの

17　くわえて，反対票を投じた人よりも賛成票を投じた人のほうが「問題を知っていた」と
　回答する傾向にあった。ここからも投票用紙の表題の問題については，ほとんど認知され
　ていなかったと考えられる。

18　筆者としては自書式を採用したことのほうが問題だと考えている。

だから，住民投票時にはなおさらみられないと考えるべきである。さらに，本章の実験は実際には住民投票で投票していない大阪府民も対象に実施している。図7.4などから示されるように，大阪市外在住の大阪府民を対象とする実験結果も，フレーミング効果があるという仮説を支持するものではなかった。住民投票時に，投票用紙により操作されたという想定には無理があるといわざるをえない。

　もちろん，投票用紙の設計によって投票結果が歪むことは大いにありうる。選挙管理の問題として，投票用紙の設計を議論すべきとの問題提起については，筆者は同意するものである。しかしそれは特別区設置住民投票で反対派が不利だったとか，投票用紙によって有権者が操作ないしは扇動されてしまったなどという主張を正当化するものでは決してない。大阪市民は投票用紙の表題1つで選択を変えるような「大衆」ではないことを，本章の結果は明確に示すものである。

▌ 小　　括

　本章では投票用紙フレーミング実験の分析を通じて，特別区設置住民投票下で投票用紙の操作に基づく操作の可能性を検討した。本章の分析結果は，住民投票時に用いられた投票用紙により賛成票が増えたという主張を支持するものではなかった。投票用紙の表題により大阪市民が操作された可能性はほとんどなかったといってよい。

　前章の分析が，ある意味で「市民」としての資源（resource）である知識量を明らかにするものであるとするならば，本章の分析は「市民」としての判断能力（competence）を明らかにするものだといえる。政治的資源としての知識があれば，たしかに政治家や政党の操作に基づく動員からは自律的になりうる。けれども，資源は判断能力とは区別されるものである。もちろん，投票用紙のフレーミングにかかりにくいという結果をもって，判断能力があるといえるのかという疑問はありうる。しかし大阪市民のみならず大阪府民でさえ，投票用紙の表題に左右されることはなかった。本書ではこの事実を重視したい。

　この市民としての判断能力は，大阪市民や府民に限定されるものなのであろ

うか。最後にこの点について述べ，本章を締め括ることにしたい。いわゆる維新を支持する有権者をみる視点と同様の議論は，小泉政権期の有権者の投票行動を議論する際にもみられたように思われる。しかし山田（2017）は，「小泉劇場」がみられた2005年時点でさえ，政治的知識水準の低い人が自民党に投票する傾向があるといったポピュリズム現象を確認することはできなかったことを実証的に明らかにしている。政治家の戦略に踊らされる有権者という「物語」はたしかにわかりやすい。しかしそれは印象論であって実態とは異なる。無根拠な「大衆」批判は誤った可能性の高い推論を無批判的に受容することにつながる。本章の議論はこれらの問題点を明らかにするものでもある。

第8章
特別区設置住民投票下の投票行動

はじめに

　本章では，多くの大阪市民がなぜ特別区設置住民投票で，賛成ではなく反対に票を投じたのかという問いに答える[1]。この問いに対する本書の解答は，大阪市民の批判的志向性が賛成への投票を「踏みとどまらせた」というものである。第6章で示したように，大阪市民の住民投票に関する関心は高く，また都構想に関する知識も決して低い水準にあったわけではなかった。多くの都構想に関するメリットとデメリットの両者を踏まえつつ，特別区の設置について判断を下さねばならないという状況は，とりわけ維新支持者に迷いを生じさせるものであった。今後の見通しが不明瞭ななか，本当に賛成してよいのか。慎重に判断すべきではないのか。そのような批判的な精神が住民投票下で機能し，維新支持者のいくらかが反対へと投票した結果，反対が賛成を上回ることとなった。以上が，維新が強いとされる大阪において，都構想賛成派による活発な政治活動が展開されたにもかかわらず，住民投票の結果が反対多数となった原因である。

　筆者がこのように考える理由の1つは，大阪都構想ないし特別区設置に対するマクロレベルの世論（都構想世論）の推移にある。都構想に対して賛成か反対かという調査は，質問文や選択肢は統一されていないものの，2011年頃から継続的に主要メディアにより実施されている。そこでの賛否の推移に着目すると，住民投票の投開票日直前に反対が増えるというよりも「賛成が減る」と

1　本章の議論は善教（2016b）に新たな分析を追加したうえで，内容に大幅な加筆・修正を行ったものである。

いう変化が生じていることに気づかされる。なぜ住民投票の投開票直前に，大阪市民，とりわけ都構想に賛成していた人が反対へと態度を変更したのか。この疑問を解く鍵は大阪市民の批判的志向性にあるというのが，本書の主張である。

　もちろん，そのような主張に対しては多くの異論と批判があるように思われる。都構想への態度や投票行動を規定する要因は有権者の批判的志向性に限定されない。年齢や居住地域など人口統計学的要因によって説明できる部分も多分にあるし，むしろマスメディアなどでは，年齢や地域的要因を強調する主張のほうが目立つ印象を受ける。さらにいえば，橋下への支持の影響についても検討しなければならないだろう。実際に塩沢（2016）は，橋下支持が住民投票の結果を説明する重要な要因であると指摘している。

　本書は，これらすべての説明が説得力に欠けると主張するものではない。しかし，多くの大阪市民が都構想に対して反対した理由を説明するものではないとも考える。地域や年齢層ないし世代による説明は，その詳細を検討すると説得力に欠ける。また橋下への支持や評価に着目する議論も，住民投票のもとで大阪市民が賛成への投票を踏みとどまった理由を説明するものではない。本章では，これら通説的見解を批判的に検討しつつ，批判的志向性と大阪市民の投票行動の関係を，筆者の実施した意識調査を用いた分析から実証的に明らかにする。

▌ 1　通説的見解の検討

1.1　シルバーデモクラシー仮説

　住民投票終了後，マスメディアなどを中心に，反対多数となった原因としてシルバーデモクラシーの問題がしばしば指摘された。シルバーデモクラシーとは一般的に，有権者の高齢者層の比率が高くなることで，高齢者層の選好が過大に代表されたりするような現象を指すとされる（八代 2016）。つまり若・中年層の多くは都構想に賛成であったにもかかわらず，高齢層の多くが反対したために，住民投票の結果が反対多数になったと説明されていたのである[2]。も

っとも，大阪市は高齢者率が特段高いわけでもないし，住民投票で若年層の投票率が極端に低かったわけでもなかった。その意味でシルバーデモクラシーという説明が成立する余地はほとんどないのだが，マスメディアの出口調査の結果が上述した説明を支持するものであったことから，シルバーデモクラシー論は一定の説得力をもつ形で，多くの人びとに受け入れられていった。

出口調査の結果を確認しながら，この点について説明しよう。図8.1は，朝日新聞と朝日放送（ABC）が共同で実施した出口調査の結果を整理したものである。上段の図が全体の賛否比率，下段が男女別の賛否比率となっている。賛否のどちらが多いかを理解しやすくするために，50％のラインに破線を引いた。まず全体の結果をみると，反対割合が50％を上回っているのは70代以上の大阪市民のみで，ほかはすべて賛成が上回っている。さらに男女別にみても，この傾向はほとんど変わらない。50％の破線ラインを反対票が超えているのは，男性では70代以上のみである。女性は男性と比較すると反対割合が全体として大きいが，それでも60代以上でないと反対割合が50％を超えない。なお，この傾向は他社の出口調査においても大きくは変わらないとみてよい。たとえば読売新聞と読売テレビによる出口調査の結果も，図8.1に示す結果（全体）と大きくは変わらないようである[3]。

実際の投票結果は反対多数だったのだから，この図8.1の結果が正しいと仮定するならば，たしかに高齢者の反対により住民投票の結果は反対多数になったと考えなければ辻褄が合わない。しかし，この図には大きな落とし穴がある。それは実際の大阪市の年齢構成や投票者数を勘案すれば，この推定結果だと，実際の結果が賛成多数になっていなければならないということである。ここからこの出口調査の結果は，年齢ないし年代と投票行動の関係を正確に推定できていないという問題があると考えられる。

なぜそのようなミスが生じたのか。その原因の1つとして考えられるのは，期日前投票者が含まれていないことだろう。峰久（2015）によれば，期日前投

2　高齢者，特に70代以上の大阪市民が反対票を投じた理由が十分に説明されているわけではないが，高齢者層の現状維持を好む態度ないし「保守性」に言及する識者やコメンテーターが多かったように思われる。もっとも，これらを支持する実証的証左があるわけではない。

3　『読売新聞』2015年5月18日付。

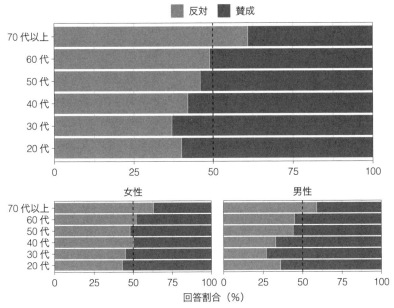

図 8.1 朝日・ABC 共同出口調査の結果から見た賛成・反対比率

注：峰久（2015）をもとに筆者作成。上段の図が全体，下段が男女別の賛否分布である。

票者は賛成ではなく反対に投票する傾向にあったとされる。くわえて，この住民投票では，全投票者の約 26％（36 万 8218 人）が期日前に投票したという事情もあった。そのため，図 8.1 の結果は，賛成が過大に評価されたものになってしまったと考えられる。もちろん，都構想に反対と答えにくい「雰囲気」の問題もあったと考えられるが（善教 2016a），主たる理由はサンプリングバイアスによると考えられるのではないだろうか。いずれにせよ，図 8.1 の結果を額面どおりに受け取ることには慎重になるべきであろう。

さらにシルバーデモクラシー論の妥当性については，瀬尾（2015）と塩沢（2016）によっても検証が行われており，いずれも否定的な見解を示している。まず瀬尾（2015）では，行政区ごとの特別区設置反対割合と高齢化率の相関関係の分析から，両者の間には緩やかな相関しかみられないことが指摘されている。塩沢（2016）も，行政区レベルのデータ分析から同様の傾向を指摘している。年齢と都構想への賛否に関係がないというわけではないのだろうが，高齢

者が反対したからという説明には説得力がないのである。

1.2 取り残される周辺部の不安仮説

シルバーデモクラシーほどではないが，中心部と周辺部の賛否率の違いについても，一部のメディアでは指摘されていた。特別区設置住民投票の結果は，淀川区や北区，中央区といった，世帯収入が比較的高い，大阪市の中心部に住む人ほど特別区の設置に賛成し，逆に平野区や大正区などでは反対する人が多いというものであった（図1.6）。この結果に基づき，大阪市におけるさらなる南北格差の拡大を懸念する人が反対したのだという推論がなされたわけである。

しかしながら，この議論には次に述べる2つの点で疑問がある。第1は，生態学的誤謬（ecological fallacy）の可能性があるという点である。個人レベルのデータ分析からはみられない傾向であるにもかかわらず，集計レベルで分析すると有意な関係がみられる場合，その関係は基本的には「疑似相関」だとみなされる。集計レベルの分析には，本来は関係があるとはいえないにもかかわらず，あたかも関係があるかのようにみえてしまう問題が常に付随する。この中心－周辺問題も，そのような誤謬に基づく可能性を否定できない。

中心－周辺問題は，個人レベルの変数間関係に落としこみ考えるならば，学歴や世帯収入など社会経済的資源が多い人が都構想を支持し，そうではない人が反対する，ということになろう。そのような関係が認められるのであれば支持されるのかもしれないが，すでに第2章で言及したように，有権者レベルの実証分析の結果は，世帯収入や学歴と維新への投票や支持傾向の間に有意な関係がないことを明らかにしている（善教・石橋・坂本 2012；善教・坂本 2013；伊藤 2016b）。中心－周辺問題は，これらの結果に鑑みれば個人間の分散を無視することによって得られた疑似相関である可能性のほうが高い。

くわえて第2に，この中心－周辺問題による反対多数という仮説が支持されるためには，次の「物語」が成立しなければならない。すなわち，維新は特別区設置住民投票以外の選挙では強いにもかかわらず，大阪市の中心－周辺問題は継続していることから，これまでの選挙では維新に否定的な周辺部の人はあまり選挙に参加しなかった。しかし，この住民投票では賛成多数になると本当に取り残される危険があることから，積極的に反対票を投じるために参加した。

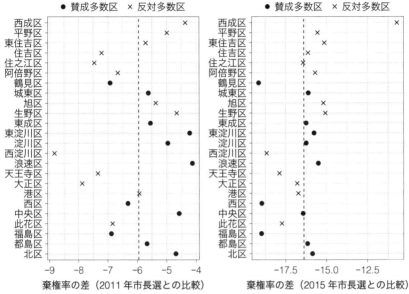

図8.2 住民投票と大阪市長選の棄権率の差

注：大阪市選挙管理委員会公表資料などをもとに筆者作成。破線は棄権率の差分の平均値。

結果として，反対票が賛成票を上回った。このような傾向が仮に存在するならば，中心−周辺仮説にも一定の説得力が生じるように思われる。

しかし，実際の選挙結果からそのような傾向を読み取ることはできない。図8.2は，2011年および2015年大阪市長選における棄権率と，特別区設置住民投票における棄権率との差分を，行政区ごとに整理したものである。図中の破線は棄権率の差分であり，破線より右側だと相対的に差分が小さく，逆に左側だと大きいことを意味する。ここで注目すべきは反対多数区における棄権率が，過去ないし直後の選挙のそれと比較してどのように変動しているかである。2011年大阪市長選との比較をみると，賛成多数区の棄権率は変動幅が小さく，反対多数区ではやや大きくなっているようにみえなくもないが，明確な傾向があるといえるほどの差ではない。また2015年大阪市長選との比較においては，2011年との比較以上に，行政区ごとの傾向を見出すことができない。

たしかに大阪市の中心部に住む大阪市民が維新を支持し，また都構想に賛成したりする傾向があることは事実として指摘できる。しかし，そこから大阪市

民の社会経済的資源と都構想への賛否を因果論的に結びつけることは避けるべきである。したがって都構想がなぜ反対多数となったのかは，中心‐周辺問題とは別の論理から説明されなければならない。

1.3 橋下支持低下仮説

第3に検討するのは，橋下支持と都構想への賛否の関係である。都構想への賛意が維新への支持や橋下への高評価と分かち難く結びついていることは，すでに筆者らの実証分析の結果が示すとおりである（善教・石橋・坂本 2012；善教・坂本 2013）。住民投票直前の橋下支持率は決して高い水準にあるとはいえなかったし，先に述べたとおり橋下への評価と都構想への賛否は強い相関関係にある。したがって，住民投票の結果が反対多数となったのは，単純に橋下の支持率が低下した，あるいは支持率が 50% を下回っていたからだ，という仮説がここから導き出される。

この点を強調するのが塩沢（2016）である。塩沢は特別区設置住民投票の結果を説明する重要な要因は橋下支持であることを主張する。一般的な住民投票において，自治体首長への支持ないし評価が投票行動を規定する要因である点に鑑みれば（塩沢 2009, 2012），この住民投票においても橋下支持が重要だったと考えるのは不思議なことではない。さらに橋下支持率の推移をみても（図2.1），たしかに 2012 年以降は低下しており，住民投票前には 50% を下回っている。これらに基づき塩沢は，賛否が拮抗した原因は橋下支持者と不支持者が拮抗していたからだと主張する。

塩沢（2016）は，上述した時系列推移への言及にくわえて，自身の仮説が支持されることを，行政区単位の集計レベルの分析を通じて示している。具体的には，2011 年大阪ダブル選や 2012 年衆院選など，橋下が政治的な「賭け」に出た選挙における維新ないし橋下の得票率と，特別区設置住民投票における賛成率が強く相関することを明らかにしている。これらの分析結果に基づき，維新の代表としての橋下への評価が，住民投票下の大阪市民の投票行動を規定する重要な要因だったと主張するわけである。

筆者は橋下支持が都構想への賛否と相関することは否定しない。しかし，第2章で論じたように，特別区設置住民投票は一般的な住民投票とは大きく異な

る特徴をもつ点が見過ごされているように思われる。塩沢（2016）は筆者の主張（善教 2016b）を「住民投票そのものの本質が充分に考慮されていない」（44頁）と批判するが，筆者からみれば，橋下支持を強調する主張こそ，特別区設置住民投票の特徴を十分に把握できていないものである。

　塩沢（2016）の主張には次の 2 点の問題がある。第 1 に橋下支持に注目するだけでは，なぜ 2015 年大阪ダブル選で維新の候補者が勝利したのかを説明できない。2015 年大阪ダブル選前も橋下支持率は高くなかったが，維新の候補者である吉村は，次点の柳本に大差をつけ当選した。このとき，橋下は吉村を積極的に支持し応援していたので，橋下への評価が吉村への投票に関連することは明らかであったように思われる。さらに中川暢三が立候補したとはいえ，この選挙は住民投票と同じく都構想賛成派（吉村）と反対派（柳本）が争うという対立構図のもとで行われた。橋下への支持が大阪市民の投票行動を説明するのであれば，2015 年大阪ダブル選の結果も接戦でなければおかしいが，実際は吉村が大勝するという結果であり，ここに大きな矛盾が生じることとなる。

　第 2 に橋下が賭けに出た選挙における維新得票率と都構想への賛成率が相関するとしても，これをもって橋下への評価が都構想への賛否を規定すると主張することはできない。なぜなら橋下が関わっていない 2016 年参院選や 2017 年衆院選における維新比例得票率とも，住民投票における賛成率は相関するからである。

　この点は実際に結果を整理した図 8.3 をみながら確認しよう。この図は，橋下が維新の代表であった 2 つの選挙における維新比例ないし橋下得票率と住民投票時の賛成率の関係，および橋下が代表を辞したあとに行われた選挙における維新比例得票率と賛成率の関係を，行政区単位の集計データ（24 ケース）を用いて整理したものである。得票率などとの関係を理解しやすくするために，散布図に回帰直線を記している。網かけしている部分は，回帰直線の 95％ 信頼区間である。

　塩沢（2016）が根拠とする 2 つの上段の散布図をみると，彼が指摘するように，2011 年大阪市長選時の橋下得票率および 2012 年衆院選の維新比例得票率と都構想賛成率の間には正の相関関係がある。しかし，下段の橋下が関わっていない 2016 年参院選や 2017 年衆院選時の維新比例得票率とも，都構想賛成率

図 8.3 住民投票の賛成率と橋下・維新の得票率の関係

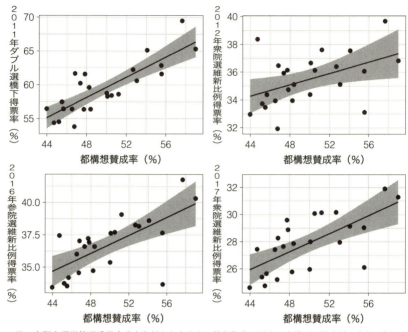

注：大阪市選挙管理委員会公表資料などをもとに筆者作成。図中の直線は回帰直線であり，網かけ部分は回帰直線の 95% 信頼区間。

は有意に相関する。相関係数値をみると 2016 年参院選（下段左列）が 0.672，2017 年衆院選（下段右列）が 0.675 であり，ともに 5% 水準未満で有意である。2011 年大阪ダブル選の相関係数（0.872）と比較するとやや小さいが，それでも十分大きな係数値である。

そもそも橋下支持が 2014 年頃から一貫して「拮抗」するなかで，2014 年大阪市長選，2015 年大阪市議選，2015 年大阪市長選などにおいて維新が勝利し続けたことを念頭におけば，橋下支持だけで大阪市民の投票行動のすべてを説明できないことは自明である。無論，特別区設置住民投票においてのみ，橋下支持と投票行動が強く相関すると考えるなら話は別だが，人を選ぶ大阪市長選以上に政策選択を行う住民投票のほうが橋下支持と強く相関するとの想定には，端的にいって無理がある。本書は橋下支持が特別設置住民投票下の投票行動と無関係であると主張するものではないが，他方で橋下支持率が拮抗しているか

ら賛否も拮抗するとの主張は，まったく説得的ではないと考える。

2 大阪市民の批判的志向性

2.1 都構想賛否の推移にみる賛成率の変動

　前節で検討した通説的見解に対して，本書が着目するのは有権者ないし大阪市民に内在する批判的志向性である。つまり，大阪市民の「冷静かつ慎重に判断すべき」という態度が，賛成への投票を踏みとどまらせたことにより反対が賛成を上回った。以上が，本書の第2の問いへの解答である。

　有権者の批判的志向性が重要だと考える根拠はいくつかあるが，その1つに，住民投票直前の不自然な都構想の賛否についての世論の変動がある。橋下支持率と同様に，マスメディアは大阪市民（や府民）に対して，大阪都構想に賛成か反対かを尋ねる調査を継続的に実施している。本書ではこれを都構想世論と呼ぶ。メディアにより質問の内容や回答形式は異なるし，また時期によって質問文が異なるので厳密な意味での時系列比較は困難だが，それを前提に2011年以降の推移をながめると，ある不思議な現象が発生していることに気づかされる。それは特別区設置住民投票直前に，都構想に賛成するという回答割合が，一時的に減少するというものである。

　図8.4は，『朝日新聞』『読売新聞』『毎日新聞』による都構想世論の推移を整理したものである。上段の図が全体の推移，下段がマスメディアごとの推移となっている。マスメディア各社の傾向を考慮しつつ，その背後にある潜在的な傾向をStimson（1999）の手法に基づき推定した結果をみると，都構想への賛成率は2012年頃から一貫して低下傾向にあることがわかる。しかしこの推定結果は時期ごとの細かな変動を明らかにするものではないので，これを確認するために各社の推移（下段）をみると，すべての住民投票の告示日以降に行われた調査結果において，賛成割合が急激に低下している。朝日の調査結果は微減といったところだが，読売と毎日の結果は，明らかにトレンドとは異なる，急激な「賛成の回避」という意見変容が住民投票期間中に生じていたことを示している[4]。

図 8.4 都構想世論の推移（2011〜18年）

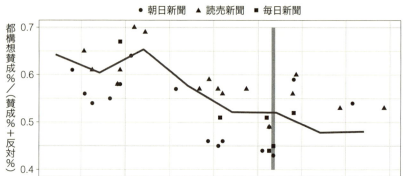

注：『朝日新聞』『読売新聞』『毎日新聞』の記事から筆者作成。印はいずれも各社の橋下支持率の点推定値。上段図の太い黒線は、Stimson (1999) の手法により推定した都構想ムード。下段はメディアごとの都構想賛否比率。直線が賛成、破線が反対割合。特別区設置住民投票の告示日から投開票までの期間を灰色で塗りつぶしている。

　ここで強調したいのは、都構想への賛否は住民投票の告示日から投票日までの間に大きく「賛成が減る」方向へと変動したという事実と、より積極的な政治活動を展開していたのは賛成派であったという事実をどう整合的に説明するかということである。政治家や政党による動員を強調するポピュリズム論では、この一時的な態度変容を説明することは不可能である。これを説明できるのは、特別区設置住民投票下の特異な情報環境が大阪市民の批判的志向性と相まって、大阪市民の賛成への投票を踏みとどまらせたという本書の仮説のみである。

2.2　批判的志向を機能させる条件

　有権者の批判的志向性は、常に有権者の投票行動と強く関連するわけではな

4　なおこの急激な意識変動は、橋下支持にはみられない現象でもある。この点でも塩沢 (2016) の議論は説得力に欠けるものであるように思われる。

い。三浦らの分析結果によると（三浦・楠見 2014；三浦 2016），批判的志向性が
まったく意味のない変数というわけではないが，他方でその規定力は限定的で
ある。しかし特別区設置住民投票は，通常の選挙とは大きく異なる特徴を有す
るものであった。

　とりわけ次の点が，大阪市民の批判的志向性を検討するにあたって重要であ
るように思われる。それは特別区設置住民投票で賛成多数となった場合，政令
市の解体という大きなリスクを伴う改革が確実に行われることを，多くの大阪
市民が理解していた点である。第6章で明らかにしたように，大阪市民の多く
はこの点を，維新支持者，不支持者を問わず理解していた。これが有権者の都
構想への懐疑心を高め，批判的志向性を強くもつ人ほど賛成ではなく反対へ票
を投じる傾向を強めた可能性がある。

　本書は大阪がなくなるという郷土愛に基づく現状維持の志向性を否定するも
のではない。保守性や郷土愛という観点が上記の議論には欠如しているのでは
ないかという批判はありうるし，そのような観点から反対票を投じた人がいる
ことも否定しない。しかしこの仮説は，大阪市民が政令市の解体をめざす維新
を支持し続けていることを説明しない。さらに住民投票の半年後に行われた
2015年大阪ダブル選の結果，あるいは図8.4に整理した都構想世論の調査結
果において，都構想に賛成する人が再び増加したという点とも矛盾する。本書
でいう判断の慎重さないし批判的志向性は，地域を守りたいという現状維持的
志向性とは異なる態度である。

　繰り返しとなるが批判的志向性は，理論的には認知的熟慮の基盤となる。だ
からこそ，この態度を強くもつ人は，政令市を解体するか否かという意思決定
を迫られた場合，賛成ではなく反対を選択したと考えられる。そしてこの熟慮
を促す条件が，第6章で示した特別区設置住民投票下の特異な情報環境であっ
た。塩沢（2016）は特別区設置住民投票の特徴を「二者択一で賛否を問う住民
投票の特性ゆえに見られる，より一般的な傾向である」（49頁）と述べるが，
2011年大阪市長選も，そして2015年大阪市長選も，実質的には維新か維新以
外かを選択する二者択一の選挙であった。ここにおいて重要なのは選択のあり
方ではなく，大阪市民のおかれた情報環境の特異性であり，それは二者択一と
いう政治的対立構造に還元することが可能なものでは決してないのである。

2.3 批判的志向性の分布と構造

　ここで問題となるのは，大阪市民には本当に本書のいう批判的志向性があるのかという点である。さらにいえば，批判的志向性をどのように測定するのかという疑問も生じよう。もっとも，後者に関しては三浦・楠見（2014）などで用いられている測定法を参照すればよいので，専ら重要なのは前者ということになる。以下では，批判的志向性の測定法を概観しつつ，大阪市民の批判的志向性の分布と構造を確認する。

　批判的志向性を操作化する質問は多岐にわたるが，本書では批判的思考の研究でいうところの「客観性」の次元を測定する際に使用する質問を用いて，大阪市民の批判的志向性を測定する。批判的志向性と本書が呼んでいるのは，批判的思考の研究で言及されている「自分の推論過程を意識的に吟味する反省的思考」（三浦・楠見 2014：49）のうち，態度としての情意的側面である。そのなかには論理的思考の自覚や探究心などいくつかあるが（平山・楠見 2004），本書では上述した客観性に着目する。客観性とは，眼前にある情報を鵜呑みにせず，多様で偏りのない情報を収集すべきという慎重な態度を意味する態度次元である。情報を提示した対象への懐疑を前提とする客観性の次元は，まさに本書でいう重大な意思決定を行う場合の慎重さと整合する態度だといえる。

　もっとも本書が明らかにしたいのは一般的な意味での批判的志向性ではなく，特別区設置住民投票下の意思決定を行う際の批判的志向性である。そのため批判的志向性の測定方法は，より住民投票に特化したものへと修正をくわえた。具体的には，以下の5つの質問文により大阪市民の批判的志向性を測定した。選択肢は「そう思う」から「そうは思わない」までの4件尺度である。

・住民投票の報道などを見ていて，伝え方が公平ではないと思う（CR1）
・マスコミの報道内容を，いつも批判的に見ている方だ（CR2）
・賛成，反対いずれの立場に立つとしても，自分と異なる考えには関心をもつ（CR3）
・投票の際は，偏りがないように判断しようとしている（CR4）
・1つ，2つの立場だけではなく，なるべく多くの立場から考える（CR5）

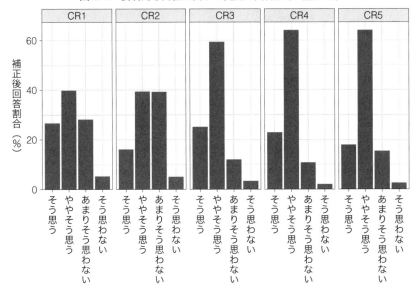

図8.5 批判的志向性に関する質問の回答分布（補正済）

　上述した質問項目に基づき大阪市民の批判的志向性について調査した結果を整理したものが，図8.5である。特別設置住民投票直後に実施した調査1は，性別や年齢などを調整したうえで調査がなされたものではないため，調査結果には補正を施している。図8.5は補正後の分布である。具体的な補正法については次節で詳しく説明する。

　批判的志向性の調査結果をみると，どの質問にも肯定的に回答する傾向にあることがわかるが，報道の不公正さに関するCR1と，マスコミの報道内容に対する批判的態度のCR2に関しては，相対的に肯定的な回答が少ない傾向にある。批判的思考に関する先行研究では，上述した5つの設問が1つの客観性という態度次元を構成するとされているが，これら2項目の分布は，明らかに残る3つの項目の分布と異なる。ここから客観性の次元には，さらなる下位次元が存在する可能性を指摘できる。

　そこでこの点を確かめるために探索的因子分析を行ったところ，単一次元モデルよりも，2つの次元があるという2次元モデルのほうがデータに適合的だという結果を得た。具体的には単一次元モデルの場合，モデルの適合度を表す

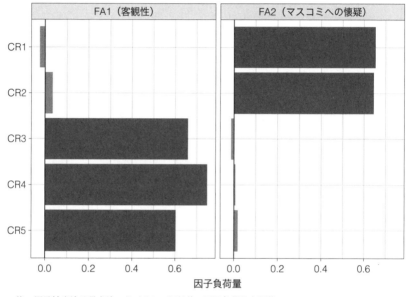

図8.6 批判的志向性に関する探索的因子分析の結果

注：因子抽出法は最尤法。オブリミン回転後の因子負荷量を記載。

RMSEA（値が小さいほうがよい）が0.151と大きな値となったのと比較して，2次元モデルではRMSEAが0.001未満と，非常に小さな値となった。AICとBICも，一次元モデルは218.39（AIC）および245.81（BIC）であったが，2次元モデルだと18.01（AIC）および67.37（BIC）であった。

　2次元モデルを想定した因子分析の結果は図8.6に整理したとおりである。第1因子（FA1）はいわゆる「客観性」に関わる態度次元であり，また第2因子（FA2）は「マスコミへの懐疑」に関する次元だと解釈できる。CR1からCR5までの5つの項目のクロンバックα係数は0.68なので，先行研究と同じく単一次元に縮約にしてもよいかもしれないが，上述のとおり単一次元モデルと2次元モデルの適合性を比較すると後者のほうが適合的である。したがって本書では，批判的志向性を「一面的な見方に固執せず多様な見方を採用する態度次元（FA1）」と「マスコミ報道に対する批判的態度の次元（FA2）」に区別し，これらと住民投票下の投票行動の関係を分析する。

3 実証分析

3.1 データと推定結果の補正法

　本章で分析に用いるデータは，特別区設置住民投票が実施された直後の2015年5月20日から26日にかけて実施した調査1である。satisficerを除外した回答者数は総計2439人であるが，性別，年齢，居住地域，住民投票の際の投票行動の4つの質問について回答しなかった人について，後述するウェイト作成の都合で有効サンプルから除外したため，有効回答者数は2139人である。Satisficerの識別法は他の調査と同じく，マトリクス型の質問のなかに「この項目については左から2番目を選択してください」という項目を設け，左から2番目の項目以外を選択した回答者をSatisficerとした。調査1では，全体の10問目と30問目に識別のための質問を設けており，両質問において2番目以外の選択肢を選んだ回答者を除外している。

　特別区設置住民投票後に実施した調査1は，回答者の男女比率や年齢比率を調整したものではない。そのため，データの代表性を高めるために推定結果を補正するウェイトを作成し，分析の際にはこのウェイトを用いることにした。

　ウェイトの作成手順は以下のとおりである。まず，調査1のデータを無作為に抽出されたものと仮定し，回答者に同一のウェイト N/n を与える。n は標本サイズ，N は母集団サイズである。次に性別，年齢（20代，30代，40代，50代，60以上），投票結果（賛成，反対，棄権），居住する行政区のそれぞれの推定値が実測値と一致するように，先に与えたウェイト変数を調整する。このような手順で，調査1の推定結果を補正するためのウェイト変数を作成した[5]。図8.7は性別，年齢，投票結果，居住区についてウェイト補正前と補正後の推定結果を比較したものである。結果を補正しない場合は実際の比率と大きく異なることがわかる。特に性別，年齢，投票行動が実際の値と大きく乖離している。しかし補正後は，すべての推定結果が実際の値に近似する結果となることがわ

5　ウェイト変数の作成にはRのsurveyパッケージを利用した。

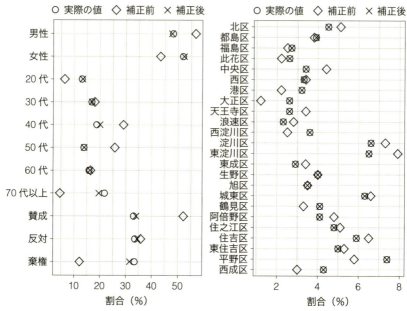

図 8.7 補正前と補正後の比較

注:実際の値は特別区設置住民投票告示前の有権者数より算出している。

かる。

　もちろん，上記の補正法が唯一の正解というわけではない。しかし，補正をかけないよりもかけたほうが妥当性の高い推定結果となる。実際に大阪市選挙管理委員会が公表している行政区ごとの賛否比率と調査 1 の賛否比率を用いて，補正の妥当性を検証したところ（$n=24$），補正前は相関係数が 0.219 であるのに対して，補正後は 0.550 まで向上した。完全に実際の結果と一致するわけではないが，ウェイト補正によって明らかにパフォーマンスの高い推定結果を得ることができている。したがって以下の分析では，上述の方法により作成したウェイト変数を用いて，推定結果を補正する。

3.2 分析モデル

　本章で明らかにするのは，批判的志向性と特別区設置住民投票における大阪市民の投票行動の関係である。つまり，批判的志向性が高いほど賛成ではなく

反対に投票したのかを明らかにすることが具体的な課題となる。従属変数を賛成，反対という2値変数として捉えるならばロジット推定などが望ましい分析手法となるが，厳密にはこれらに棄権を含めた3カテゴリが従属変数のとりうる値となる。そのため本章では，多項ロジット推定により，批判的志向性と投票行動の関係を分析する。多項ロジット推定は無関係な選択肢からの独立性（Independence from Irrelevant Alternatives：IIA）を仮定しなければ適切な推定結果を得られないとされるが（堀内 2001），住民投票における選択肢は賛成，反対，棄権のいずれかに常に固定されるため，IIA の仮定は満たされる。

　投票行動との関係を分析する独立変数は批判的志向性である。ただし前節の分析結果で示したとおり，客観性の次元には，さらなる2つの下位次元があるという結果を得ている。そのため，一面的な見方に固執しない態度（FA1）とメディアへの批判的態度（FA2）という2つの変数が，投票行動との関連性を分析する独立変数ということになる。以下では前者を「判断の慎重さ」，後者を「マスコミ懐疑」と呼ぶ。なお実際に分析に使用するのは，図8.6に整理した探索的因子分析の結果から得られた因子得点である。

　続いて統制変数について説明する。本書でいう批判的志向性は，政治的な意思決定の際の懐疑心ともいえる態度である。つまり「本当に賛成でいいのか，一歩踏みとどまるべきではないか」という心理が，賛成ではなく反対へと大阪市民を誘ったと本書では考える。この本当によいのか，という心理は，橋下や維新への支持とは異なるものの，これらの変数の影響を受ける可能性がある。また政党支持や橋下支持は保革イデオロギー認識とも相関するので，これと批判的志向性も関連すると考えられる。さらに都構想に対する否定的な情報を得たから批判的になるというように，都構想への知識と批判的志向性にも関係があると考えられる。これらはいずれも投票行動とも関連すると予想されるので，批判的志向性と投票行動の関連を検討する際，これらの影響を統制する必要がある。したがって統制変数として，性別，年齢，学歴，居住年数といった基本的な人口統計学的変数にくわえて，保革自己認識，都構想への知識，橋下への感情，党派性も分析モデルに含める[6]。

───────

6　これらの操作的定義は以下のとおりである。①保革自己認識「政治においては，よく保守的とか，革新的とかいう言葉が使われます。あなたご自身と，日本の政党の立場は保守

なお，本章の分析により明らかになる関係は，あくまで相関であり因果関係ではないとの批判があるだろう[7]。批判的志向性を無作為に配分することは困難であるため，この問題をどのように克服するかは今後の課題だといわざるをえないが，それを検証する試論的なサーベイ実験を筆者はすでに実施している。補論 A にその概略をまとめているので，本章の議論とあわせてそちらも参照されたい。

3.3 推 定 結 果

批判的志向性は特別区設置住民投票における賛否の選択とどのような関係にあるのか。この点を明らかにするため行った多項ロジット推定の結果を整理したものが図 8.8 である。基準カテゴリは「賛成」であるため，回帰係数は賛成カテゴリと比較した場合の，当該カテゴリを選択する確率への影響を意味する。

と革新の中ではどれにあたりますか。あなたのお気持ちに近い場所にバーを動かしてください。革新の場合は−3へ，逆に保守の場合は3へバーを動かしてください。中間は0としてください（数値が記されている箇所をバーのなかでクリック），②橋下感情温度「あなたは，次の人物に対してどのような感情を抱いていますか。好意的な気持ちでしょうか，それとも反感でしょうか。もし，反感（冷たい）を感じている場合は0から49の間のどこかに，逆に好意（温かい）を感じている場合は51から100のどこかにバーを移動させてください。反感も好意も感じていない場合は50としてください。人物についてよくわからない場合は右端の「DK」にチェックを入れてください（橋下徹。数値が記されている箇所をバーのなかでクリック），③党派性「長期的に考えると私は△△党寄りだ」と考える人はたくさんいます。短期的に投票先が変わることは当然ありますが，長い目で見て，あなたは何党寄りだとお考えでしょうか」選択肢は1：自民党，2：民主党，3：公明党，4：共産党，5：大阪維新の会／維新の党，6：その他，7：そのような政党はない，8：わからない，9：こたえない。なお順序はその他以降を除きランダマイズしている。④都構想知識「以下に示す住民投票に関する意見のうち，あなたの考えや印象に近いものをそれぞれ選んでください」＊反対　住民投票で賛成多数だった場合……大阪市がなくなる／大阪市はなくならない／わからない。大阪市がなくなる＝1，それ以外＝0とするダミー変数。＊賛成　特別区の区長は……大阪府から派遣される／選挙で選ばれる／わからない。選挙で選ばれる＝1，それ以外＝0とするダミー変数。

7　もっとも，慎重だから反対に投票したという因果関係は想定可能だが，反対に投票したから慎重になったという逆の因果関係は，2015年大阪ダブル選の結果を踏まえれば想定しにくいので，ここで問題となるのは主に変数無視バイアスである。未知の交絡による疑似相関の可能性をすべて否定しない以上，このバイアスがあるとの批判を回避することはできないが，本章の分析モデルは交絡と想定される多くの変数を含むものである。ゆえに筆者としては，変数無視バイアスの可能性を否定できないものの，その影響は小さく，少なくとも本章の結果を覆すものではないと考えている。

図8.8 投票行動を従属変数とする多項ロジット推定の結果

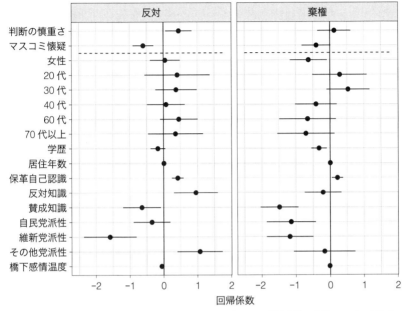

注：図中の印は点推定値，横線は点推定値の95%信頼区間。従属変数の基準カテゴリは賛成。破線より上の変数が批判的志向性，下が統制変数。

たとえば回帰係数が有意に正であれば，それは独立変数の値が大きくなると賛成と比較した場合，当該カテゴリの選択確率が増加すると解釈する。図8.8の左側の図は反対選択に対する独立変数の回帰係数を整理したものであり，右側は棄権選択への回帰係数を整理したものである。批判的志向性と統制変数を区別しやすくするために破線を引いている。破線より上の2つの変数が批判的志向性に関する変数である。

図8.8の結果によれば，判断の慎重さとマスコミ懐疑の回帰係数は，ともに反対選択に対して統計的に有意である。しかし回帰係数の符号の向きは異なり，前者は正で有意，後者は負で有意である。判断の慎重度合いが増すにしたがって反対を選択する確率が高くなる一方，マスコミ懐疑に関しては，これが強くなると逆に賛成を選択する確率が高くなるという推定結果である。判断の慎重さに関しては仮説のとおりの結果が得られているが，後者については逆の結果なので，マスコミへの懐疑心とは異なる一面的な判断基準への懐疑が，反対へ

の投票確率を高めるということになる[8]。

多項ロジット推定の回帰係数は，厳密にはその値の大小から関係の強さを評価できない。そこで判断の慎重さ以外の変数の値を平均値に固定したうえで，この変数の値を-2標準偏差（SD）から2SDまで動かした場合，反対選択確率がどの程度変動するのかを，事後シミュレートより分析した。その結果，この変数の値が-2SDから2SDに変動すると，賛成選択確率が約20%ポイント減少する一方で，反対選択確率が約20%ポイント増加するという結果が得られた。この約20%ポイントという値は決して小さな変動ではなく，実質的に意味がある変動だといえる。判断の慎重さは，橋下支持や維新党派性を考慮してもなお，独立に住民投票下の投票行動に影響を与えると考えられる変数である。

ここであらためて，図8.8に整理した推定結果に基づきながら，都構想が否決された原因について検討する。まず本章で用いている調査1の橋下感情温度平均値は約57.66である。これは橋下支持とは厳密には異なる変数だが，橋下支持の代替変数として捉えるならば，橋下支持の低さが反対多数となった原因だと考えることは難しい。同様に大阪では維新支持者がもっとも多いので（維新党派性保持率は約28%，次点の自民党派性は約22%），他の政党が支持されていたという理由も説得的ではない。保革自己認識については平均値がほぼ0であり，都構想に関する情報も，反対派に有利なものだけ認識されていたわけではない。

他方，図8.8で有意に反対選択確率を高めた判断の慎重さは，図8.5に示すように多くの大阪市民がもつ態度だといえる。この次元を構成する3項目の平均値は約3.1であり，きわめて高い値である。誤差を考慮しても中間（2.5）より高い値であることから，図8.8にある独立変数のうち，反対多数という結果をもたらしたと判断できるのは，データ（調査1）の範囲内でいうならば判断の慎重さのみとなる。

---

8 符号の向きが逆転した理由は定かではないが，おそらく，マスコミ懐疑は既存体制などへの不満を意味しており，ゆえにこの態度を強くもつ人は都構想に賛成する傾向にあったことが，その原因ではないかと考えられる。

3.4 維新支持態度と批判的志向性

ところで図8.4に整理した都構想世論の推移によれば，特別区設置住民投票の直前に「賛成が減る」という一時的な態度変容が生じたことにより，住民投票の結果が反対多数になったと考えられる。しかし，批判的志向性をもつすべての大阪市民が，反対ではなく賛成を選択したと考えるのは早計であろう。なぜならこれまで筆者らが実証的に明らかにしたように（善教・石橋・坂本 2012；善教・坂本 2013），また第4章の分析を通じて明らかにしたように，態度変容が生じると考えられるのは，熱狂的だとしばしば揶揄されてきた維新支持者だと考えられるからである。本書は反対が増えたというよりも賛成が減ったと主張しているのだから，その意味でも，批判的志向性をもつ維新支持者が賛成ではなく反対を選択したからこそ，反対多数となったと考えるべきであろう。

そこでこの点を確かめるべく，回答者を維新支持者と維新不支持者に区別したうえで，多項ロジット推定により批判的志向性が反対選択確率とどのような関係にあるのかを分析した。その結果を整理したものが図8.9である。サンプルサイズが小さくなることで回帰係数の標準誤差が大きくなっているため，信頼性の高い結果だということは難しいが，そのことを前提に結果をみると，マスコミ懐疑は同様の傾向を示す一方で，判断の慎重さの回帰係数については維新支持者と不支持者で大きく異なることがわかる。維新支持者を対象とする場合，回帰係数の符号の向きは正で，かつ統計的に有意である。これに対して維新不支持者を対象とする推定結果においては，係数の符号の向きは負であり，かつ統計的に有意ではない。維新支持態度によって，批判的志向性と投票行動の関係が異なることを，この結果は明らかにしている。

図8.9に整理した推定結果に基づき，あらためて誰の批判的志向性が反対選択と関連したのかを考えると，それは維新不支持者ではなく，「大衆」と揶揄されてきた維新支持者だと考えられる。住民投票の直前で態度を変容させたのは，維新不支持者のうち都構想に賛成していた人たちではなく，維新支持者で賛成していた人であった。すなわち態度変容を生じさせやすい維新を支持していた大阪市民が，特別区設置住民投票の特異な情報環境下で，自らの批判的な志向性に基づき熟慮した結果，賛成への投票を一歩踏みとどまったのである。

216　第Ⅲ部　特別区設置住民投票

図8.9　維新支持態度別の反対選択と批判的志向性の関係

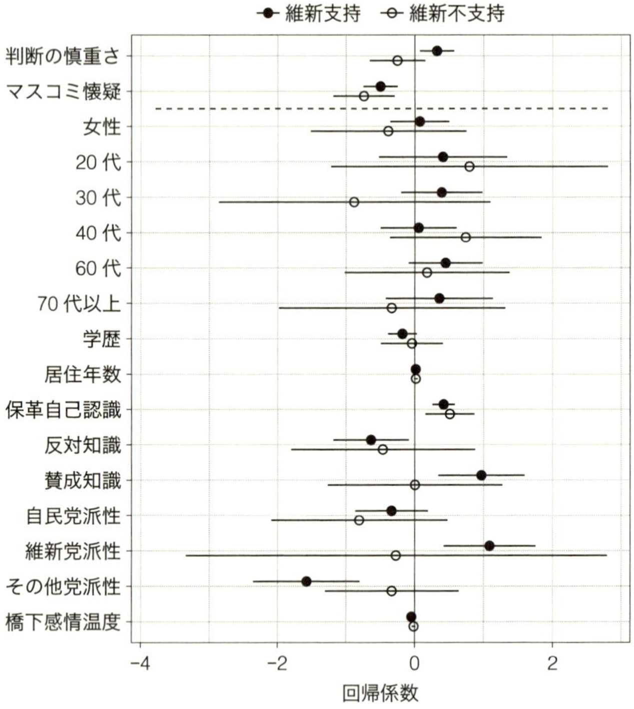

●━ 維新支持　○━ 維新不支持

判断の慎重さ
マスコミ懐疑
女性
20代
30代
40代
60代
70代以上
学歴
居住年数
保革自己認識
反対知識
賛成知識
自民党派性
維新党派性
その他党派性
橋下感情温度

-4　　　　-2　　　　0　　　　2

回帰係数

注：図中の印は点推定値，横線は点推定値の95％信頼区間。従属変数の
　　基準カテゴリは賛成。破線より上の変数が批判的志向性，下が統制変
　　数。棄権選択に対する結果については省略した。

　以上が，本章の分析結果より導き出される含意であり，また，本書の問いへの
解答でもある。
　そのような本章の分析結果は，しばしばポピュリストに扇動された「大衆」
として揶揄されてきた維新支持者のもつ，冷静かつ慎重な判断力こそが反対多
数というパズルを解き明かす重要な鍵であることをはっきりと示す。この解釈
は，筆者らがこれまで述べてきた（善教・石橋・坂本 2012；善教・坂本 2013），
維新支持は穏健な支持であるという主張が何を意味していたのか，維新支持者
は愚かな「大衆」なのかという問いへの解答となるものである。同時に，大阪
市民はきわめて冷静かつ合理的な有権者であることを示す結果でもある。

■ 小　括

　本章では，特別区設置住民投票の結果を説明するいくつかの通説的見解を検討しつつ，本書のいう批判的志向性が反対多数という結果をもたらした要因であることを，筆者が住民投票後に実施した調査1の分析を通じて明らかにした。さらにここでは，維新支持態度が批判的志向性と投票行動の相関関係をどのように左右するのかという点についても検討した。その結果，維新支持者の批判的志向性が，有意に反対への投票と相関することが明らかとなった。これらは，維新を支持する大阪市民が，自らの批判的志向性に基づき賛成ではなく反対を選択したことが，僅差ながらも反対多数となった原因であったことを明らかにしている。

　第6章で実証的に示したように，多くの大阪市民は，住民投票の結果次第で政令市としての大阪が解体されることを理解していた。たしかに，党派性によって都構想をどのように理解するかは異なるものの，その度合いは大きなものではなく，いわば党派性によるフィルタリングの影響は限定的であった。都構想に賛成であれ反対であれ，多くの手がかりを利用しつつ，大阪市民は悩ましい選択を迫られていた。そのような容易に解答を導き出せない状況下にあったからこそ，たとえ維新を支持していたとしても，この住民投票では賛成ではなく反対へと票を投じたのであろう。

　このような大阪市民，あるいは維新支持者の行動を我々はどのように評価すべきか。換言すれば，我々は維新を支持する多数の大阪市民によりもたらされた維新政治の台頭という政治現象を，ポピュリズム政治の帰結として理解すべきなのか。さらにいえば日本の市民社会は「弱い」のか。これらの問いへの解答は，ここまでの本書の分析結果から明らかであろう。有権者は，そして大阪市民は決して愚かな大衆ではない。我々が目にしているのはポピュリズム政治の帰結などでは決してなく，集合的な利益を代表する政党を選択し，そして慎重に判断すべきときにそのように行動するという，いたって合理的な有権者の姿なのである。

　そのような本書の知見は，今後の日本政治に対していかなる含意を提供する

ものなのか。次章では本書が明らかにした知見を整理しつつ，それらの含意について検討する。

終 章
我々は民主主義を信頼できるのか

1 本書の知見

1.1 第1の問いへの解答——なぜ維新は大阪で支持されているのか

　本書の第1の目的は「なぜ維新は大阪で支持されているのか」という問いに解答を提示することであった。第1章で明らかにしたように，国政政党としての維新は，全国的には弱い政党である。しかし，大阪において維新は多くの有権者に支持されている強い政党であり，それは橋下が代表の座を退いてからも大きくは変化していない。もちろん，その勢いには陰りがみえているが，今日においてもなお，大阪における一大政治勢力であり続けていることは事実である。なぜ維新の「顔」である橋下が政界を引退し，維新の代表ではなくなっているにもかかわらず，維新は大阪で支持され続けているのか。この問いに答えることが，本書の第1の課題であった。

　この問いへの解答として，多くの論者や識者が提示していたのが，ポピュリズム政治の帰結というものであった。しかし本書は，この通説的見解が妥当性に欠けることを論じ，これに代わる本書の解答を第2章で論じた。本書の仮説を要約すれば次の2点となる。第1に維新は，自らの政党ラベルに「大阪」の代表者としての価値を付与することに成功した。中選挙区制により地方政治の場において既存の政党が機能不全に陥るなか，維新は集合利益の追求者として自らを位置づけたからこそ，大阪で多数の有権者から支持された。くわえて第2に，維新は政党ラベルの使い勝手のよさを高めることで，支持態度と投票行動の結びつきを強めた。維新が選挙で強い理由は，維新支持態度と政党ラベル

の関係が他党のそれ以上に強固だからである。これらの理由により，維新は大阪で勝利し続けているというのが本書の仮説であり，上述した問いへの解答であった。

第3章から第5章までの実証分析を通じて，本書の仮説は概ね支持されることが明らかとなった。まず第3章で，全国の有権者を対象とする意識調査を用いて，有権者のポピュリスト態度と党派性の関係を分析した。分析の結果，有権者の党派性とポピュリスト態度の間には明確な関連がないこと，さらに維新党派性をもつ人が強いポピュリスト態度をもっているわけではないことも明らかとなった。もちろんその際，ここで測定されているポピュリスト態度の妥当性が問われることなる。しかしポピュリスト態度の規定要因を分析したところ，ポピュリスト態度の操作的定義は一定の妥当性を有するものであることを示す結果が得られた。これらの知見は，第2章で論じたように，維新政治の台頭をポピュリズムとみなす見解には有権者側の視点からみると妥当性に欠けることを示すものである。

では，大阪で維新が支持されている理由はどのように説明できるのか。第4章ではこの問いに答えるために，維新が特定地域の代表者だと認識されている現状（地域偏重性)，およびそのような維新の特徴が維新支持の規定要因になっていることを，サーベイ実験により明らかにした。もっとも，維新が大阪という特定地域に偏重した政党であることは自明である一方で，そのような地域偏重性は一般的に好ましくないと捉えられていることから，観察調査を用いた分析から維新支持と地域偏重性の因果関係を明らかにすることは難しい。そこでこの問題を解決可能な維新 RFSE によって，維新支持態度の規定要因を分析した。その結果，維新の地域偏重性が維新支持を強く規定していること，またそのような関係は維新不支持者においてはみられず，支持者においてのみみられる傾向であることが明らかとなった。これらの知見は，維新は「大阪」の代表者だからこそ支持されているという仮説を裏づけるものである。

さらに第5章では，政党ラベルが投票選択に与える因果効果を分析することで，維新が選挙で強い理由を検討した。これまで筆者が実施してきたサーベイ実験の結果にしたがえば，維新支持者の自党の政党ラベルへの反応は，他党支持者におけるそれよりも強い。この維新支持者の，維新ラベルへの反応の強さ

を検証するために，維新コンジョイント実験によって，政党ラベルの因果効果の推定を試みた。その結果，小選挙区制のような政党対立が生じやすい環境であっても，中選挙区制のような政党対立が生じにくい環境であっても，維新支持者においては維新ラベルが投票選択を左右する重要な要因となっていることが明らかになった。これは，維新支持態度と維新候補者への投票が強固な関係にあることを示す証左であり，また本書の仮説を支持するものでもある。

　以上の知見は，維新の台頭は有権者が自らの選好に近い，あるいはそれを実現してくれる政党を，政党ラベルという簡便な手がかりを用いて効率的に選択したことの帰結に過ぎないことを明らかにするものである。維新を支持する有権者は，決してポピュリストに扇動された「大衆」ではない。彼ら彼女らは，自律的かつ合理的に「大阪」の代表者を選択しているだけなのである。第Ⅱ部の分析結果は，この本書の主張が一定の妥当性を有することを明らかにするものである。

1.2　第2の問いへの解答——なぜ特別区設置住民投票の結果は反対多数となったのか

　本書の第2の問いは「なぜ特別区設置住民投票の結果は反対多数となったのか」である。この問いに対しては，シルバーデモクラシーや中心−周辺問題など，マスメディアを中心にその解答が提示されてきた。しかし第8章で詳しく検討したように，これら通説的見解はいずれも説得力に欠けるものである。また，維新が「敗北」したので，この結果をポピュリズム論から説明することも難しい。したがって本書では，これら通説に代わる仮説を提示し，その妥当性を実証的に検討した。

　第1の問いに解答する際にも述べたが，本書では有権者を自律的かつ合理的な意思決定主体とみている。有権者は，民主主義を機能させる「市民」としての潜在的な資質をもつ存在である。特別区設置住民投票の結果は，そのような資質としての批判的志向性を有権者がもっていたことの帰結だというのが，本書の主張であり仮説でもあった。もちろん，常に有権者が政治的選択に際して，批判的に考え行動しているわけではない。しかしこの住民投票の情報環境は，大阪市民の都構想に賛成するという判断に対して一定の迷いを生じさせるもの

であった。そのような状況下にあったからこそ，大阪市民の批判的志向性が賛成への投票を踏みとどまらせ，僅差ながらも反対多数となった。本書の仮説を要約すれば以上のとおりとなる。

第6章では，そのような有権者の都構想知識の実態を分析し，本書のいうような情報環境にあったといえるのかを検討した。その結果，住民投票下で大阪市民は都構想に関する知識を一定水準以上有していた可能性が高いことが明らかになった。一般的には，有権者は政治や行政に関する知識をもたないとされるが，特別区設置住民投票時に限定していえば，大阪市民は都構想のメリットもデメリットもかなりの程度，理解していたと考えてよい。無論，党派性が都構想に関する正確な理解を妨げる場合もあるが，その影響は大きくなく，都構想知識の偏りをもたらすほどではなかった。このような通常の選挙では考えにくい状況のなかで，大阪市民は重要な政治的選択を行っていたことを，第6章では明らかにした。

第7章では投票用紙の表題が投票行動にどのような影響を与えるのかを，サーベイ実験によって検証した。反対派が主張していたことの1つに，投票用紙の操作によるフレーミング効果がある。しかし大阪市民と府民を対象に実施したサーベイ実験の結果は，投票用紙の表題によって賛成票が有意に増えるとはいえないことを明らかにするものであった。大阪市民は投票用紙の表題以外に利用できる手がかりがあれば，当然，それを利用するし，それ以外の情報は「合理的」に無視する。少なくとも大阪市民は，投票用紙の表題により操作されるような人びとではない。以上を第7章では明らかにした。

第8章では，特別区設置住民投票下の投票行動と，本書のいう批判的志向性がどのような関係にあるのかを分析した。先に述べたとおり，住民投票の結果を説明する通説的見解はいくつか存在するものの，これらはいずれも説得力に欠けるものである。そこで第8章では大阪市民の批判的志向性に着目する仮説を提示し，これが反対への投票と有意な関連を有することを多項ロジット推定により明らかにした。同時に批判的志向性と投票行動の関連は，維新支持者において強くみられることも明らかにした。

まとめれば，住民投票の結果が僅差ながらも反対多数となったのは，多くの手がかりとなる情報が提示されるという特異な情報環境のなかで，批判的志向

性をもつ維新支持者（の一部）が，賛成ではなく反対へと票を投じたからだと考えられる。繰り返し述べるように，有権者は，そして大阪市民は決して愚かな存在ではない。この反対多数という結果は，ポピュリズム論が維新政治のメカニズムを説明する理論としての妥当性を欠くこと，そして大阪市民には「市民」の資質としての批判的志向性が備わっていることを示しているのである。

2 含 意

2.1 実証研究の重要性

　維新に関する議論の多くは，筆者からみれば学術研究というよりも，政治運動としての色彩を強く帯びるものであったように思われる。もちろん，ポピュリズムだという批判に基づき政治運動を行うことについて，本書は否定するものではない。しかし，ポピュリズムや劇場型政治といった概念を，あたかも維新政治，あるいは日本の地方政治を描写する理論枠組みであるかのごとく用いることに対して，本書は批判的な立場にある。少なくとも，それらが実証的根拠に基づくものであるといえるのか，筆者としては疑問である。

　維新政治に関する著作や論稿は枚挙に暇がないほど多く存在する。しかしそのなかのどれだけが実証的根拠に基づき，維新について論じるものなのであろうか。とりわけ「大衆社会」と銘打ち，維新を支持する有権者を愚者の如く扱ってきた論者は，何を根拠にそのような議論を展開するのか。筆者からみてポピュリズム論は，研究者を含む知識人が有する，ある意味での傲慢さを明らかにするきっかけになった議論であるように思われる。とりわけ維新に関する論稿については，そのような傾向が強かったのではないか。

　実は，かなり早い段階から，ポピュリズム論は実証的には支持されない議論であることが明らかにされていた。筆者らが 2011 年大阪ダブル選後に実施した意識調査の分析結果をもとに，ポピュリズム論には実証的妥当性がないことを主張したのは 2012 年である。松谷（2012a）も大衆社会論の依拠する前提には妥当性がないことを指摘する点で，筆者らの主張と軌を一にするものであった。維新政治をポピュリズム政治だと指摘する論者は，これら先行研究に気づ

いていないのか，あるいは無視しているのか筆者にはわからない。しかしいずれの場合であっても，これら先行研究を無視して印象論を述べ続けることは，研究者としての信頼性を貶しめる行為であるように思われる。

　実証研究を地道に蓄積していくことは，地味で退屈な作業である。しかしこの作業なくして，現実政治を理解することなどできない。その意味で本書は，いかに実証分析が現実政治を理解し把握するうえで重要なのかを，あらためて示すものだといえる。もちろん本書は，ここまでに述べてきた見解や分析結果が，唯一無二の正解であると主張しているわけではない。むしろ今後の研究動向によっては，本書の知見や結論が否定されることもあろう。しかしそのような証拠に基づく批判と再批判の繰り返しのなかで，実態への理解を徐々に確定させていく作業こそが重要なのである。本書が実証的根拠に基づき，しつこいほどポピュリズム論の妥当性を検証し続けた理由も，そのような問題意識があるからである。

2.2　政党を機能させる制度改革の必要性

　本書は維新が自らの政党ラベルを機能させることに成功したことが，大阪で勝ち続ける理由だと述べた。もちろん，この事実をどのように評価するかは，論者により異なるだろう。筆者も諸手をあげてこれを「良し」とするわけではない。しかし，維新が多くの問題を抱える政党であるとしても，維新の「成功体験」から今後に活かすべき教訓は何かを検討する必要はある。ここでは地方政治における政党の意味という観点から，得られる教訓について考える。

　維新の勝利の背景には，本書で指摘してきたように，地方政治における政党の機能不全がある。中選挙区制という政党を機能不全に陥らせる制度のなかで，維新は偶然にも政党を機能させることに成功した。仮に維新に代わる大阪市と府の利益を調整可能な政党が存在していれば，これほどまで維新が支持されることはなかったのではないか。自民党を含む多くの政党は，大阪市と府の利益を調整する主体にはなりえなかったし，大阪市民・府民も既存の政党をそのようにはみなさなかった。これらは，地方政治における政党のあり方について，我々が再考すべきときに来ていることを示唆するものではないだろうか。

　地方政治に政党は馴染まないという声がある。しかし断片化された利益を追

求する政治家の集合体が，果たして1つの集合的な意思決定主体としての政党に対抗しうる政治勢力になりうるのか，筆者は疑問である。政党に対抗しうるのはあくまで政党であり，ばらばらな個人が集まっている「烏合の衆」ではない。本書はたとえ地方であっても，政党を機能させる余地や必要性はあると考える。そうすることにより，1つの政治勢力が権力の中枢に居続けるような状況を打破することもまた，可能になるのではないだろうか。

　地方において政党を機能させるためには，選挙制度，具体的には現行の地方議会の選挙制度である中・大選挙区制を見直す必要がある。維新をのぞく政党，あるいは政党所属の議員が断片化された利益を追求する背後には，選挙制度による制約が存在する。問題なのは議員の資質や能力ではなく，彼ら彼女らの誘因構造を形成するゲームのルールとしての制度である。中選挙区制をあらため，拘束式あるいは非拘束式比例代表制に選挙制度を変えることを検討すべきではないだろうか。

　拘束式比例代表制とは，衆院選で採用されている選挙制度であり，①政党があらかじめ候補者に順位をつけた名簿を作成し公開する，②選挙の際にはその名簿などを参考に，有権者は「政党」に対して票を投じるという制度である。あらかじめ順位が決められているので，ある政党が10議席を獲得した場合，10位までの候補者が当選することになる。他方の非拘束式比例代表制とは，参院選で採用されている選挙制度であり，①政党があらかじめ順位を定めない名簿を作成し公開する，②選挙の際にはその名簿などを参考に，有権者は「政党」もしくは「候補者」に対して票を投じるという制度である。名簿の順位は原則として候補者個人の得票数により確定される。非拘束式は個人に対する投票があることを前提とするので拘束式と比べて政党を基準とする投票傾向が弱まるが，現在の中・大選挙区制よりは政党が機能しやすくなると考えられる。

　もちろん，政党を地方政治において機能させるべきとの主張に対しては多くの異論があるだろう。中央政府とは異なる論理で地方政府を運用してこそ「自治」であるという考え方は，それなりに納得のできるものである。しかしそれは，地方における政党の存在意義を否定するものでもないと考える。政党は地元利益の代弁者になることも，逆に集合的な利益の代弁者になることもできる。革新自治体が，きわめて強い政党色を有しつつも，他方で中央政府から自律的

であったことを想起されたい。有権者からみた責任所在の明確さや候補者の選びやすさという観点からも，政党を機能させることは重要だと考える。そのための選挙制度改革の必要性を，ここでは指摘しておきたい。

2.3 我々は民主主義を信頼できるのか

維新の台頭という政治現象は，我々に民主主義は信頼できるのか，という疑問を突きつけるものであったように思われる。本書において筆者は，ポピュリズム論を批判し続けてきたが，それはあくまで彼らの「社会」を論じる姿勢に対して向けられるものである。それ以外の，たとえば都構想が抱える多くの制度的な問題点などについては首肯する点も多い。だからこそ彼らの発するポピュリズムという説明に，多くの人びとが納得したのだろうという印象もある。なぜ維新のような政党が支持され続けているのか。民主主義の危機ではないか。このようなメッセージが発せられる原因が維新にあることを本書は否定するものではない。

しかし，それでも本書は，民主主義は，あるいは民主制を支える有権者の意思決定は信に足りうるものだと主張する。その最大の根拠は，住民投票において都構想が僅差ながらも否決されたという事実である。これはたった1つの事実ではあるけれども，ほかの何よりも重い事実である。有権者は決して愚かな存在ではない。有権者は自らの理性に基づき，判断を下せる自律的な「市民」である。本書が明らかにしたことは，煎じ詰めればこの1点に尽きる。

維新政治をめぐっては多くの問題点が指摘されており，そのたびに維新を選択した有権者の責を問う声を耳にする。しかしそのような指摘は「有権者の政治関心を高めるべきだ」という一般論に終始するような，問題の本質を見誤らせる無意味な指摘である。有権者ができることは，せいぜい好ましくない選択肢のうち，より好ましくない選択肢を選ばなかったり，あるいはより悪くない選択肢を選んだりすることくらいである。意思決定に重大な瑕疵があるならば有権者の責を問うべきだが，大阪市民は「大阪」の代表者を，利用可能な手がかりを用いて選択していたに過ぎない。問題があるとするならばそれは有権者の側ではなく，有効な政党を形成することに失敗した「政治」の側にある。だからこそ本書は政党を機能させるべきだと主張しているのである。

有権者の問題は，選挙制度の問題，そして政党の機能不全を解決して初めて問われるべきである。大阪市民は，提示された選択肢のなかでもっともありうる選択肢を選んできた。「政治」が機能すれば，有権者もまたそれに呼応する。維新政治は，民主主義を機能させるためには，民主主義を支える「人びと」を信頼しなければならないという単純だが重要な事実を我々に教えてくれた。市民社会を憂う前に，我々は，政治を機能させる必要があるし，そのために何が必要なのかを考えなければならない。「市民」により支えられている日本の民主主義は，まだ信頼してよい制度である。

補論 A　批判的志向性は反対を促すか
　　　——サーベイ実験による検証

1　問題設定

　第 8 章では，大阪市民の批判的志向性が特別区設置住民投票下の投票行動を規定していたことを実証的に明らかにした。しかし，同時にこの分析には次に述べる方法論上の問題がある。第 1 は内生性である。「都構想に反対した」から「いろいろと批判的に考えていたのだ」という，逆の因果関係の可能性を第 8 章の分析は排除できていない。第 2 はリスク態度との関係である。近年，投票行動の規定要因としてのリスク態度に関する関心が高まっている（飯田 2016b）。都構想がリスクを抱えた制度改革案であることは自明であり，したがって特別区設置への賛否は，このリスク態度と関係する可能性がある。しかし第 8 章の分析ではリスク態度と賛否選択の関係を分析できていない。

　そこで以下では，筆者が実施したサーベイ実験を分析し，上述した残された課題にこたえることにしたい。ここで問うのは，政府による大きな変化を伴う可能性が高い制度改革に対して，有権者は慎重に判断するのかである。また，有権者の批判的志向性やリスク態度はそのような制度改革が行われる際，どのような機能を果たすのか。この点についても補論 A では明らかにする。

2　実験設計

　筆者は，全国の有権者を対象に実施した「調査 5」で，上記課題にこたえるためのサーベイ実験を試論的に実施した。批判的志向性やリスク態度を筆者が操作することは容易ではないが，投票環境やどのような制度改革を行うかというシチュエーションを操作することは，実験設計上，可能である。そこでこの点をサーベイ実験において操作することで，有権者が冷静に判断せざるをえないような状況になったときに，改革案に反対するのかをシナリオ実験により検証する。さらに回答者の意思決定が，彼ら彼女らの態度によってどのように変わるのかについても明らかにする。

シナリオ実験の概略は以下のとおりである。まず回答者に制度改革に関する賛否についての直接投票を行うシチュエーションを想像してもらう。具体的には「衆議院の解散の是非」「憲法改正の是非」「道州制導入の是非」のいずれかについて想像してもらう。これらは回答者にシナリオ文中の「〇〇〇」のなかに無作為に1つだけ表示される[1]。その後，投票結果が法的拘束力をもたない場合（要因A）と，拘束力をもつ場合（要因B）のいずれかが，無作為にシナリオ文中に提示される。この実験では，法的拘束力が生じるという慎重さを要請する投票という認知が，反対選択確率を高めると想定している。さらに上述したように，刺激の因果効果だけではなく，これが有権者の態度によってどのように変化するのかも分析する。

　　近年，世界的に重要な問題について有権者の投票によって判断をしようとする動きが見られます。今から2週間後に，〇〇〇に関する投票が行われることを想像してください。投票は「賛成」か「反対」の2択であり，投票率が低くてもその結果は有効なものとみなされます。また，**【要因A投票結果は法的拘束力をもたないものであり，国会での審議を経て／B投票結果は法的拘束力をもつものであり，国会で審議されることなく】**最終的な決定がなされるものとします。あなたはこの投票で賛成しますか，反対しますか。あるいは棄権しますか。

リスク態度は飯田（2016b）を参考に，以下のように測定した。選択肢は「1：まったく同意できない」から「5：強く同意できる」までの5件尺度である。

　　日本には「虎穴に入らずんば虎子を得ず」という，失敗するかもしれないけど成功すると大きな利益を得ることができる，という意味のことわざがあります。あなたはこのことわざにどのような印象をもちますか。同意できますか，それとも同意できませんか。

1　どのような争点かも賛否に影響を与えるが，この点については議論の目的とは異なるため検討しない。

リスク態度に関する操作的定義はほかにもあるが[2]，政治行動や投票行動の研究ではこのことわざへの反応を利用するケースが多い。本書も先行研究にしたがい，この指標を用いる。なお批判的志向性の操作的定義についてはすでに第8章などで述べているため割愛する。全国の有権者を対象とする調査5を用いた因子分析の結果においても，図8.6に示した2つの下位次元の存在を確認することができた。

3 実験結果

シナリオ実験に組み込まれた情報（審議の有無）は，有権者の意思決定にどのような影響を与えるのか。まずはこれが選択（賛成／反対／棄権）に与える影響から確認していこう。図補A.1は，全サンプルを対象とするサーベイ実験の結果を整理したものである。左側の図（棄権含む）をみれば明らかなように，審議の有無は賛否選択に明確な影響を与えるとはいえない。棄権を欠損値として扱い，分析し直しても（右図）賛否比率が審議の有無により異なるという結果とはならない。全国の有権者を対象とする場合，審議の有無は賛否に対して影響を与えるということはできないようである。

なお，さらなる分析として，提示した争点（衆議院解散／憲法改正／道州制導入）によって審議の有無の効果が変わるかどうかについても分析した。その結果を述べると[3]，これら政治的争点の違いを考慮しても，審議の有無が回答者の意思決定に与える影響を確認できないというものであった。全国の有権者を対象とするサーベイ実験の結果は，政治的争点に違いを考慮しても，慎重な判断を要するシチュエーションが，反対選択確率を高めるというものではないようである。

図補A.1は全サンプルを対象とする実験結果を整理したものだが，補論A

---

2 たとえば行動経済学では「A：月収が平均所得の5％増しであることが約束されている会社」と「B：月収が半々（50％）の確率で，平均所得の2倍，もしくは30％減となる会社」の2つを提示し，どちらを選択するかから操作化することもある。筆者の直感としてはことわざに対する同意を尋ねるよりも，このほうがうまく操作化できているように思うのだが，実際は逆のようである。態度の操作化は難しいのである。

3 無作為に提示した政策争点と審議の有無の交互作用項の効果を多項ロジット推定に基づき推定したが，回帰係数値は0値に近く，統計的に有意な値でもなかった。

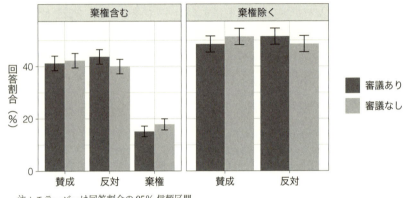

図補 A.1　審議の有無が賛否に与える因果効果の推定結果

注：エラーバーは回答割合の 95% 信頼区間。

の目的は，実験刺激の効果が有権者の態度，つまり批判的志向性やリスク態度などによって変化するのかという点にもある。そこでこれらの点を確かめるべく，調査の回答者を態度ごとに区分したうえで，それぞれの回答者における刺激の効果を推定した。批判的志向性については，探索的因子分析により 2 次元を抽出し，各次元（マスコミ懐疑と客観性重視）の因子得点から，態度高群と低群に回答者を区別した[4]。リスク選好については，1〜2 を選んだ人をリスク選好強，3 をリスク選好中，それ以外をリスク選好弱グループとした。

　図補 A.2 は，批判的志向性強グループと弱グループに回答者を分けたうえで，審議の有無の効果の推定結果を整理したものである。批判的志向性にはマスコミ懐疑の次元と客観性重視の 2 次元が存在するので，分析結果も次元ごとに整理している。この図をみれば明らかなように批判的志向性には，審議の有無の効果を強めたり，逆に弱めたりするような効果があるとはいえない。審議あり群となし群の賛否比率に有意な差はなく，むしろ審議がないほうが，反対比率が増えるようである。結果は省略するが，棄権を除いて分析し直しても同様の結果が得られた。

　次に，リスク選好との関係についてである。リスク選好の強弱と審議の有無の効果も，批判的志向性の結果と同じく，関係があるとはいえない結果である。

4　因子得点が 0 より大きい場合を高群，0 より小さい群を低群としている。

図補 A.2 審議の有無が賛否に与える効果の分析結果（批判的志向性別）

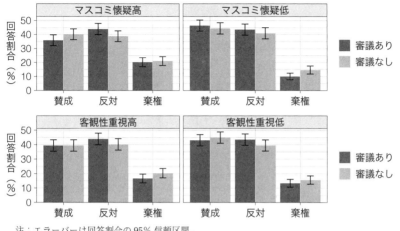

注：エラーバーは回答割合の 95% 信頼区間。

ただし実験結果をまとめた図補 A.3 をみると，リスク選好が弱いグループにおいて，統計的には 5% 水準で有意ではないのだが，審議なしだと賛成が増える傾向を確認することができる。ただしこれは，リスクをあまりとりたがらない人のなかで，リスクが相対的には大きいと考えられる審議なしのほうが賛成選択確率は上がるという結果であり，理論的想定とは逆である。なお，棄権を除いて分析した結果も，これと同様の結果となる。

以上の結果は，次のようにまとめられる。第 1 に本章の実験結果からは，慎重な判断を必要とするシチュエーション，つまり審議が行われないことが，賛成ではなく反対票を増やすことを確認できなかった。第 2 に特別区設置住民投票時にみられたような批判的志向性の重要性についても，本章の実験からは確認することができなかった。さらに第 3 に，有権者のリスク選好についても，これが投票の際の意思決定に関わることを確認できなかった。

小　括

補論 A の結果を述べれば，ここでの実験結果は本書の仮説と整合的な結果が得られなかったというものである。もちろんこれをもってただちに，本書の仮説が誤りだということになるわけではない。とはいえ，本書の仮説が支持さ

図補 A.3 審議の有無が賛否に与える効果の分析結果（リスク選好別）

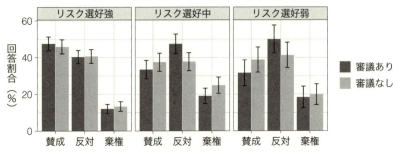

注：エラーバーは選択率の 95% 信頼区間。

れるわけではない結果となったという点からいうと，やや残念な結果である。

　もちろん，本章の実験にはいくつかの問題がある。上述したような結果となったのは，そのような問題があったからではないだろうか。たとえば本章で実施したシナリオ実験は，架空の状況を想像してもらうものだった。さらに回答者が審議の有無の意味について，理解することが難しかった可能性もある。批判的志向性がいつ，どのような形で機能するのかは，シナリオ実験のシチュエーションを精査し，あらためて検証する必要がある。無論，これはリスク態度との関係についてもあてはまる。図補 A.3 の結果は，統計的には有意ではないものの，リスク態度の理論が想定するものとは逆であった。批判的志向性と同じく，リスク態度との関係についてもさらなる実証研究が必要である。

補論 *B* 都民ファーストの躍進とポピュリズム

1 問題設定

2017 年 7 月 2 日に行われた東京都議会議員選挙の結果は，我々に衝撃を与えるものであった。小池百合子東京都知事が代表を務めていた地域政党「都民ファーストの会」（以下「都民 F」）が擁立した公認候補者（50 人）のうち 49 人が当選し，設立して間もない都民 F がいきなり議会第一党へと躍進したのである。他方，それまで都議会の最大勢力であった自民党の議席数は 23 議席となった。もっとも，自民党は約 126 万票を獲得しており，絶対得票数の観点からいえば「自民党が支持されなかった」わけではないのだが，新興政党である都民 F が第一党となったのは，事前に多くの予測報道がなされていたとはいえ驚くべき結果だといえるだろう。

都民 F の躍進が，大阪における維新の躍進といくらか共通点があると考えるのは，それほど不思議なことではない。既成政党への不信や不満に基づき，知事あるいは市長が率いる，「改革」を標榜する新たな政治勢力という点は，まさに維新を彷彿とさせる。さらに新人議員が候補者の大半を占めているところからも推察されるように，政治家個人の資質よりも都民 F ラベルを前面に掲げる点も共通するように思われる。

都議選における有権者の投票行動のメカニズムの全容を明らかにすることは本書の議論の範囲を超える。しかし「都民 F への投票や支持がポピュリズムとどのような関係にあるのか」という問いは，本書と関わりがあるものと考えられる。第 3 章で論じたように，ポピュリスト態度の分析は，日本ではまだ十分に蓄積されていない。維新だけではなく都民 F への支持や投票についても，世界的なポピュリズムの文脈の俎上に載せることができるのかを検討することは，重要な課題であろう。

以下では，筆者が 2017 年 7 月 10 日から 14 日にかけて，稗田健志氏（大阪市立大）と共同で実施した東京都在住の 18 歳以上の男女を対象とするオンラ

イン上で実施した意識調査を用いて[1]，都民 F への支持や投票とポピュリスト態度の関係を実証的に明らかにする。シュルツらのポピュリスト態度の実証研究によれば (Schulz et al. 2018)，第 3 章で分析した人民主義の次元は 1 次元ではなく多次元であり，①反エリート主義 (anti-elitism)，②人民による統治 (sovereignty)，③人民の均質性 (homogeneous) という，さらなる下位次元が存在するという。つまり④多元主義や⑤エリート主義を含めると 5 つのポピュリスト態度の次元が存在するということである。本章では，このポピュリスト態度に関する知見の妥当性を検証すること，および新たに作成した指標と都民 F への支持の関係を分析する。

なお，データ収集の際の工夫について，分析結果を述べる前に説明しておこう。オンラインパネルを用いた意識調査には多くの問題があるが，「政治」意識調査を実施する際，オンラインモニタの「党派性バイアス」をどう低減するかは重要な課題となる[2]。本書が用いるモニタを例に説明すると，若干ではあるが，「革新」政党への支持を過大に評価するバイアスがあるデータとなっている。オンライン調査会社を利用するのであれば，改革派を標榜する都民 F への支持についても，それを過大に評価するバイアスが生じる可能性がある。

そこで筆者らは上述した選択バイアスを補正する方法として，投票先選択回答に基づく割付回収を行った[3]。手順は次のとおりである。まず，事前調査として，①居住地 (市・区)，②学歴，③職業，④東京都議選での投票行動に関して調査した (4 問)[4]。そしてこの事前調査の結果を利用して回答者数を調整し[5]，

1　データの使用を快諾してくださった稗田氏に，ここに記して感謝申し上げる。

2　もちろんこれはオンライン調査に限定されず，郵送調査や電話調査 (RDD) にも付随する問題である。

3　性別と年齢 (20 代以下，30 代，40 代，50 代，60 代以上) の割付回収は筆者らではなく国勢調査の結果などを参考に調査会社が行った。

4　投票行動に関する質問は次のとおりである。「2017 年 7 月 2 日 (日) に投開票が行われた東京都議会議員選挙についてお伺いさせて頂きます。あなたはこの選挙で投票に行きましたか。また，行かれた場合，どの政党所属の候補者に投票しましたか。以下の選択肢の中からもっとも適当なものを 1 つ選んでください」。また選択肢は回答しない (NA) を除き①都民ファーストの党の候補者，②自民党の候補者，③公明党所属の候補者，④共産党所属の候補者，⑤その他政党の候補者，⑥投票に行こうと思っていたがいかなかった，⑦投票に行く気がなく棄権した，である。

5　居住地域，学歴，職業については「回答しない (NA)」を選択した回答者を有効サンプルから除外するように設定しているが，割付回収にこれらの質問は利用していない。割付

補論 B　都民ファーストの躍進とポピュリズム　　237

すべての回答者が本調査に進めないようにした[6]。本章で用いるデータは、そのような補正を行ったうえで回収したものであり、純粋に調査にアクセスした順に回答者を収集したものではない。

2　ポピュリスト態度の分析

　筆者らは表補 B.1 に整理した 15 の質問を用いて、ポピュリスト態度の測定ないし指標化を試みた。質問形式は POP1 から POP15 までの 15 の項目より成るマトリクス型であり、「そう思う (1)」から「そう思わない (5)」までの 5 件尺度でポピュリズムへの選好を尋ねている。具体的に説明すると POP1 から 3 までが反エリート主義 (anti-elitism)、POP4 から 6 までが人民による統治 (sovereignty)、POP7 から 9 までが人民の均質性 (homogeneous)、POP10 から 12 までが多元主義 (pluralism)、POP13 から 15 までがエリート主義 (elitism) に関わる質問項目である。

　まず、因子分析を行う前段作業として、適切な因子数の推定を行った。MAP 基準や BIC などにより因子数をどの程度とすべきかを分析した結果、採用する基準によって因子数が異なるという結果となった。最小因子数は MAP 基準に基づく 3、最大因子数は BIC 基準に基づく 5 である。そこで、因子数を 3 から 5 へと変化させながらモデルの適合度を分析したところ、図補 B.1 に整理した 5 因子モデルがもっとも妥当なモデルという結果となった。5 因子モデルの RMSEA は 0.025 であり、90% 信頼区間上限値も 0.033 と 0.05 を下回っている。

　それぞれの次元を構成する各項目の平均値を、表補 B.1 を参照しつつ確認していこう。まず反エリート主義に関する項目 (POP1-3) は、いずれも平均値が高くない。人民による統治に関する項目 (POP4-6) も比較的低い平均値のようである。他方、人民の均質性に関する項目については (POP7-9)、それほど強い信念をもっておらず、むしろ多様性を認識する傾向が強い。高いリーダーシップもつ人を重視する傾向は項目により異なり (POP10-12)、一概に強弱を

　　　回収を行うために利用した質問は投票行動に関する設問のみであり、実際の投票結果に合わせる形で回収サンプルを調整している。

6　　事前調査の回答者数は約 3900 人だが、本調査の回答者数は約 1800 人である。

表補 B. 1　東京都議選後調査におけるポピュリスト態度の操作的定義

質問	最小値	最大値	平均値	標準偏差
政治家は，すぐに一般人のことを理解できなくなる（POP1）	1	5	2.24	0.95
政治家と一般人の間の考えの違いは，一般人の間のそれよりもずっと大きい（POP2）	1	5	2.25	0.96
政治家は実際のところ，私のような一般人の考えに興味などない（POP3）	1	5	2.29	1.03
重要な政治的決定については，政治家ではなく，一般人による直接投票によって決めるべきだ（POP4）	1	5	2.55	1.07
重要な政治的決定を行う時はいつでも，一般人に問われるべきだ（POP5）	1	5	2.39	0.98
政治家ではなく一般人が重要な政策を形成すべきだ（POP6）	1	5	3.06	1.00
一般の人は，大抵，似通った考え方をしている（POP7）	1	5	3.27	1.02
一般人の多くは同じ関心事や価値観をもっている（POP8）	1	5	3.25	1.04
日本は他の国とは大きく異なるが，日本人の中の相違は大きくない（POP9）	1	5	3.05	0.97
自由は多様性への尊重なしには存在し得ない（POP10）	1	5	2.13	0.84
自分とは異なる組織や集団の意見を聞くことはとても重要だ（POP11）	1	5	1.98	0.76
民主主義では，異なる考えをもつ人の中で合意を形成することが重要だ（POP12）	1	5	2.12	0.82
政治家は人々に従うのではなく，導いていくべき存在だ（POP13）	1	5	2.54	0.95
ビジネスで成功したリーダーが重要な政策決定をした方が，日本はよりよく統治される（POP14）	1	5	3.14	0.98
政治家や一般人ではなく卓越した専門家が重要な政策決定をした方が，日本はよりよく統治される（POP15）	1	5	2.90	0.93

いうことは難しい。政治家は有権者を導くべき存在だと考えているが，ビジネスで成功した人による政治にはやや懐疑的である（POP13-15）。

3　ポピュリスト態度と投票行動

　ポピュリスト態度の強弱は都民 F への支持とどのような関係にあるのだろうか。この点を実証的に確かめるべく，前節の探索的因子分析の結果に基づき

図補 B.1 ポピュリスト態度の構造（5因子モデル）

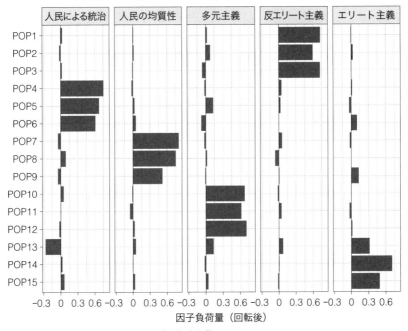

注：推定法は最尤法，ミンレス回転後の解を記載。

算出した各次元の因子得点と都民Fへの投票の関係を多項プロビット推定により分析した[7]。その結果を整理したものが図補B.2である。従属変数は都民F，自民・公明，その他，棄権（参照カテゴリ）である。

結果を先に述べれば，独立変数をポピュリスト態度とする多項プロビット推定を行っても，ポピュリスト態度の強弱が都民Fへの投票と強く相関するという結果にはならなかった。推定結果は図補B.2に整理したとおりである。図中に記しているとおり，ポピュリスト態度と投票行動の相関関係は年齢，性別，教育水準，保革自己認識といった基本的属性や態度との相関を統制した状態で分析している。

まず，人民による統治については，自民・公明党への投票者の投票とは関係があるといえるが，都民Fへの投票とは弱く負の相関関係にある。次に人民

---

[7] 因子得点は回帰法によって算出した。なお標準化しているためにおよそ-3から3が変数の範囲となる。ただし解釈を容易にするために符号の向きを逆転させている。

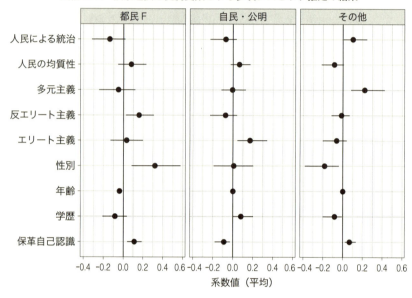

図補 B.2　投票選択を従属変数とする多項プロビット推定の結果

の均質性ついては，都民 F への投票とそれほど強く関連するわけではない。多元主義も同様の傾向を示す。反エリート主義については，都民 F への投票と正の相関関係にある。最後にエリート主義については，都民 F への投票と強く関連しないという結果である。5 つのポピュリズム態度のうち，反エリート主義のみ，都民 F への投票と関連するといえそうである。ただ，他の態度次元と都民 F 投票の間には明確な関連がない。都民 F への投票がポピュリスト態度の強さに基づくものであったと結論づけることは難しい。

4　都民ファーストと維新の共通点

　東京都民の多くはたしかに都議選において都民 F の候補者に票を投じたが，それを「ポピュリズム」の帰結だと評価するのは早計であろう。維新と同じく，うまく東京都民に「集合利益」を提示できない都議会の既成政党，とりわけ自民党への不信や不満が都民 F 躍進の背後にあったのではないだろうか。図補 B.2 の結果も，これを支持するものであるように思われる。

　都民 F あるいは小池知事の業績のすべてが高く評価されているわけではな

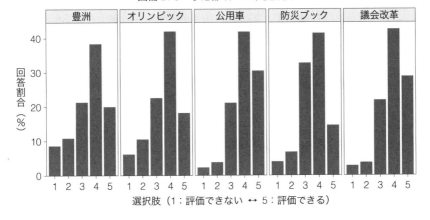

図補 B.3 小池都政への業績評価

い点は，この問題を考えるうえで重要である。図補 B.3 は，小池都知事が行ってきたさまざまな事柄について，どのように評価するのかを尋ねた結果を整理したものである。全体としていずれの業績も高く評価されているが，豊洲市場への移転見直しやオリンピック会場の再検討について，評価すると回答しているのは 6 割程度であり，公用車使用の見直しや議会改革と比較するとそれほど評価されていない。見方を変えれば，小池都政において高く評価されているのは「議会」への対応である。東京都民は都議会の運営のあり方などに不満を抱いており，そのことが都民 F への支持の高まりや，都民 F 候補者への投票へとつながった。そのような背景事情と，うまく政党ラベルを利用し選挙を戦ったことが重要だったのではないだろうか。この点で都民 F と維新には，いくらか共通する点があると考えられる。

　さらに「国政」の都議選への影響についても述べておきたい。都議選での都民 F 勝利の背景には，森友学園問題や加計学園問題などへの安倍首相の対応への不満があるのではないかという疑問をもつ人は多いだろう。都民 F への投票が議会（の自民党）への不満に基づくのか，それとも「国政政党」への不満に基づくのかを明確に峻別することは難しい。しかし都民 F への投票者が安倍首相に対して抱く感情は高くないが（平均値約 34 度），共産党候補者への投票者の感情温度平均値と比較するとむしろ高い（約 12 度）点を勘案すれば，都民 F は，あくまで議会改革にどう取り組んだかという「対議会」という視

点に基づき支持されたと考えるほうがよいだろう。

　この解釈を裏づけるのが，都民 F の保革イデオロギー軸上の位置づけに関する筆者らの調査結果である。都民 F をどのようなイデオロギーをもつ政党と認識するかは有権者の世代によって大きく異なる。具体的に述べれば，筆者らが都民 F の位置づけを尋ねたところ，18 歳から 39 歳までの回答者のうち約 63％ が都民 F を革新政党と答え，保守政党と回答したのはわずか 14％ 程度であった。40 歳から 59 歳に限定すると革新政党と位置づける回答者は約 52％ へと減るが，それでも保守政党と認識する有権者は少ない（約 25％）。60 歳以上の有権者に限定してようやく，都民 F を革新政党と位置づける人は約 39％，保守政党と位置づける人は約 36％ と拮抗する。多くの有権者は都民 F に対して，「議会という既得権」によって守られた現状を打破するような「革新」政党だと認識しているということである。

小　　括

　都議選での大勝後，小池知事は都民 F の代表の座を「二元代表制の理念」に基づき退く。代表の座をこうも容易に退く点に，政党組織として都民 F がどの程度機能しているのか，筆者としては疑問を抱かざるをえない。とはいえ，それを差し引いたとしても，「大阪」の利益の代表者としての価値を付与できた維新と比較すると，都民 F の基盤は脆弱である。国政進出の「失敗」により，東京という「地域」に根ざした支持はもう揺らいでいるかもしれない。東京都全体の奉仕者としての価値をどのように都民 F というラベルに付与するかは，都民 F にとっての大きな課題である。

　維新にしても都民 F にしても，単純なポピュリズムという枠組みに基づく解釈には限界がある。ポピュリスト態度は都民 F への投票と強く相関しない。東京都民の政治行動の背景にあるのは「都議会」への問題意識とみたほうがよく，それを改革する主体として認識されたからこそ，都民 F は多くの有権者の支持を獲得することに成功したのであろう。

　もちろんここでの分析結果はあくまで「速報値」である。いくらか不確かな点が分析結果には含まれるし，より精緻な分析に基づき明らかにすべき点も多い。これらについては，今後解決すべき筆者に残された課題としたい。

▌参 考 文 献

Abbe, Owen G., Jay Goodliffe, Paul S. Herrnson, and Kelly D. Patterson (2003) "Agenda Setting in Congressional Elections: The Impact of Issues and Campaigns on Voting Behavior," *Political Research Quarterly,* 56 (4): 419-430.

Akkerman, Agnes, Cas Mudde, and Andrej Zaslove (2014) "How Populist Are the People? Measuring Populist Attitudes in Voters," *Comparative Political Studies,* 47 (9): 1324-1353.

Akkerman, Agnes, Andrej Zaslove, and Bram Spruyt (2017) "'We the People' or 'We the Peoples'? A Comparison of Support for the Populist Radical Right and Populist Radical Left in the Netherlands," *Swiss Political Science Review,* 23 (4): 377-403.

Aslanidis, Paris (2016) "Is Populism an Ideology? A Refutation and a New Perspective," *Political Studies,* 64 (1): 88-104.

Auspurg, Katrin and Thomas Hinz (2015) *Factorial Survey Experiments,* SAGE Publications, Inc.

Auspurg, Katrin, Thomas Hinz, Stefan Liebig, and Carsten Sauer (2015) "The Factorial Survey as a Method for Measuring Sensitive Issues," Uwe Engel, Ben Jann, Peter Lynn, Annette Scherpenzeel, and Patrick Sturgis eds. *Improving Survey Methods: Lessons from Recent Research.* Routledge: 137-149.

Bélanger, Eric and Kees Aarts (2006) "Explaining the Rise of the LPF: Issues, Discontent, and the 2002 Dutch Election," *Acta Politica,* 41 (1): 4-20.

Barabas, Jason, Jennifer Jerit, William Pollock, and Carlisle Rainey (2014) "The Question (s) of Political Knowledge," *American Political Science Review,* 108 (4): 840-855.

Berlet, Chip and Matthew N. Lyons (2016) *Right-Wing Populism in America: Too Close for Comfort.* Guilford Press.

Blair, Graeme and Kosuke Imai (2012) "Statistical Analysis of List Experiments," *Political Analysis,* 20 (1): 47-77.

Bøggild, Troels (2016) "How Politicians' Reelection Efforts Can Reduce Public Trust, Electoral Support, and Policy Approval," *Political Psychology,* 37 (6): 901-919.

Boudreau, Cheryl and Scott A. MacKenzie (2014) "Informing the Electorate? How Party Cues and Policy Information Affect Public Opinion about Initiatives," *American Journal of Political Science,* 58 (1): 48-62.

Boyte, Harry C., and Frank Riessman (1986) *The New Populism: The Politics of Empowerment.* Temple University Press.

Bracciale, Roberta and Antonio Martella (2017) "Define the Populist Political Communication Style: The Case of Italian Political Leaders on Twitter," *Information, Communication & Society,* 20 (9): 1310-1329.

Brandenburg, Heinz (2006) "Party Strategy and Media Bias: A Quantitative Analysis of the 2005 UK Election Campaign," *Journal of Elections, Public Opinion and Parties,* 16 (2): 157-178.

Brewer, Paul R. (2003) "Values, Political Knowledge, and Public Opinion about Gay Rights: A Framing-Based Account," *Public Opinion Quarterly,* 67 (2): 173-201.

Burnett, Craig M. and Vladimir Kogan (2015) "When Does Ballot Language Influence Voter Choices? Evidence from a Survey Experiment," *Political Communication,* 32 (1): 109–126.

Chen, Eric, Gábor Simonovits, Jon A. Krosnick, and Josh Pasek (2014) "The Impact of Candidate Name Order on Election Outcomes in North Dakota," *Electoral Studies,* 35: 115–122.

Clifford, Scott and Jennifer Jerit (2016) "Cheating on Political Knowledge Questions in Online Surveys: An Assessment of the Problem and Solutions," *Public Opinion Quarterly,* 80 (4): 858–887.

Clifford, Scott, Ryan M. Jewell, and Philip D. Waggoner (2015) "Are Samples Drawn from Mechanical Turk Valid for Research on Political Ideology?" *Research & Politics,* 2 (4): 1–9.

Coan, Travis G., Jennifer L. Merolla, Laura B. Stephenson, and Elizabeth J. Zechmeister (2008) "It's Not Easy Being Green: Minor Party Labels as Heuristic Aids," *Political Psychology,* 29 (3): 389–405.

Cohen, Jeffrey E. (2017) "Heterogeneous Presidential Source Cue Effects on Public Opinion: The Case of the Sotomayor Nomination to the Supreme Court," *Congress & the Presidency,* 44 (3): 303–322.

Dillman, Don A., Jolene D. Smyth, and Leah Melani Christian eds., (2014) *Internet, Phone, Mail, and Mixed-Mode Surveys: The Tailored Design Method,* 4th edition, Wiley.

Elchardus, Mark and Bram Spruyt (2016) "Populism, Persistent Republicanism and Declinism: An Empirical Analysis of Populism as a Thin Ideology," *Government and Opposition,* 51 (1): 111–133.

Elmendorf, Christopher S. and Douglas M. Spencer (2013) "Are Ballot Titles Biased? Partisanship in California's Supervision of Direct Democracy," *U. C. Irvine Law Review,* 3: 511–549.

Endo, Masahisa and Willy Joh (2014) "How Does Age Affect Perceptions of Parties' Ideological Locations?" *Japanese Journal of Electoral Studies,* 30 (1): 96–112.

Fromm, Erich (1941) Escape from Freedom. Farrar & Rinehart. (日高六郎訳 [1951]『自由からの逃走』創元社)

Gervais, Bryan T. and Jeffrey A. Taylor (2016) "Subpartisan Cues and Ideological Distinctions: The Effect of the Tea Party Label on Voter Perceptions of Congressional Candidates," *Social Science Quarterly,* 97 (5): 1130–1143.

Geys, Benny and Jan Vermeir (2014) "Party Cues in Elections under Multilevel Governance: Theory and Evidence from US States," *Journal of the European Economic Association,* 12 (4): 1029–1058.

Gidron, Noam and Bart Bonikowski (2013) "Varieties of Populism: Literature Review and Research Agenda," *Weatherhead Working Paper Series,* 13: 1–38.

Green, Jane and Sara B. Hobolt (2008) "Owning the Issue Agenda: Party Strategies and Vote Choice in British Elections," *Electoral Studies,* 27 (3): 460–476.

Hainmueller, Jens, Daniel J. Hopkins, and Teppei Yamamoto (2014) "Causal Inference in Conjoint Analysis: Understanding Multidimensional Choices via Stated Preference Experiments," *Political Analysis,* 22 (1): 1–30.

Hastings, Jeff and Damon Cann (2014) "Ballot Titles and Voter Decision Making on Ballot Questions," *State and Local Government Review,* 46 (2): 118–127.

Hauwaert, Steven M. Van and Stijn Van Kessel (2018) "Beyond Protest and Discontent: A Cross-National Analysis of the Effect of Populist Attitudes and Issue Positions on Populist

Party Support," *European Journal of Political Research,* 57 (1): 68-92.

Hawkins, Kirk A. (2009) "Is Chávez Populist? Measuring Populist Discourse in Comparative Perspective," *Comparative Political Studies,* 42 (8): 1040-1067.

Hawkins, Kirk A., Scott Riding, and Cas Mudde (2012) "Measuring Populist Attitudes. Committee on Concepts and Methods," *Committee on Concepts and Methods Working Paper Series,* 55: 1-35.

Heit, Evan and Stephen P. Nicholson (2016) "Missing the Party: Political Categorization and Reasoning in the Absence of Party Label Cues," *Topics in Cognitive Science,* 8 (3): 697-714.

Ho, Daniel E. and Kosuke Imai (2008) "Estimating Causal Effects of Ballot Order from a Randomized Natural Experiment: The California Alphabet Lottery, 1978-2002," *Public Opinion Quarterly,* 72 (2): 216-240.

Höglinger, Marc and Andreas Diekmann (2017) "Uncovering a Blind Spot in Sensitive Question Research: False Positives Undermine the Crosswise-Model RRT," *Political Analysis,* 25 (1): 131-137.

Holbrook, Allyson L. and Jon A. Krosnick (2010) "Social Desirability Bias in Voter Turnout Reports: Tests Using the Item Count Technique," *Public Opinion Quarterly,* 74 (1): 37-67.

Imai, Kosuke and David A. van Dyk (2005) "MNP: R Package for Fitting the Multinomial Probit Model," *Journal of Statistical Software,* 14 (3): 1-32.

Imai, Kosuke, Bethany Park, and Kenneth Greene (2015) "Using the Predicted Responses from List Experiments as Explanatory Variables in Regression Models," *Political Analysis,* 23 (2): 180-196.

Imbens, Guido W. and Donald B. Rubin (2015) *Causal Inference for Statistics, Social, and Biomedical Sciences: An Introduction,* Cambridge University Press.

Inglehart, Ronald and Pippa Norris (2016) "Trump, Brexit, and the Rise of Populism: Economic Have-Nots and Cultural Backlash," HKS Working Paper, No. RWP16-026: 1-53.

Jagers, Jan and Stefaan Walgrave (2007) "Populism as Political Communication Style: An Empirical Study of Political Parties' Discourse in Belgium," *European Journal of Political Research,* 46 (3): 319-345.

Judis, John B. (2016) *The Populist Explosion: How the Great Recession Transformed American and European Politics,* Columbia Global Reports.

Kim, Nuri, Jon A. Krosnick, and Daniel Casasanto (2015) "Moderators of Candidate Name-Order Effects in Elections: An Experiment," *Political Psychology,* 36 (5): 525-542.

Kleck, Gary and Kelly Roberts (2012) "What Survey Modes are Most Effective in Eliciting Self-Reports of Criminal or Delinquent Behavior?" Lior Gideon ed. *Handbook of Survey Methodology for the Social Sciences,* Springer-Verlag New York: 417-439.

Kobayashi, Tetsuro and Tomoya Yokoyama (2018) "Missing Effect of Party Cues in Japan: Evidence from a Survey Experiment," *Japanese Journal of Political Science,* 19 (1): 61-79.

Krumpal, Ivar, Ben Jann, Katrin Auspurg, and Hagen von Hermanni (2015) "Asking Sensitive Questions: A Critical Account of the Randomized Response Technique and Related Methods," Uwe Engel, Ben Jann, Peter Lynn, Annette Scherpenzeel, and Patrick Sturgis eds., *Improving Survey Methods: Lessons from Recent Research.* Routledge: 122-136.

Lupia, Arthur (2006) "How Elitism Undermines the Study of Voter Competence," *Critical Re-*

view, 18 (1-3): 217-232.

Lupia, Arthur and Mathew D. McCubbins (1998) *The Democratic Dilemma: Can Citizens Learn What They Need to Know?,* Cambridge University Press. (山田真裕訳 [2005]『民主制のディレンマ——市民は知る必要のあることを学習できるか?』木鐸社)

Meredith, Marc and Yuval Salant (2013) "On the Causes and Consequences of Ballot Order Effect," *Political Behavior,* 35 (1): 175-197.

Merolla, Jennifer L., Laura B. Stephenson, and Elizabeth J. Zechmeister (2008) "Can Canadians Take a Hint? The (In)Effectiveness of Party Labels as Information Shortcuts in Canada," *Canadian Journal of Political Science,* 41 (3): 673-696.

Miller, Joanne M. and Jon A. Krosnick (1998) "The Impact of Candidate Name Order on Election Outocomes," *Public Opinion Quarterly,* 62 (3): 291-330.

Moffitt, Benjamin (2016) *The Global Rise of Populism: Performance, Political Style, and Representation,* Stanford University Press.

Moffitt, Benjamin and Simon Tormey (2014) "Rethinking Populism: Politics, Mediatisation and Political Style," *Political Studies,* 62 (2): 381-397.

Mudde, Cas and Cristóbal Rovira Kaltwasser eds. (2012) *Populism in Europe and the Americas: Threat or Corrective for Democracy?,* Cambridge University Press.

Mullinix, Kevin J., Thomas J. Leeper, James N. Druckman, and Jeremy Freese (2015) "The Generalizability of Survey Experiments," *Journal of Experimental Political Science.* 2 (2): 109-138.

Nicholson, Stephen P. (2012) "Polarizing Cues," *American Journal of Political Science,* 56 (1): 52-66.

Oliver, J. Eric and Wendy M. Rahn (2016) "Rise of the Trumpenvolk: Populism in the 2016 Election," *The ANNALS of the American Academy of Political and Social Science,* 667 (1): 189-206.

Ortega y Gasset, José (1932) *The Revolt of the Masses,* G. Allen & Unwin, Limited. (神吉敬三訳 [1995]『大衆の反逆』筑摩書房)

Pasek, Josh, Daniel Schneider, Jon A. Krosnick, Alexander Tahk, Eyal Ophir, and Claire Milligan (2014) "Prevalence and Moderators of the Candidate Name-Order Effect: Evidence from Statewide General Elections in California," *Public Opinion Quarterly,* 78 (2): 416-439.

Popa, Adrian Sebastian (2015) "Political Sophistication in Central and Eastern Europe: How Can Parties Help?" *Party Politics,* 21 (3), 440-455.

Rooduijn, Matthijs (2014) "The Mesmerising Message: The Diffusion of Populism in Public Debates in Western European Media," *Political Studies,* 62 (4): 726-744.

Rooduijn, Matthijs, Wouter van der Brug, and Sarah L. de Lange (2016) "Expressing or Fuelling Discontent? The Relationship between Populist Voting and Political Discontent," *Electoral Studies,* 43: 32-40.

Schonlau, Matthias and Vera Toepoel (2015) "Straightlining in Web Survey Panels Over Time," *Survey Research Methods,* 9 (2): 125-137.

Schulz, Anne, Philipp Müller, Christian Schemer, Dominique Stefanie Wirz, Martin Wettstein, and Werner Wirth (2018) "Measuring Populist Attitudes on Three Dimensions," *International Journal of Public Opinion Research,* 30 (2): 316-326.

Schumacher, Gijs and Matthijs Rooduijn (2013) "Sympathy for the 'Devil'? Voting for Populists in the 2006 and 2010 Dutch General Elections," *Electoral Studies,* 32 (1): 124-133.

Sheets, Penelope, Linda Bos, and Hajo G. Boomgaarden (2016) "Media Cues and Citizen Support for Right-Wing Populist Parties," *International Journal of Public Opinion Research,* 28 (3): 307-330.

Spierings, Niels and Andrej Zaslove (2017) "Gender, Populist Attitudes, and Voting: Explaining the Gender Gap in Voting for Populist Radical Right and Populist Radical Left Parties," *West European Politics,* 40 (4), 821-847.

Spruyt, Bram, Gil Keppens, and Filip Van Droogenbroeck (2016) "*Who* Supports Populism and *What* Attracts People to It?" *Political Research Quarterly,* 69 (2): 335-346.

Stimson, James A. (1999) *Public Opinion in America: Moods, Cycles, and Swings (2nd ed.),* Westview Press.

Wang, Wei, David Rothschild, Sharad Goel, and Andrew Gelman (2015) "Forecasting Elections with Non-Representative Polls," *International Journal of Forecasting,* 31 (3): 980-991.

Wirth, Werner, Frank Esser, Martin Wettstein, Sven Engesser, Dominique Wirz, Anne Schulz, Nicole Ernst, Florin Büchel, Daniele Caramani, Luca Manucci, Marco Steenbergen, Laurent Bernhard, Edward Weber, Regula Hänggli, Caroline Dalmus, Christian Schemer, and Philipp Müller (2016) "The Appeal of Populist Ideas, Strategies and Styles: A Theoretical Model and Research Design for Analyzing Populist Political Communication," *National Centre of Competence in Research Challenges to Democracy in the 21st Century Working Paper,* 88: 1-55.

Zhang, Chan and Frederick Conrad (2014) "Speeding in Web Surveys: The Tendency to Answer Very Fast and Its Association with Straightlining," *Survey Research Method,* 8 (2): 127-135.

朝日新聞大阪社会部 (2015)『ルポ 橋下徹』朝日新聞出版。

有馬晋作 (2011)『劇場型首長の戦略と功罪——地方分権時代に問われる議会』ミネルヴァ書房。

有馬晋作 (2017)『劇場型ポピュリズムの誕生——橋下劇場と変貌する地方政治』ミネルヴァ書房。

飯田健 (2009)「有権者の情報処理」飯田健・山田真裕編『投票行動研究のフロンティア』おうふう：113-140。

飯田健 (2016a)「自民党大阪市会議員の大阪維新の会への鞍替えの分析——中選挙区制下の再選欲求と潜在的政策選好」『レヴァイアサン』59: 80-105。

飯田健 (2016b)『有権者のリスク態度と投票行動』木鐸社。

飯田健 (2017)「アメリカ政治学における数理モデルの衰退と実験の隆盛——因果効果の概念に着目して」『公共選択』67: 46-64。

飯田健・松林哲也・大村華子 (2015)『政治行動論——有権者は政治を変えられるのか』有斐閣。

池田謙一 (1997)『転変する政治のリアリティ——投票行動の認知社会心理学』木鐸社。

池田謙一 (2004)「2001 年参議院選挙と『小泉効果』」『選挙研究』19: 29-50。

池田謙一 (2007)『政治のリアリティと社会心理——平成小泉政治のダイナミックス』木鐸社。

伊藤理史 (2014)「ポスト 55 年体制期の大衆政治——大阪市長選挙における投票行動の実証研究」『ソシオロジ』58 (3): 35-51。

伊藤理史 (2016a)「現代日本における大衆民主主義の変容——階級・階層研究としての日本政

治社会学再考」『大阪大学大学院人間科学研究科紀要』42: 309-328。

伊藤理史（2016b）「2011 年大阪市長・府知事選挙における投票行動の規定要因分析——有権者の階層に注目して」『年報人間科学』37: 1-15。

伊藤理史・三谷はるよ（2013）「『大阪府民の政治・市民参加と選挙に関する社会調査』の概要と基礎的分析」『社会と調査』11: 101-106。

稲増一憲・三浦麻子（2016）「『自由』なメディアの陥穽——有権者の選好に基づくもう１つの選択的接触」『社会心理学研究』31 (3): 172-183。

岩崎学（2015）『統計的因果推論』朝倉書店。

上神貴佳（2012）「党派的に正確な投票は可能か——日本の地方議会議員選挙における有権者の誤認識」『高知論叢』105: 1-22。

後房雄（2017）「ポピュリズム型首長の行政マネジメント——橋下徹と河村たかし」『年報行政研究』52: 2-26。

内田樹・山口二郎・香山リカ・薬師院仁志（2011）『橋下主義（ハシズム）を許すな！』ビジネス社。

遠藤晶久（2012）「後援会動員と日本の有権者——世論調査モード間比較」『早稲田政治公法研究』100: 1-14。

遠藤晶久・ウィリー＝ジョウ（2016）「イデオロギー・ラベルの再検討——ウェブ調査実験」『よろん』117: 10-15。

大嶽秀夫（2003）『日本型ポピュリズム——政治への期待と幻滅』中央公論新社。

大嶽秀夫（2006）『小泉純一郎 ポピュリズムの研究——その戦略と手法』東洋経済新報社。

大西裕編（2013）『選挙管理の政治学——日本の選挙管理と「韓国モデル」の比較研究』有斐閣。

大西裕編（2017）『選挙ガバナンスの実態 世界編——その多様性と「民主主義の質」への影響』ミネルヴァ書房。

大西裕編（2018）『選挙ガバナンスの実態 日本編——「公正・公平」を目指す制度運用とその課題』ミネルヴァ書房。

岡田陽介（2017）『政治的義務感と投票参加——有権者の社会関係資本と政治的エピソード記憶』木鐸社。

岡本三彦（2012）「自治体の政策過程における住民投票」『会計検査研究』45: 115-128。

金井利之（2013）「《地域における政党》と地域政党」『自治総研』419: 39-51。

蒲島郁夫・竹中佳彦（2012）『イデオロギー』東京大学出版会。

北村亘（2013）『政令指定都市——100 万都市から都構想へ』中央公論新社。

木村正人（2005）「ポピュリズム再考——指導者民主制と決断主義」森元孝編『ポピュリズムとローカリズムの研究——東京の同化・結合のリソース』（科学研究費補助金研究成果報告書）: 97-107。

国末憲人（2016）『ポピュリズム化する世界——なぜポピュリストは物事に白黒をつけたがるのか？』プレジデント社。

河野勝（2018）『政治を科学することは可能か』中央公論新社。

榊原秀訓（2012）『自治体ポピュリズムを問う——大阪維新改革・河村流減税の投げかけるもの』自治体研究社。

榊原秀訓（2016）『地方自治の危機と法——ポピュリズム・行政民間化・地方分権改革の脅威』自治体研究社。

澤井勝・村上弘・大阪市政調査会（2011）『大阪都構想 Q & A——大阪・堺が無力な「分断都

市」になる』公人社。

塩沢健一（2009）「『民意』は一通りではない──米軍岩国基地問題と住民投票・市長選挙」『年報政治学』2009 (2): 203-224。

塩沢健一（2012）「合併新自治体における政策課題と住民意識──長野県佐久市の住民投票をめぐる地域間の比較分析」『中央大学社会科学研究所年報』17: 113-132。

塩沢健一（2016）「大阪都構想をめぐる有権者の関心と賛否の拮抗をもたらした要因──24 行政区レベルのデータ等をもとにした基礎的分析」『中央大学社会科学研究所年報』21: 43-68。

品田裕（2001）「地元利益指向の選挙公約」『選挙研究』16: 39-54。

砂原庸介（2011）『地方政府の民主主義──財政資源の制約と地方政府の政策選択』有斐閣。

砂原庸介（2012a）「マルチレベル選挙の中の都道府県議会議員」『レヴァイアサン』51: 93-113。

砂原庸介（2012b）『大阪──大都市は国家を超えるか』中央公論新社。

砂原庸介（2013）「『大阪維新の会』による対立軸の設定──大阪府知事選，大阪市長選，大阪府議選，大阪市議選」白鳥浩編『統一地方選挙の政治学── 2011 年東日本大震災と地域政党の挑戦』ミネルヴァ書房：230-261。

砂原庸介（2015）『民主主義の条件』東洋経済新報社。

瀬尾佳美（2015）「大阪"都構想"についての一考察──"シルバーデモクラシー"とリスクコミュニケーションの壁」『青山国際政経論集』95: 61-80。

善教将大（2013）『日本における政治への信頼と不信』木鐸社。

善教将大（2016a）「社会期待迎合バイアスと投票参加──リスト実験による過大推計バイアスの軽減」『法と政治』66 (4): 1-21。

善教将大（2016b）「都構想はなぜ否決されたのか」『レヴァイアサン』59: 59-79。

善教将大（2016c）「政党支持は投票行動を規定するのか──サーベイ実験による長期的党派性の条件付け効果の検証」『年報政治学』2016 (2): 163-184。

善教将大（2017）「何が維新への支持態度を規定するのか──サーベイ実験による検討」『法と政治』67 (4): 845-877。

善教将大・石橋章市朗・坂本治也（2012）「大阪ダブル選の分析──有権者の選択と大阪維新の会支持基盤の解明」『関西大学法学論集』62 (3): 247-344。

善教将大・坂本治也（2013）「維新の会支持態度の分析」『選挙研究』29 (2): 74-89。

善教将大・秦正樹（2017）「なぜ『わからない』が選択されるのか──サーベイ実験による情報提示が DK に与える影響の分析」『年報政治学』2017 (1): 159-180。

曽我謙悟・待鳥聡史（2007）『日本の地方政治──二元代表制政府の政策選択』名古屋大学出版会。

宋財法・善教将大（2016）「コンジョイント実験の方法論的検討」『法と政治』67 (2): 67-108。

高橋茂（2015）「異例ずくめの『大阪都構想』住民投票」『Voters』27: 10-11。

高寄昇三（2010a）『大阪都構想と橋下政治の検証──府県集権主義へ批判』公人の友社。

高寄昇三（2010b）『虚構・大阪都想への反論──橋下ポピュリズムと都市主権の対決』公人の友社。

竹中佳彦・遠藤晶久・ウィリー＝ジョウ（2015）「有権者の脱イデオロギーと安倍政治」『レヴァイアサン』57: 25-46。

建林正彦（2004）『議員行動の政治経済学』有斐閣。

建林正彦編（2013）『政党組織の政治学』東洋経済新報社。

建林正彦・曽我謙悟・待鳥聡史（2008）『比較政治制度論』有斐閣。

田中愛治（1998）「選挙・世論の数量分析——無党派層の計量分析」『オペレーションズ・リサーチ』43（7）: 369-373。

田中愛治・日野愛郎編（2013）『世論調査の新しい地平——CASI 方式世論調査』勁草書房。

田中謙士朗・宮川愛由・藤井聡（2016）「大阪都構想を巡る影響に関する有権者の理解度と投票判断の実態検証」『土木計画学講演集』53（CD-ROM）。

谷口将紀（2012）『政党支持の理論』岩波書店。

谷口将紀（2015）「日本における左右対立（2003〜2014 年）——政治家・有権者調査を基に」『レヴァイアサン』57: 9-24。

田村秀（2012）『暴走する地方自治』筑摩書房。

土屋隆裕（2010）「調査への指向性変数を用いた調査不能バイアスの二段補正——「日本人の国民性 第 12 次全国調査」への適用」『統計数理』58（1）: 25-38。

土屋隆裕・平井洋子（2017）「回答所要時間から見た Elaborate Item Count 法の回答特性」『行動計量学』44（2）: 141-150。

適菜収（2012）『日本をダメにした B 層の研究』講談社。

中島晶子（2016）「左翼ポピュリズムという幻影——ギリシアの急進左派連合とスペインのポデモスから」『年報政治学』2016（2）: 144-162。

日野愛郎・山崎新・遠藤晶久（2014）「視線追跡で明らかにする調査回答過程——政党支持質問と価値観質問における順序効果」『選挙研究』30（1）: 31-43。

平井一臣（2011）『首長の暴走——あくね問題の政治学』法律文化社。

平山るみ・楠見孝（2004）「批判的思考態度が結論導出プロセスに及ぼす影響——証拠評価と結論生成課題を用いての検討」『教育心理学研究』52: 186-198。

藤井聡（2015a）『〈凡庸〉という悪魔——21 世紀の全体主義』晶文社。

藤井聡（2015b）『大阪都構想が日本を破壊する』文藝春秋。

藤井聡・適菜収（2015）『デモクラシーの毒』新潮社。

堀啓造（2005）「因子分析における因子数決定法——並行分析を中心にして」『香川大学経済論叢』77（4）: 35-70。

堀内勇作（2001）「非序列化離散変数を従属変数とする統計モデルの比較——政治学への応用上の留意点」『選挙研究』16: 101-113。

前田幸男（2010）「知事支持率の研究——JGSS-2008 を利用して」『日本版総合的社会調査共同研究拠点 研究論文集』10: 23-34。

待鳥聡史（2015）『政党システムと政党組織』東京大学出版会。

松谷満（2009）「若者におけるポピュリズムの支持基盤——ミリュー・アプローチによる実証的検討」『茨城大学地域総合研究所年報』42: 41-59。

松谷満（2010）「ポピュリズムとしての橋下府政——府民は何を評価し，なぜ支持するのか」『市政研究』169: 18-29。

松谷満（2011）「名古屋市議会リコール運動をめぐる有権者の意識と行動」『大阪経済法科大学アジア太平洋センター年報』9: 33-40。

松谷満（2012a）「『橋下改革』にすら期待できない『弱者』たち——大阪市長選を分析する」『Posse』15: 111-117。

松谷満（2012b）「誰が橋下を支持しているのか」『世界』832: 103-112。

松田謙次郎（2010）「橋下徹大阪府知事記者会見記録の探索的分析」『トークス』13: 15-22。

松本創（2015）『誰が「橋下徹」をつくったか——大阪都構想とメディアの迷走』140B。

松本正生（2006）「無党派時代の終焉政——政党支持の変容」『選挙研究』21: 39-50。

松本正生（2013）「『そのつど支持』の政治的脈絡——短期的選択と選挙ばなれ」『選挙研究』29（2）: 60-73。

丸山真央・高木竜輔・久保田滋・樋口直人・松谷満・矢部拓也（2007）「ポピュリズムと底辺民主主義の隘路——2006年長野県知事選での田中康夫の敗北をめぐる投票行動」『茨城大学地域総合研究所年報』40: 41-75。

丸山真央・高木竜輔・村瀬博志・久保田滋・樋口直人・矢部拓也・松谷満（2006）「誰が『改革派知事』を支持するのか——橋本大二郎・高知県知事への投票行動を中心に」『徳島大学社会科学研究』19: 187-229。

丸山真央・松谷満・久保田滋・伊藤美登里・矢部拓也・田辺俊介・高木竜輔（2008）「日本型ポピュリズムの論理と心情——2007年東京都知事選における有権者の投票行動の分析」『茨城大学地域総合研究所年報』41: 81-115。

三浦麻子（2016）「批判的思考と意思決定——投票行動を例に」楠見孝・道田泰司編『批判的思考と市民リテラシー——教育，メディア，社会を変える21世紀型スキル』誠信書房: 153-169。

三浦麻子・楠見孝（2014）「批判的思考態度・リスクに対する態度と投票行動——2012年衆議院選挙と2013年参議院選挙のSwing vote分析」『選挙研究』30（2）: 49-59。

三浦麻子・小林哲郎（2015a）「オンライン調査モニタのSatisficeに関する実験的研究」『社会心理学研究』31（1）: 1-12。

三浦麻子・小林哲郎（2015b）「オンライン調査モニタのSatisficeはいかに実証的知見を毀損するか」『社会心理学研究』31（2）: 120-127。

水崎節文（1982）「得票の地域偏重よりみた選挙区特性」『岐阜大学教養部研究報告』18: 13-38。

水島治郎（2012）『反転する福祉国家——オランダモデルの光と影』岩波書店。

水島治郎（2016）『ポピュリズムとは何か——民主主義の敵か，改革の希望か』中央公論新社。

道田泰司（2015）「近代知としての批判的思考——定義の変遷をたどる」楠見孝・道田泰司編『批判的思考——21世紀を生きぬくリテラシーの基盤』新曜社: 2-7。

峰久和哲（2015）「『大阪都構想』住民投票の世論調査と出口を考察する」『よろん』116: 2-6。

三宅一郎（1985）『政党支持の分析』創文社。

三宅一郎（1987）「地元利益志向と保守化」『レヴァイアサン』1: 31-46。

三宅一郎（1995）『日本の政治と選挙』東京大学出版会。

三宅一郎（1998）『政党支持の構造』木鐸社。

宮脇幸治（2017）「多項プロビットモデルのベイズ推定への一考察」『経済学論究』71（2）: 217-227。

村山皓（2003）『日本の民主政の文化的特徴』晃洋書房。

村上弘（2011）「大阪都構想——メリット，デメリット，論点を考える」『立命館法學』2011（1）: 557-613。

村上弘（2015a）「『大阪都＝大阪市廃止分割』構想の実体と論争」藤井聡・村上弘・森裕之編『大都市自治を問う——大阪・橋下市政の検証』学芸出版社: 68-82。

村上弘（2015b）「強くない日本の市民社会——市民の政治参加の『3層構造』モデル」『政策科学』22（3）: 173-207。

村上弘（2016）「日本政治におけるポピュリズム——2015年の『大阪都』，『維新』，有権者」『立命館法学』363-364: 877-912。

森裕之（2011）「『大阪都構想』と都市自治の危機」『市政研究』172: 36-45。

森裕城（2016）「2012年総選挙の得票分析——震災後の国政選挙にあらわれた民意」辻中豊編

『政治過程と政策』東洋経済新報社：295-317。

森川友義・遠藤晶久（2005）「有権者の政治知識に関する実証分析——その分布と形成に関する一考察」『選挙学会紀要』5: 61-77。

八代尚宏（2016）『シルバー民主主義——高齢者優遇をどう克服するか』中央公論新社。

山口二郎（2010）『ポピュリズムへの反撃——現代民主主義復活の条件』角川書店。

山﨑新（2012）「政治知識と政治関心の関係」『早稲田政治公法研究』100: 25-34。

山田真裕（2017）『二大政党制の崩壊と政権担当能力評価』木鐸社。

横山智哉（2014）「政治的会話が政治的知識に及ぼす効果——JGSS-2003 データを用いた検討」『日本版総合的社会調査共同研究拠点研究論文集』14: 1-10。

吉田徹（2011）『ポピュリズムを考える——民主主義への再入門』NHK 出版。

あとがき

「政治学者が，この時代の節目の大事な選挙で意識調査を実施しないことは，ただの恥さらしではないですか？」

2011年10月某日，筆者は，関西大学の坂本治也先生の研究室で，坂本先生とその同僚である石橋章市朗先生に，このようなことを言ったように記憶している。筆者の専門は政治行動論であるが，当時は政治的疎外意識（政治不信）の実証研究を中心に行っていたという事情もあり，維新や橋下に，また大阪の政治・行政に，強い関心があったわけではなかった。ただ，維新の躍進が，これからの地方政治，ひいては日本政治のあり方に影響を与えることは容易に想像できた。そのなかで有権者の実態に関する記録を残さないことは，理論的貢献や知見の新規性という学術的な意義如何にかかわらず，政治学者としてあってはならないことだと考えた。

もっとも，調査をしたいという純粋な思いがあっても，研究資金がなければ実施することはできない。少なくとも日々の生活を送るだけで精一杯であった無職の筆者に，大規模サンプルサーベイを実施するだけの余裕などあるはずがない。そこで筆者は，無理を承知で「先生たちの研究費をこの調査のために使ってくれませんか」と懇願したところ，ご快諾いただき，2011年大阪市長・府知事選後に大阪市民などを対象とする意識調査を実施することができた（ちなみに坂本先生はポケットマネーから約30万円を捻出した！）。いまや維新政治の実証分析は筆者単独の研究課題になってしまったが，石橋，坂本両先生による筆者の我儘へのご海容と，その後の居酒屋談義を含む議論を経なければ，筆者は維新研究のスタート地点に立つことすらできなかった。

このように筆者の維新に関する研究動機は，第一義的には維新を無視する政治行動論者への不満にあったのだが，もう1つこれに付け加えるなら，やはりポピュリズムという概念を用いて維新政治を説明しようとする識者などへの不満も大きかった。維新が世論に支えられ勢力を拡大したのならば，有権者の意識や行動の実態を明らかにすることが，維新政治を理解するためには必要は

ずである。しかし多くの識者は，有権者を無視し続けた。その結果，維新に関する議論の多くは，学術研究としての水準を満たすにはほど遠いものばかりとなってしまったように思う。自身の印象を吐露し，有権者を動員対象としてしか扱わない「ポピュリズム」概念の使用にはそろそろ終止符を打つべきである。本書がその一助となれば幸いである。

2011年大阪ダブル選後に実施した意識調査は，潤沢な資金を用意できなかったという事情もあり，どの程度学術調査としての信頼性と妥当性があるのか，正直な思いをいえば筆者もよくわからなかった。それゆえに，この調査結果から得られた「ポピュリズムでは維新支持をまったく説明できない」という知見について，当初，確信をもてずにいた。また，維新支持の特徴として浮かび上がってきた「不支持強度の強さ」と「支持強度の弱さ」，そしてその含意である「維新支持者の合理性」についても明らかではなかった。直観とは異なるが，これも1つの事実である。そう自分に言い聞かせながら研究を進めざるをえなかった。しかし維新支持の研究に一区切りをつけたいま，この筆者の考えは決して誤りではなかったと確信している。

なぜ維新は強いのか，そしてなぜ住民投票の結果が反対多数となったのかという問いに対する本書の解答は，当然，すぐに思いついたわけではない。あれでもない，これでもないと模索し続け，その結果たどり着いたのが維新が政党ラベルを機能させたということ，そして大阪市民が批判的な志向性を持っていたというものであった。これらがどの程度説得的か，読者の皆様のご判断を仰ぎつつ，もし間違っている場合は，ぜひとも新たな解答を実証分析に基づきながら提示する作業に着手していただければと思う。維新政治に関する実証研究が，本書をきっかけに1つでも蓄積されれば筆者冥利に尽きる。本書はあくまで維新政治を理解するための視角を提示するものであり，絶対的に正しい「正答」を提示するものではない。実証分析は，あるいは学術研究というものは，反証されるからこそ意味があるのである。

ところであとがきには，研究を進めるにあたり刺激を受けた多くの人びとに対する感謝の念を述べるのが通例であるように思われる。筆者としては多くの方々に謝意を表したいのだが，一度，すべてを記してみたところ，あとがきと

しては異例の人数になってしまった。大変恐縮ではあるが，以下では「無作為抽出」（！）された少数の方々に対してのみ謝辞を述べ，締め括りに代えさせていただきたい。

まず，本書は家族の支え，とりわけ妻である晴香の支えなしに執筆することは不可能であった。特に文句を言うこともなく（いや言われていたかもしれない），職場を転々とする筆者をサポートし続けてくれたことは，筆者にとって大きな支えであり，また，励みでもあった。「なんであたしがこんなことせなあかんねん」と，意識調査の督促葉書に切手を貼る手伝いをさせてしまったこと（2011年大阪ダブル選後）のお詫びという意味でも，息子とともに，イタリアンレストランに妻を連れて行こうと考えている。しかしカリフォルニアでの外食は高価なため，Panda Express がその代替になるか，確認をとろうと思う。

筆者にとっての第2の師匠である坂本氏にも改めて感謝申し上げたい。繰り返し述べているように坂本氏とのやりとりのなかで本研究は口火を切った。月1ペースで「コメントくれ」と多くの論文を送り付ける筆者に，迷惑そうな顔をしながらも必ずコメントを返してくれる坂本氏がいたからこそ，筆者は維新の研究に1つの区切りをつけることができた。坂本氏には本書の草稿にも目を通していただき多くのコメントをいただいた。この点についても感謝したい。

もう1人，本書の草稿に目を通し，コメントしてくださったのが砂原庸介先生（神戸大学）である。政治行動論とは異なる視点から，大阪の都市政治・行政を議論する『大阪——大都市は国家を超えるか』（中央公論新社，2012年）の著者であり，また筆者の「Twitter友」でもある砂原氏の議論から，本書は多くの着想を得ている。ここに記して感謝申し上げたい。

筆者の職場である関西学院大学法学部，そしてそこでの同僚の先生方にも感謝の意を表したい。研究するうえでどのような環境にいるかは決定的に重要である。良き研究環境と良き仲間を提供してくれるこの職場だからこそ，本書を執筆することができた。また，政治行動研究センターのメンバーである稲増一憲先生，大村華子先生，地道正行先生，三浦麻子先生，森康俊先生，森脇俊雅先生，山田真裕先生との議論からも本書は多くの示唆を得ている。

その他，以下の先生との議論も有意義であった。荒井紀一郎先生（首都大），飯田健先生（同志社大），遠藤晶久先生（早稲田大），大西裕先生（神戸大），梶原

晶先生（関西大），河村和徳先生（東北大），北村亘先生（大阪大），木村高宏先生
（金沢大），小林哲郎先生（香港城市大），品田裕先生（神戸大），清水直樹先生
（高知県立大），曽我謙悟先生（京都大），宋財法先生（早稲田大），田中愛治先生
（早稲田大），名取良太先生（関西大），西川賢先生（津田塾大），秦正樹先生（北九
州市立大），稗田健志先生（大阪市立大），藤村直史先生（神戸大），松岡京美先生
（京都府立大），松林哲也先生（大阪大）。

　大学院時代の指導教員であった村山皓先生にも感謝の意を表したい。弟子の
仕事は師匠を討ち取ることだと教えてくださったのは恩師である村山先生であ
る。村山先生の魂が込められた名著『政策システムの公共性と政策文化──公
民関係における民主性パラダイムから公共性パラダイムへの転換』（有斐閣，
2009 年）にて述べられた「民主制の危機」に抗い，それとは異なる代議制の可
能性を実証的に示すことは，筆者の積年の課題であった。前著（『日本における
政治への信頼と不信』木鐸社，2013 年）と本書をもって，村山先生の期待にこた
えられているか，ぜひご批判を賜りたいと思う。

　実は，維新支持の分析に関する研究書の出版計画は 2 度ほど断念した経緯が
ある。2 度目に断念せざるをえなくなったとき，筆者は自身の研究成果を書籍
化することに嫌気が差し，もう出版に向けて動くことはやめようと考えていた。
そのような筆者に対して，1 つの著作としてまとめ出版する意義を説いてくだ
さったのは有斐閣の岡山義信氏であった。岡山氏は出版に向けてさまざまな形
でご尽力してくださっただけではなく，本書の草稿にも丁寧に目を通してくだ
さった。岡山氏がいなければ間違いなく本書は出版されることがなかったよう
に思う。岡山氏にも感謝申し上げたい。

　　2018 年 11 月　カリフォルニア大学アーバイン校の研究室にて

善 教 将 大

付記：
　本書は文部科学省科学研究費補助金若手研究 B（課題番号 15K16995），2016 年度関西
学院大学個人特別研究費，2016 年度関西学院大学大学共同研究（学長指定研究）の研
究成果の一部である。また本書の出版に際しても関西学院大学から研究（出版）助成を
得ている（2018 年度関西学院大学個人特別研究費）。

事項索引

数字・アルファベット

2008 年大阪府知事選挙　2
2011 年大阪市会議員選挙　62, 66
2011 年大阪市長選挙　53, 205
2011 年大阪ダブル選　19, 40, 44, 48, 53, 70,
　71, 120, 200, 223
2011 年統一地方選挙　1, 27
2012 年衆議院議員総選挙　20, 39, 112, 200
2015 年大阪市長選挙　205
2015 年大阪ダブル選　3, 4, 34, 71, 159, 162-
　164, 169, 181, 185, 191, 201, 205
2015 年統一地方選挙　4
2016 年参議院議員通常選挙　3, 26
2017 年東京都議会議員選挙　235
B 層　74
Japan Election Study（JES）　8
NHK 放送文化研究所　20, 21
Qualtrics　10, 11, 181, 184
SDB（Social Desirability Bias）　→社会的期
　待迎合バイアス

あ 行

慰安婦発言　20, 39
意識調査　8, 10, 47
維新 RFSE　98, 99, 108-110, 113, 114, 117,
　123, 137, 220
維新コンジョイント実験　139-141, 143,
　145, 149, 221
維新支持　14, 98, 99, 101, 103, 107, 108,
　113, 114, 116, 120, 122, 123, 146, 147, 149,
　167, 169, 215
維新支持率　20, 21
維新党派性　79, 89, 90, 95-98, 104, 136, 220
維新比例相対得票率　21, 26
維新ラベル　5, 14, 58, 64, 97, 98, 122, 123,
　125, 132, 136, 138, 139, 147, 149, 220

因果関係　9
因果効果　9, 114, 118
　──の異質性　99, 113, 117, 120
因子得点　88, 89, 211
ヴィネット　99, 108, 109, 135
ウェイト　209
薄いイデオロギー　80
エスタブリッシュメント　80
エリート主義　81, 82, 87-89, 93, 236, 240
おおさか維新の会　1
大阪維新の会　19
大阪維新の会大阪府議会議員団　19
大阪会議　34
大阪市会　61
大阪市会議員選挙　61
大阪市選挙管理委員会　177
大阪市長選　55
大阪都構想　31, 35, 37, 41, 44, 62, 64-66,
　96, 155, 162
「大阪」の代表者　41, 64-66, 74, 96-99, 123,
　124, 219, 220
大阪府議会　61
穏健な支持　216

か 行

改革派首長　47
回帰分析　9, 93, 95, 112
外的妥当性　9, 10
回答努力の最小化　9, 109
関西議員の割合　110, 116, 122
観察調査　9
間接的質問　107
議員の自律性　130
記号式　177
疑似相関　113, 198
期日前投票者　196
議題設定　31, 66, 74

規定性　135, 149
　　政党支持態度の――　127
客観性　206, 208
客観性重視　232
キャリーオーバー効果　110, 141
供給側　3, 42, 45, 46, 55
共産党　83
共産党派性　89, 90
区割り案　69
劇場型政治　223
決定的事例　40
現状維持への志向性　73, 205
小泉政権　193
小泉政治　2, 43
公選職　35
広報活動　37, 171, 173
公務員不信　47, 48, 99, 113, 118, 122
公明党派性　104
交絡要因　9
合理性　5
合理的な意思決定主体　6, 58, 59, 74, 124,
　216
コートテール効果　132
個別的な利益　5, 31, 65
コンジョイント実験　14, 99, 103, 108, 110,
　125, 137, 138, 141

■さ　行

サーベイ実験　8, 9, 14
左派ポピュリスト政党　90
賛成の回避　203
散発的支持　70
サンプリングバイアス　197
事後シミュレート　214
支持の幅　128
自書式　177
実　験　9
実験計画法　108
実験室実験　9
実証研究　224
死　票　131

市　民　5, 6, 73
　　――としての資源　192
　　――としての判断能力　192
　　自律的な――　226
市民社会　45, 217, 226
自民党派性　104, 136
地元利益志向　79, 92-97, 103
社会階層　47, 99, 113, 117, 118
社会的期待迎合バイアス（SDB）　12, 14,
　99, 104, 106, 107, 123
社会的ミリュー　47, 48, 50, 51
集合的な利益　5, 66, 124, 150, 217
自由民主党・維新の会　19
需要側　3, 42, 45, 55
小選挙区制　30, 31, 139 221
小選挙区比例代表並立制　129
情報環境　6, 14, 152, 172, 173, 204, 205, 215,
　221, 222
情報の非対称性　154
初頭効果バイアス　159, 182
シルバーデモクラシー　4, 195-197, 221
新自由主義　4, 47, 48, 99, 113, 122
新人候補　62
人民主義　81, 82, 87-89, 93
人民による統治　236, 239
人民の均質性　236, 239
棲み分け　63
政治活動　37, 38, 166, 171
政治家不信　92-95, 97
政治行動論　7, 8, 58
政治システム　15
政治スタイル　3, 43-46, 49, 50, 57
政治的リーダーシップ　45
政治不信　79, 92
生態学的誤謬　198
政党イメージ　100
政党拒否層　129
政党支持　58, 128
政党のイデオロギー位置　100
政党の機能不全　6, 60, 65, 150, 219, 224
政党の凝集性　130

政党ラベル　5, 14, 41, 57-59, 61-63, 74, 100,
　　101, 125-136, 141, 144, 145, 150, 219-221
　　——の効用　149
制度信頼　92-94
政令市の解体　35, 205
善悪二元論　43, 81
選挙運動　37, 154
選挙管理　175, 180, 191, 192
選挙区定数　29, 31
選挙制度　60, 61, 129, 225
選挙制度改革　130, 226
選択的接触　14, 67, 72, 153, 156, 166, 169,
　　171, 172
疎　外　45, 48
　社会的——　117
　政治的——　45, 92

■た　行

代議制　2, 59, 95
大　衆　3-6, 39, 40, 42, 74, 156, 175, 192,
　　215, 221
大衆迎合政治　42, 80
大衆社会　223
大衆社会論　45, 46, 48, 50
大衆扇動政治　4, 43, 80
大選挙区制　60, 130
大都市地域特別区設置法（大都市地域におけ
　　る特別区の設置に関する法律）　36,
　　176, 177
代表性　12, 209
代理人　2, 59, 66, 153, 154
多元主義　81, 82, 87-89, 93, 236, 240
多項プロビット　90, 167, 239
多項ロジット　211, 212, 214, 215, 222
単記非移譲式投票　60
探索的因子分析　85, 86, 207, 238
地域政党　27
地域偏重性　98-101, 103, 106, 107, 110, 111,
　　113, 116, 117, 122, 220
地域偏重度　101, 102, 104, 105
地方分権　35, 36

中心 - 周辺問題　198, 200, 221
中選挙区制　14, 31, 41, 60, 65, 66, 129, 131,
　　132, 138, 139, 150, 219, 224
調整問題　5
手がかり　14, 58, 59, 62, 73, 126, 152, 175
出口調査　196
出直し市長選　44, 53
動　員　39
動員戦略　3, 4, 42, 45, 53, 80, 81
当確ライン　131
東京都議会議員選挙　235
統計的因果推論　9
同士討ち　60
党首への評価　51
統治機構改革　112, 117
党派性　78, 83, 88, 104, 126, 128, 220
投票行動　14, 46, 149, 150, 174, 175, 194,
　　202, 210, 211, 222, 235
　大阪市民の——　201
　特別区設置住民投票下の——　222, 229
『投票公報』　6, 67-69, 154, 157-159, 161
投票選択　5, 125
投票用紙　174-176
　——の順序効果　180
　——の表題　15, 175-177, 181, 186-188,
　　222
　——のフレーミング効果　189, 191
　——フレーミング実験　181, 182, 184,
　　185, 187, 192
　——問題　15
党本部の場所　110, 116, 117, 122
特別区　34, 36
特別区設置協定書　32, 36, 158
特別区設置住民投票　4, 6, 13, 14, 19, 32,
　　34, 36, 39-41, 66, 72, 74, 152, 153, 161,
　　172-175, 177, 188, 191, 192, 194, 205, 221
都構想　62, 162
都構想知識　14, 69, 72, 152, 154, 156-158,
　　162, 164, 167, 169, 172, 222
都構想に関するデメリット　157, 158, 162,
　　165, 166, 169, 171-173

都構想に関するメリット　157, 158, 161-163, 165, 166, 169, 171-173
都構想世論　194, 203, 205, 215
都市計画　32, 35
都民ファーストの会　235, 236, 238, 240, 242

■ な 行

内生性　229
南北格差論　4
二重行政　64, 65
日本維新の会　1, 19
認知的熟慮　205
認知負荷　59, 84, 85, 110

■ は 行

排外主義　81, 93
ハシズム　2
橋下支持　47, 51, 53, 195, 200-202
橋下支持率　49, 51, 53, 56
バランスチェック　184, 185
反エリート主義　236, 240
判断の慎重さ　211, 213, 214
批判的思考　72, 206
批判的志向性　5, 6, 15, 41, 72-74, 194, 195, 203, 204, 206, 207, 210, 211, 215, 217, 221, 222, 229, 232
比例代表制
　　拘束式──　225
　　非拘束式──　225
ファシズム　45
副首都化　112
府市合わせ　5, 65
フレーミング効果　15, 174, 178-180, 185, 190, 192, 222
平均処置効果　9
法定協議会　36, 44, 162
法的拘束力　32, 36, 37, 230

保革イデオロギー　242
保守 - 革新　80
保守性　205
ポピュリスト　1-3, 39, 45, 50, 57, 216, 221, 236
ポピュリスト態度　14, 46, 78, 82-84, 87, 90-98, 220, 235, 237, 238, 242
ポピュリズム　1-5, 7, 14, 39-41, 43, 45, 46, 48, 55, 57, 74, 79, 122, 156, 204, 219, 223
　　イデオロギーとしての──　81
本　人　3, 59, 153
本人 - 代理人　153

■ ま 行

マスコミへの懐疑　208, 211, 213, 232
民主主義　15, 226
　　──の危機　226
　　──を支える「人びと」　226
民進党派性　104
無関係な選択肢からの独立性　211
無作為化要因配置実験　14, 98
無作為抽出　12
無作為配分　11, 179
無所属　60
無所属議員　130
無党派層　127

■ や 行

誘因構造　225
世　論　2, 8
世論調査　39

■ ら 行

利害調整　65
リスク態度　229-234
リスト実験　106, 107

人名索引

アルファベット

Akkerman, Agnes　46, 81-84, 87
Fromm, Erich　45
Hainmueller, Jens　99, 108, 112, 125, 137
Ortega y Gasset, José　45
Schulz, Anne　46, 82, 236

あ 行

飯田健　7, 62, 128, 229, 230
石原慎太郎　43, 56
伊藤理史　46, 48, 92, 97, 99, 112, 117, 198
遠藤晶久　106
大嶽秀夫　2, 43, 80
大村華子　7, 128

か 行

河村たかし　56
北村亘　65
小池百合子　235

さ 行

坂本治也　46, 70, 81, 89, 113, 169, 198, 215, 216
塩沢健一　195, 197, 200, 201
砂原庸介　31, 65, 130, 180

宋財泫　104, 108, 112, 138

た 行

竹原信一　56
谷口将紀　58, 70

は 行

橋下徹　1, 2, 19, 34, 38, 39, 42, 43, 45, 48-50, 114, 116-118, 132, 134
秦正樹　60
藤井聡　32, 35, 45, 65, 177, 178

ま 行

松井一郎　34, 112, 116, 162
松谷満　46, 47, 99, 112, 117
松林哲也　7, 128
三浦麻子　73, 205
水島治郎　42, 80, 81
三宅一郎　58, 70, 93, 127
村上弘　35

や 行

柳本顕　134, 201
山口二郎　43
山田真裕　193
吉村洋文　3, 34, 112, 114, 116, 162, 201

❖ 著者紹介
善教 将大（ぜんきょう　まさひろ）
2006 年，立命館大学政策科学部政策科学科 卒業
2008 年，同志社大学大学院総合政策科学研究科博士課程前期課程 修了
2011 年，立命館大学大学院政策科学研究科博士課程後期課程 修了，博士
　　　（政策科学）
現　在，関西学院大学法学部　准教授
専門は，政治行動論，政治意識論，政治学方法論
主著：
「なぜ「わからない」が選択されるのか──サーベイ実験による情報提示が DK に与える影響の分析」（秦正樹との共著）『年報政治学』2017 (1): 159-180，2017 年。
「政治文化としての価値観──政治と市民社会をつなぐもの」坂本治也編『市民社会論──理論と実証の最前線』法律文化社: 125-141，2017 年。
「政党支持は投票行動を規定するのか──サーベイ実験による長期的党派性の条件付け効果の検証」『年報政治学』2016 (2): 163-184，2016 年。
「都構想はなぜ否決されたのか」『レヴァイアサン』59: 59-79，2016 年。
「維新の会支持態度の分析」（坂本治也との共著）『選挙研究』29 (2): 74-89，2013 年。
『日本における政治への信頼と不信』木鐸社，2013 年。

維新支持の分析──ポピュリズムか，有権者の合理性か
Support for the Ishin: Is It a Consequence of Populism, or Rational Choice?
　　　　　　　　　　　　　　　＊関西学院大学個人特別研究費による

2018 年 12 月 25 日　初版第 1 刷発行
2020 年 7 月 30 日　初版第 4 刷発行

著　者　善　教　将　大
発 行 者　江　草　貞　治
発 行 所　株式会社　有　斐　閣

郵便番号　101-0051
東京都千代田区神田神保町 2-17
電　話　(03)3264-1315〔編集〕
　　　　(03)3265-6811〔営業〕
http://www.yuhikaku.co.jp/

印刷・株式会社三陽社／製本・大口製本印刷株式会社
© 2018, Masahiro Zenkyo. Printed in Japan
落丁・乱丁本はお取替えいたします。
★定価はカバーに表示してあります。
ISBN 978-4-641-14927-4

JCOPY 本書の無断複写（コピー）は，著作権法上での例外を除き，禁じられています。複写される場合は，そのつど事前に(一社)出版者著作権管理機構（電話03-5244-5088, FAX03-5244-5089, e-mail:info@jcopy.or.jp）の許諾を得てください。